JEAN-PIERRE
COFFE

Direction de la publication
Isabelle Jeuge-Maynart et Ghislaine Stora

Direction éditoriale
Catherine Delprat

Édition
Marie Gazagne, Liza Person-Lisiecki
assistées d'Anne Nguyen

Conception graphique et couverture :
Aurore Élie

Mise en pages
Florence Le Maux

Fabrication
Donia Faiz

L'éditeur remercie chaleureusement
Marie-Paule Trapenat et Sébastien Auvinet pour leur collaboration.

ISBN : 978-2-03-593078-1

JEAN-PIERRE COFFE

COUPS DE CŒUR & COUPS DE FOURCHETTE

LAROUSSE

Sommaire

Hommage à un pote âgé

Je sais que mon ami Jean-Pierre me pardonnera, de là-haut, ce titre audacieux, mais ce n'est pas parce qu'il n'est plus ici-bas, que je dois le décevoir. Ça serait la fin des haricots !
Il est parti si vite, sans prévenir, que je n'ai même pas eu le temps de provoquer chez lui une dernière colère, feinte, mais homérique dont notre numéro de duettistes avait le secret. D'ailleurs, je lui en veux quand même un peu d'être parti comme ça, sans dire au revoir, sans même avoir pris le temps de devenir un légume, ce qui de sa part aurait quand même été la moindre des choses.

Moi qui depuis vingt-cinq ans, à la radio ou à la télé, ai dû parler de ses livres sans jamais en avoir lu un en entier parce que je trouvais qu'il y avait trop de crème, trop de charcuterie, trop de fruits, trop de temps de préparation et pas assez de personnages (à part sa savoureuse autobiographie que j'avais dévorée) voilà qu'on me demande d'écrire la préface d'une sorte de *Best Coffe* de tous ses ouvrages.
Ce que vous tenez entre vos mains est une sorte de bible, celle du pape du naturel. Oui, j'ai bien écrit Pape puisque comme sa Sainteté, Jean-Pierre Ier était contre la viande sous plastique et la purée en sachets. Je l'entends encore. « Ooooh, tu n'as pas honte, pour les Éditions Larousse quand même ! » me dirait-il d'un ton doucereux mais complice. Ce n'est pas celui qui a relancé les bas morceaux comme la queue ou la joue de bœuf qui va continuer à jouer les offensés. Je n'ai jamais vu quelqu'un s'exciter autant pour un paquet de rognons.

Plus romantique, j'ai eu la chance d'accompagner Jean-Pierre dans son premier voyage à Venise. C'était il y a trois ans seulement. En tout bien tout honneur. Il était avec son compagnon, moi avec le mien et Philippe Geluck avec sa femme – Ah, ces Belges, il ne faut jamais qu'ils fassent comme tout le monde ! – Si je vous parle de ce voyage, c'est parce qu'il m'avait permis de mieux connaître, en dehors de nos plaisanteries de Grosses Têtes, un homme raffiné, amical, attentionné, élégant, précieux, bon, certes un peu voyant avec ses vestes aux couleurs petits pois de chez Bonduelle et ses pantalons moutarde de Dijon, mais on aurait crû qu'il habitait Venise depuis longtemps tant il semblait être d'une autre époque. Une époque qu'on regrette. Celle du bien manger, du bien boire, du bien se comporter… Du bien vivre. Un livre posthume sur le bien vivre, voilà qui est original, non ? Mais faut-il rappeler que Jean-Pierre n'était pas ordinaire ? Un homme qui a été un des premiers lofteurs du cinéma (revoir le film *What a Flash*) mené la revue à l'Alcazar, tenu des restaurants, fait de la pub, de la télé, de la radio, écrit plus d'une trentaine de livres, refusé de servir un hamburger à Jimmy Carter, chanté « l'hymne à l'asperge » et fait faire du boudin à Carla Bruni, n'est pas tout à fait comme les autres. C'est pour ça qu'il nous manque. C'est pour ça que ce livre vous permettra qu'il soit toujours là, parce qu'entre nous et quitte à le fâcher une dernière fois : La vie sans Coffe, parfois, c'est vraiment… DE LA MERDE !

Laurent Ruquier

Les secrets d'un APÉRITIF réussi

UN SOIR sous la tonnelle…

AVANT DE TRINQUER…

Ouvrons-nous l'appétit ! Le sens du mot « apéritif » a beaucoup évolué. Son nom vient du latin *aperire* qui signifie « ouvrir », et donc stimuler l'appétit. Certaines plantes sont reconnues pour être apéritives. Elles ont longtemps été surtout à usage thérapeutique et on ne les servait pas sous forme de boisson avant les repas.

À l'origine… Au Moyen Âge, on aimait les vins épicés qui ouvraient l'appétit. Très vite, on passa aux hypocras (vins doux naturels dans lesquels on faisait macérer de la cannelle, de la vanille et du girofle) aux amers (liqueurs obtenues par infusion de plantes amères) et aux vermouths (apéritifs à base de vin blanc alcoolisé, aromatisé avec des plantes amères et toniques). Et c'est seulement au XXe siècle que se généralisa l'habitude de boire des boissons alcoolisées avant les repas, les vins apéritifs.

LES BREUVAGES INCONTOURNABLES

Le kir, roi des rois (ou pas !)

Il a en partie détrôné tous ces vins. Bien que né à Dijon en 1904, à l'initiative d'un garçon de café, M. Faivre, il a véritablement pris son essor destructeur pour les apéritifs le 20 novembre 1951, quand le chanoine Kir, maire de Dijon, l'a imposé dans les vins d'honneur de l'hôtel de ville. Les producteurs d'apéritifs ont dû regretter à ce moment-là que le bon chanoine ne se soit pas plus souvent agenouillé dans son église plutôt que dans les caves de ses ouailles... On peut parfaitement se laisser prendre par un bourgogne aligoté versé sur une goutte de liqueur de cassis, si les ingrédients sont de qualité. Mais si le vin blanc est acide, vert et piquant et que le cassis est coloré à la betterave rouge, la potion est imbuvable. Franchement, je me suis toujours demandé pourquoi ajouter alcool et couleur à un délicieux blanc qui a été fait pour être bu nature ? D'autant que, s'il est mauvais, le cassis masque ses défauts sans pour autant le rendre meilleur.

OPÉRATION CAMOUFLAGE ?

Comme l'art militaire, le kir use et abuse du camouflage. Malheureusement, il a fait des petits : le kir royal, le kir à la framboise ou à la mûre ; si on savait l'origine et la qualité du liquide champagnisé, on serait horrifié !

Côté whisky et Martini...

Simultanément au kir, le *On the rocks* whisky et le Martini ont été à la mode. Je prétends que, pour un *long drink*, le cognac allongé d'eau est une chose exquise et qui n'a qu'un défaut, celui d'être français, alors qu'il est de mise de boire écossais ou irlandais. Ce que je peux comprendre si on les boit sec.

Le champagne, in-dis-pen-sa-ble !

C'est toujours un *must*. Mais si on se lance dans le « petit » propriétaire, c'est le désastre : aigreurs, brûlures, nos estomacs ne méritent pas un tel traitement ! Mieux vaut servir de bons vins champagnisés, un saint-peray, un vouvray pétillant par exemple. Les vins de Bourgogne et d'Alsace ne déméritent pas dans ce type de boisson. Ces vins-là sont préférables à un breuvage qui, malgré ses bulles et son origine champenoise contrôlée, peut ne pas être un vin digne de ce nom.

Les cocktails, entre délice et déprime

Avant la guerre, on dînait souvent dans les palaces. L'usage était donc de s'arrêter au bar et de siroter un cocktail. C'était le temps des surréalistes, on recherchait le dépaysement. Après, les barmans, les shakers et l'angostura ont fait naufrage et avant qu'ils ne refassent surface dans les années 2000, on les avait remplacés par des bouteilles aux noms évocateurs, mais au contenu aussi déprimant qu'un réveil après un cauchemar. Certains seniors savent ce que valent ces « planteurs » et autres « daïquiris ». La jeune génération, qui manque de références gustatives, n'a pas cette chance. Depuis que le sacro-saint marketing a envahi les boîtes de nuit que nos enfants fréquentent, on les abreuve de cocktails tout prêts, à teneur garantie en produits chimiques.

Que reste-t-il de nos vermouths ?

Qui, depuis 20 ans, peut se vanter d'avoir bu un Chambery – même fraise ? Qui se souvient d'un Cap Corse, d'un Lillet… Longue liste en forme de faire-part. Depuis quelques années, la notion d'apéritif a fortement évolué. Autrefois, avant le dîner, on passait au salon, le maître de maison ouvrait ses placards ou poussait une table roulante avec des bouteilles de Suze, de Saint-Raphaël, de Byrrh, quelquefois de Banyuls, de Cinzano, de Dubonnet, de Picon, de Campari. Après un ou deux verres, on passait à table. Maintenant, on reçoit pour un apéritif dînatoire qui se déroule généralement dans le living ou même dans la cuisine.

De l'art DE RECEVOIR...

« Le prix d'un vin blanc ou rouge ne fait rien à l'affaire, il existe vraiment des vins parfaitement convenables entre 3 et 5 €.»

Plus jamais ça !

D'abord une grande table basse, une pile d'assiettes, des rangées de verres, un bac avec des glaçons et une bouteille de vin blanc, le premier venu acheté dans la grande surface du coin, généralement le moins cher, ou une bouteille de rouge, une bouteille d'eau, au mieux minérale sinon du robinet, des ramequins avec des cacahuètes, des pistaches et des gâteaux dits « apéritifs », salés ou pimentés, généralement bourrés d'huile de palme. À ce stade de la conversation, le mot « régime » n'a plus cours, le mal est déjà fait.

Souvent, on rajoute un saucisson tranché ; quand je dis saucisson, je m'entends ! Il est préférable de faire dans l'originalité : chorizo, *hot* si possible, ou saucisson aux noix, aux noisettes, toutes choses qui n'ont rien à faire dans un saucisson. Pour encore améliorer ce type de festivité, l'hôte, très fier, apporte une ou deux assiettes de petits fours salés, précipitamment achetés au supermarché le plus proche et qu'il a généralement laissés brûler dans le four sans surveillance. La pire des solutions consiste à les sortir précipitamment du congélateur et de les mettre immédiatement dans un four trop chaud : ils sont donc servis très chauds à l'extérieur, glacés à l'intérieur.

L'apéritif improvisé sans paniquer

Des collègues de bureau dont on ne connaît pas les maris, des relations de la salle de sport dont on ignore tous les conjoints... Et la conversation se termine par un : « Et si vous veniez boire un verre ce soir. » On travaille, le temps est compté. À la pause-déjeuner, on file chez le charcutier, chez le boulanger ; chez le premier on achète des rillettes et un bocal de cornichons ; chez le second, une baguette ou deux selon le nombre de personnes, baguettes bien cuites ; on téléphone rapidement à son mari : « J'ai dit à ma collègue de bureau de venir boire un verre à la maison ce soir, passe chez le caviste ; si tu veux dire à un de tes copains de venir avec sa femme, on serait six. Je m'occupe du reste, mais fais en sorte qu'on ne meure pas de soif. » Et là, il est bien vu d'avoir un petit rire de connivence.

Le mari ou le compagnon, malin, part chez le caviste, lui commande 3 bouteilles de blanc et 3 bouteilles de rouge, simples, bon marché. Demandez au caviste des petits vins de viticulteurs, une région peu connue, et demandez-lui de les mettre au frais. En sortant du bureau, vous passez les prendre. Dans ce type d'apéritif, il n'est pas question d'organiser un semblant de dîner. À 21 h-21 h 45, tout le monde est dehors.

Si c'est prévu de longue date...

Dans ce cas de figure-ci, l'apéritif a été prévu et organisé. Un couple rencontré pendant les vacances, deux bons amis de longue date, deux célibataires (sans être marieur professionnel, on ne sait jamais). Limitez-vous à six ou huit personnes, sinon c'est la cacophonie ! On est toujours sur une table basse, mais on peut prévoir une petite table ou desserte avec des assiettes, des serviettes, éventuellement des couverts, tout du moins des couteaux.

APÉRITIF DÎNATOIRE À LA BONNE FRANQUETTE !

On peut faire mieux en se donnant un peu de mal ! Si vous êtes prévoyant, rien ne vous empêche de préparer une pissaladière, des croque-monsieur, une quiche lorraine ou une pizza que vous réchaufferez dès l'arrivée de vos invités et que vous couperez en parts. Vous pouvez aussi préparer un pâté de campagne ou faire réchauffer des manchons de canard.

L'idée est de recevoir « à la bonne franquette » : pas de couverts, pas de vaisselle, et soyez avec vos invités ! La simplicité n'empêche pas la considération, même si ce ne sont que des « copains », et justement, si ce sont des copains, ils peuvent aider et participer. Je n'ai jamais considéré que convivialité était un synonyme de laisser-aller ; simplicité et qualité font parfaitement bon ménage.

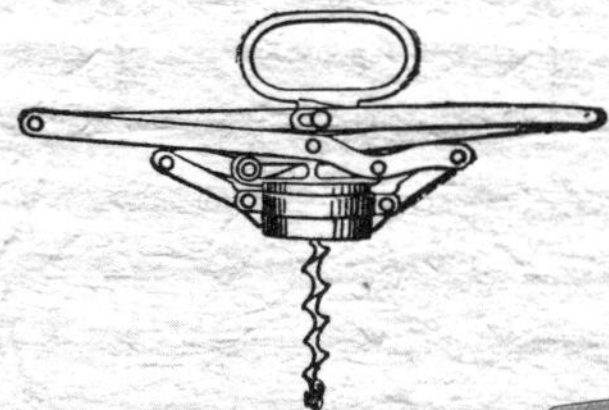

« Dans tous les cas, les petites saucisses cocktail Herta accompagnées du pot de moutarde sont à proscrire ! »

Pissaladière

POUR 6 À 8 PERS. : 1 pâte brisée prête à l'emploi • 1 kg d'oignons • 1 gousse d'ail • quelques gouttes d'huile d'olive • un peu de pineau des Charentes • 1 pincée de sucre en poudre • 12 filets d'anchois à l'huile • 12 olives noires dénoyautées • sel • poivre du moulin

PRÉPARATION

1. Préchauffez le four à 180 °C (th. 6). Épluchez et émincez finement les oignons et l'ail.

2. Versez quelques gouttes d'huile dans une sauteuse et étalez-la au pineau de cuisine. Ajoutez les oignons et l'ail. Couvrez et laissez étuver pendant 12 à 15 minutes sur feu doux sans prendre couleur. Salez et poivrez. Ajoutez le sucre.

3. Déroulez la pâte brisée. Installez-la dans un moule à tarte en gardant son papier sulfurisé d'origine. Piquez le fond de pâte avec les dents d'une fourchette.

4. Étalez les oignons et disposez les filets d'anchois égouttés en éventail. Arrosez de l'huile de la boîte. Décorez avec les olives noires et faites cuire 20 minutes au four.

5. Sortez la pissaladière. Débarrassez-la du papier et servez chaud ou tiède.

Quiche lorraine à ma façon

POUR 6 PERS. : 1 pâte brisée prête à l'emploi • 200 g de poitrine fumée • 4 œufs • 4 cuill. à soupe de crème fraîche • poivre du moulin

PRÉPARATION

1. Coupez la poitrine fumée en petits dés après l'avoir découennée. Faites-la revenir sans matière grasse dans une poêle.

2. Préchauffez le four à 220 °C (th. 7-8). Beurrez un moule et déroulez la pâte brisée dedans. Piquez-la avec une fourchette.

3. Dans un saladier, battez les œufs comme pour une omelette. Ajoutez la crème fraîche, mélangez et poivrez. Versez la préparation sur la pâte.

4. Enfournez pour 25 minutes. Piquez les bulles qui pourraient se former à la surface.

MON APÉRITIF À LA CAMPAGNE

IL FAIT BEAU !

Dehors, on peut éprouver le besoin d'inviter davantage de monde ! Je conseille un buffet très simple : un saladier de fromage blanc salé, poivré généreusement et de toutes les fines herbes du jardin ; bien mélanger. Un autre saladier de caponata, une tortilla, éventuellement une terrine de merlan (voir p. 48). Si vous tenez absolument à avoir un plat chaud typiquement estival, servez une tatin au fenouil.

DU CÔTÉ DES FROMAGES…

Ne présentez pas de plateau compliqué, sinon seulement des fromages de chèvre secs ou frais, impérativement de la région.

ET POUR LES DESSERTS ?

Prévoyez 2 ou 3 gros saladiers, au choix, de compotes, de salade de pêches ou, si vous voulez vous simplifier la vie, un grand clafoutis aux cerises ou un gâteau à l'ananas (voir p. 21 pour toutes ces recettes).

Rosé, blanc ou rouge ?

Généralement avec ce type de repas, on doit servir du rosé. Jadis médiocres, ils sont devenus en général de très bonne qualité. Il en existe en cubitainers. Pourquoi ne pas profiter de leur prix bon marché si vous vous êtes assuré préalablement que le rosé était buvable ? Le cubitainer sur la table est rarement esthétique et, surtout, il présente l'inconvénient de réchauffer très vite. Mieux vaut tirer le vin dans une carafe que vous maintiendrez au frais dans un seau rempli de glaçons. Le vin blanc et le rouge léger peuvent aussi faire l'affaire. Sans tomber dans le rosé dit « gastronomique », il est tout à fait possible de faire la fête à prix juste.

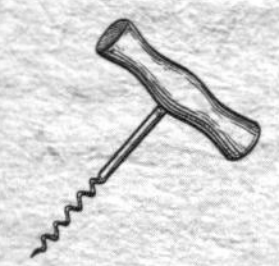

UN PEU DE PATIENCE !

Ce plat se conserve au frais 2 ou 3 jours et se mange froid. Plus il attendra, meilleur il sera !

Ma « canapota » à moi

La caponata est une recette sicilienne constituée d'un mélange de légumes. J'ai adapté la recette à mon goût en y substituant les courgettes par des poivrons et l'ai renommée « canapota » !

POUR 8 PERS. : 600 g d'aubergines • 600 g de poivrons verts • 2 oignons • 4 tomates • 150 g d'olives vertes dénoyautées • 60 g de câpres • 1 côte de céleri • 3 cuill. à soupe d'huile d'olive • 2 cuill. à soupe de vinaigre • 2 cuill. à soupe de sucre en poudre • sel • poivre du moulin

PRÉPARATION

1. La veille, lavez les aubergines sans les éplucher. Coupez-les en petits dés d'environ 1 cm de côté, puis faites-les revenir pendant 15 minutes à feu vif dans une poêle avec 1 cuillerée à soupe d'huile d'olive. Salez et poivrez. Réservez.

2. Lavez les poivrons, épluchez-les grossièrement avec un couteau Économe. Ouvrez chacun en deux, ôtez les graines et les filaments blancs. Coupez-les en lanières d'environ 1 cm de large, puis faites-les revenir 15 minutes dans 1 cuillerée à soupe d'huile d'olive. Réservez.

3. Rajoutez si nécessaire un peu d'huile dans la poêle et faites revenir les oignons coupés en fines lamelles. Ils doivent rester blonds pendant toute la cuisson. Une fois les oignons bien fondus, ajoutez les tomates pelées, épépinées et coupées en morceaux. Lorsque l'ensemble est souple et fondu, ajoutez les olives, les câpres, la côte de céleri coupée en petits dés. Mélangez.

4. Rajoutez ensuite les aubergines et les poivrons. Remuez l'ensemble pendant 5 minutes environ.

5. Ajoutez au contenu de la poêle le vinaigre, un demi-verre d'eau et le sucre. Versez la préparation dans un saladier, remuez et placez 24 heures au frais.

Tortilla

POUR 8 PERS. : 16 œufs • 800 g de pommes de terre à chair ferme (type Charlotte, Belle de Fontenay) • 4 oignons • 5 cuill. à soupe d'huile d'olive • 1 bouquet de persil • sel • poivre du moulin

PRÉPARATION

1. Épluchez, lavez et émincez les pommes de terre (comme pour des pommes de terre sautées). Pelez et émincez les oignons.

2. Versez l'huile d'olive dans une grande poêle. Faites-y revenir les oignons et les pommes de terre pendant 25 minutes environ. Égouttez l'ensemble dans une passoire et récupérez l'huile de cuisson. Reversez-la dans la poêle.

3. Dans un saladier, battez les œufs avec une fourchette ou un fouet. Salez et poivrez. Ajoutez le mélange pommes de terre-oignons et le persil finement haché. Versez la préparation dans deux poêles bien chaudes. Couvrez et faites cuire jusqu'à ce que les œufs soient pris.

4. À l'aide du couvercle (plus grand que la poêle), retournez chaque tortilla et glissez-la dans la poêle. Faites dorer sur l'autre face, puis faites glisser les tortillas sur les plats de service.

J'INSISTE LÀ-DESSUS !

La tortilla se sert froide, tiède ou réchauffée, emballée dans un papier d'aluminium dans un four tiède.

Tatin au fenouil

POUR 8 À 10 PERS. : 2 pâtes feuilletées prêtes à l'emploi • 10 petits bulbes de fenouil • 4 oranges non traitées • 1 citron non traité • 1/2 pamplemousse • 60 g de beurre • 6 cuill. à soupe d'huile d'olive • 3 cuill. à café de grains de coriandre moulus • 6 cuill. à soupe de miel liquide • sel • poivre du moulin

PRÉPARATION

1. Prélevez le zeste des agrumes. Coupez-les en petits bâtonnets et jetez-les dans de l'eau bouillante pendant 5 minutes. Égouttez. Pressez le jus des fruits.

2. Préparez le fenouil en coupant la base des bulbes et la partie aérienne des tiges. Si les bulbes de fenouil sont abîmés, retirez la première peau. Coupez-les en tranches d'environ 2 cm d'épaisseur dans le sens de la longueur.

3. Dans une cocotte, faites chauffer le beurre et l'huile d'olive, puis ajoutez les tranches de fenouil. Salez et poivrez. Ajoutez la coriandre moulue et laissez doucement étuver pendant 5 minutes. Ajoutez le miel, les zestes et le jus des agrumes. Laissez confire tout doucement pendant 1 heure environ. Remuez de temps à autre pour que l'ensemble soit bien cuit.

4. Préchauffez le four à 180 °C (th. 6). Dans deux moules à manqué généreusement beurrés, installez les tranches de fenouil en rosace. Recouvrez le tout avec la pâte feuilletée en rabattant les bords à l'intérieur du moule pour que la cuisson soit bien hermétique.

5. Enfournez les moules pour 20 à 25 minutes, jusqu'à ce que la pâte soit bien dorée. À la fin de la cuisson, retournez sur un plat de service et servez chaud.

Compote d'abricots au naturel

POUR 6 PERS. : 1 kg d'abricots bien mûrs • 300 g de sucre cristallisé

PRÉPARATION

1. Passez les abricots sous l'eau fraîche. Coupez-les en deux et dénoyautez-les.

2. Mettez les abricots avec 15 cl d'eau et le sucre dans une casserole. Portez à frémissement 7 ou 8 minutes sur feu doux, en remuant.

3. Servez à température.

Compote de fraises

POUR 6 PERS. : 900 g de fraises • 400 g de sucre cristallisé • 1/2 gousse de vanille

PRÉPARATION

1. Passez rapidement les fraises sous l'eau fraîche et égouttez-les. Équeutez-les et séchez-les dans un torchon.

2. Prélevez 100 g de fraises et passez-les au mixeur ou au moulin à légumes, grille fine. Dans une casserole, mettez 50 cl d'eau, le sucre, le coulis de fraises et la vanille. Portez à ébullition pendant 3 minutes et retirez du feu. Couvrez et laissez infuser 10 minutes environ.

3. Mettez les fraises restantes dans un saladier, ajoutez le sirop de fraise filtré à travers une passoire fine. Couvrez et mettez au réfrigérateur.

4. Servez la compote bien fraîche, avec des petits sablés au citron ou parsemée de feuilles de menthe fraîche et de zestes d'orange et de citron confits.

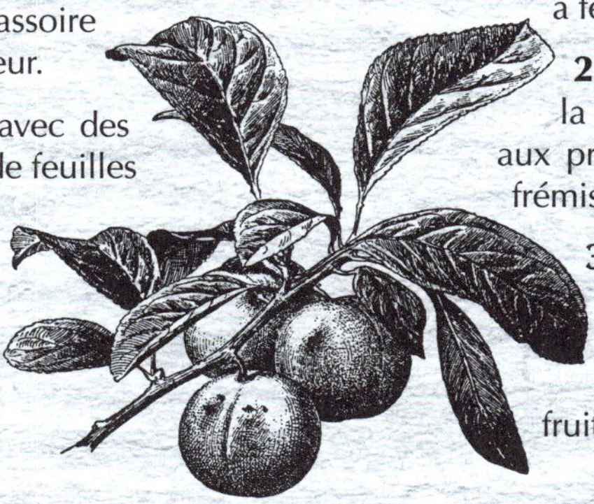

Compote de prunes vertes ou de reines-claudes

POUR 6 PERS. : 1 kg de prunes vertes (ou de reines-claudes) • 3 belles poires à chair fondante (450 g) • 250 g de sucre cristallisé • 1/2 verre de vin blanc (ou d'eau) • 1/2 gousse de vanille (ou 1 sachet de sucre vanillé)

PRÉPARATION

1. Passez les prunes sous l'eau fraîche, égouttez-les, coupez-les en deux et dénoyautez-les. Mettez les prunes dans une casserole avec le sucre, le vin blanc (ou l'eau), la demi-gousse de vanille (ou le sucre vanillé). Couvrez et laissez cuire 5 minutes au moins à feu doux.

2. Épluchez les poires et coupez la chair en gros dés. Ajoutez-les aux prunes. Laissez cuire 10 minutes à frémissement.

3. Égouttez les fruits avec une écumoire et déposez-les dans un compotier. Faites réduire de moitié le sirop et versez-le sur les fruits. Laissez refroidir et servez.

Salade de pêches

POUR 6 PERS. : 9 belles pêches, blanches de préférence • 10 feuilles de menthe fraîche

PRÉPARATION

1. Choisissez des pêches bien mûres. Plongez-les 1 minute dans une casserole d'eau bouillante. Rafraîchissez-les dans un bain d'eau froide, pelez-les et gardez une louche de l'eau de cuisson.

2. Réservez 1 pêche et coupez les autres en 6 quartiers. Placez-les dans un saladier.

3. Dénoyautez la pêche restante et passez-la au mixeur avec les feuilles de menthe. Ajoutez à la purée obtenue l'eau de cuisson réservée. Laissez refroidir, puis versez sur les pêches. Mélangez et servez frais.

Clafoutis aux cerises

POUR 6 PERS. : 600 g de cerises • 2 jaunes d'œufs • 100 g de sucre en poudre + 2 cuill. à soupe pour le moule + 2 cuill. à soupe pour dorer • 100 g de farine • 1 pincée de sel • 25 cl de lait

PRÉPARATION

1. Préchauffez le four à 180 °C (th. 6). Passez les cerises sous l'eau fraîche, égouttez-les et équeutez-les.

2. Dans un saladier, mélangez les jaunes d'œufs, le sucre, la farine et le sel. Ajoutez le lait en deux fois, en battant doucement au fouet. Versez la pâte sur les cerises à travers un chinois (ou une passoire fine) pour éliminer les grumeaux et mélangez bien le tout.

3. Beurrez le fond d'un moule à gratin et saupoudrez-le de sucre. Versez le mélange de pâte et de cerises. Enfournez pour 35 minutes.

4. Après 15 minutes de cuisson, saupoudrez le clafoutis de sucre pour le caraméliser légèrement. Servez tiède ou froid.

Gâteau à l'ananas

POUR 6 PERS. : 1 boîte 4/4 d'ananas au sirop • 1 citron • 150 g de sucre en poudre + 6 morceaux pour le moule • 4 œufs • 2 cuill. à soupe de farine • 3 cuill. à soupe de kirsch

PRÉPARATION

1. Passez les tranches d'ananas au mixeur avec 2 cuillerées à soupe de leur jus et le zeste râpé du citron. Versez la purée obtenue dans une casserole et ajoutez le sucre. Portez à ébullition et faites bouillotter 10 minutes. Laissez refroidir.

2. Préchauffez le four à 150 °C (th. 5). Battez les œufs en omelette. Incorporez la farine et le kirsch. Ajoutez ce mélange à la purée froide d'ananas (le mélange doit être homogène).

3. Déposez les morceaux de sucre dans un moule à charlotte, ajoutez 1 cuillerée à soupe d'eau et posez le moule sur feu doux (le sucre commence à fondre, puis à caraméliser). Dès que le caramel est blond, retirez du feu et faites-le glisser le long des parois du moule.

4. Versez la purée d'ananas dans le moule et enfournez pour 1 h 30. Démoulez au dernier moment en plongeant le moule quelques secondes dans un récipient d'eau bouillante avant de le retourner sur le plat de service.

MES SUGGESTIONS POUR UN BUFFET INRATABLE

Salade de poulet

POUR 8 PERS. : 1 poulet froid rôti de 1,4 kg environ • 8 œufs • 8 petites tomates • 1 pied de céleri en branche • 8 tranches de poitrine fumée (tranchées très finement) • 150 g de comté (ou de beaufort) • 1 grosse scarole • 1 bol et demi de mayonnaise • un peu de ketchup • 10 feuilles d'oseille • sel • poivre du moulin

PRÉPARATION

1. À défaut d'un poulet entier, on peut acheter 8 blancs ou 4 blancs et 12 manchons. Si votre poulet n'est pas déjà cuit, faites-le rôtir à la broche ou en cocotte, ou faites revenir les blancs à la cocotte ou à la poêle, croustillants à l'extérieur, moelleux à l'intérieur.

2. Faites cuire les œufs pendant 8 minutes dans de l'eau salée. Passez-les sous l'eau froide, écalez-les, puis rincez-les de nouveau. Ils doivent être plus près des œufs mollets que durs.

3. Plongez les tomates pendant 15 à 30 secondes dans de l'eau bouillante, puis dans de l'eau glacée pour les rafraîchir. Pelez-les, épépinez-les et coupez-les en quartiers.

4. Pelez, puis tronçonnez les branches de céleri en bâtonnets d'environ 1,5 cm. Coupez le comté en très fines lamelles. Montez une mayonnaise avec du ketchup.

5. Désossez le poulet entier, sinon retirez la peau des blancs de poulet revenus dans la cocotte ou la poêle. Tranchez les chairs en fines escalopes. Dans une poêle, faites revenir les fines tranches de poitrine fumée jusqu'à ce qu'elles soient bien croustillantes.

6. Épluchez la salade et coupez les feuilles. Dans un saladier, mélangez la salade avec les feuilles d'oseille coupées en chiffonnade, les morceaux de poulet, le fromage, le céleri, les tomates et la mayonnaise. Salez et poivrez. Sur le dessus de la salade, ajoutez les œufs coupés en deux ou en quatre dans le sens de la longueur. Servez avec les tranches de poitrine fumée.

Ratatouille niçoise (ratatouïa nissarda)

POUR 8 PERS. : 1 kg d'aubergines • 1 kg de courgettes longues • 1 kg de poivrons verts ou rouges • 1 kg d'oignons • 1,5 kg de tomates • 5 cuill. à soupe d'huile d'olive • 5 petites gousses d'ail • 1 poignée de feuilles de basilic • 1 bouquet de persil • 5 pincées de feuilles de thym émiettées • sel • poivre du moulin

PRÉPARATION

1. Coupez les aubergines et les courgettes en rondelles de 1 cm d'épaisseur sans les peler. Placez-les dans deux saladiers différents, puis saupoudrez-les très légèrement de sel. Taillez les poivrons en fines lamelles après les avoir débarrassés de leur pédoncule et de leurs pépins. Émincez, puis salez les oignons. Pelez, épépinez, égouttez les tomates et pressez-les entre les mains.

2. Dans une cocotte de belle dimension, faites chauffer 2 cuillerées à soupe d'huile d'olive et faites mijoter les tomates à découvert avec l'ail écrasé, le basilic, le persil et le thym, jusqu'à évaporation de l'eau de végétation. Couvrez et gardez sur feu très doux.

3. Dans une poêle, mettez à fondre sur feu doux les rondelles d'aubergine dans l'huile d'olive restante. Dès qu'elles sont tendres, retirez-les avec une spatule et réservez.

4. Versez aussitôt les courgettes dans la même poêle et répétez l'opération. Même chose pour les poivrons en lamelles et enfin pour les oignons qui devront cuire sans prendre couleur. Goûtez pour vous assurer du degré de cuisson de chaque légume et, si nécessaire, ajoutez un filet d'huile en plus dans la poêle entre chaque cuisson.

5. Réservez dans la cocotte tous les légumes sur la fondue de tomates tenue sur feu très doux. Remuez soigneusement avec une cuillère en bois. Débarrassez l'excédent d'huile, s'il y a lieu, avec une cuillère. Salez et poivrez. Servez-la froide avec une chiffonnade de jambon cuit ou sec.

BON À SAVOIR

Soyez généreux dans les proportions, vous trouverez toujours de quoi utiliser votre reste de ratatouille. Préparée ainsi, la ratatouille sera parfaitement réussie, puisque les différents légumes qui n'ont pas le même temps de cuisson auront chacun atteint le point précis à partir duquel ils perdent leur dureté et conservent toute leur saveur.

Pour le fromage, prévoyez un bon camembert, un pont-l'évêque au lait cru ou vieux comté). En dessert, proposez un gâteau à l'ananas (voir p. 21) ou une terrine de chocolat (voir p. 52). Sans le fromage ni le vin ni le pain, vous ne devriez pas dépenser plus de 3-3,50 € par personne !

Pour les mordus
DE TARTE ET DE QUICHE

Tarte aux champignons

POUR 6 PERS. : 1 pâte brisée prête à l'emploi • 250 g de champignons • 3 échalotes • 30 g de beurre • 2 œufs • 3 cuill. à soupe de crème fraîche • sel • moulin à poivre

PRÉPARATION

1. Épluchez et brossez soigneusement les champignons. Épluchez et émincez les échalotes.

2. Dans une sauteuse ou une cocotte, faites fondre le beurre à feu doux, déposez les échalotes et faites-les cuire doucement, couvercle fermé, en remuant de temps en temps jusqu'à ce qu'elles deviennent transparentes.

3. Préchauffez le four à 220 °C (th. 7-8). Déroulez la pâte brisée dans un moule à tarte.

4. Pendant la cuisson des échalotes, hachez finement les champignons. Ajoutez-les aux échalotes. Salez et poivrez. Laissez cuire en remuant jusqu'à ce que toute l'eau de végétation soit évaporée.

5. Dans un saladier, battez les œufs, ajoutez la crème fraîche, salez, poivrez. Versez le contenu de la sauteuse ou de la cocotte dans le saladier. Mélangez. Versez la préparation sur le fond de pâte et enfournez pour 25 minutes. Servez aussitôt.

Tarte aux poireaux ou « flamiche »

POUR 6 À 8 PERS. : 1 pâte brisée prête à l'emploi • 500 g de poireaux • 15 g de beurre • 1 verre de bouillon • 1 bol de béchamel • 2 pointes de couteau de noix de muscade fraîchement râpée • 125 g d'emmental râpé (ou de comté) • sel • poivre du moulin

PRÉPARATION

1. Épluchez et lavez soigneusement les poireaux. Ne conservez que la partie blanche et vert tendre. Émincez-les finement en tronçons de 2 cm de long.

2. Préchauffez le four à 220 °C (th. 7-8). Garnissez un moule à tarte de pâte brisée et piquez le fond de pâte avec les dents d'une fourchette. Enfournez pour 15 minutes environ. N'éteignez pas le four à la fin de cette précuisson.

3. Pendant ce temps, faites fondre le beurre dans une casserole, ajoutez les poireaux et faites-les étuver pendant 5 minutes, sans les colorer, en remuant souvent.

4. Versez le bouillon chaud et laissez cuire à découvert jusqu'à ce qu'il n'y ait pratiquement plus de liquide. Retirez du feu et laissez tiédir 10 minutes.

5. Incorporez la béchamel, la noix de muscade et les deux tiers du fromage râpé. Salez et poivrez. Versez cette préparation sur les poireaux. Mélangez et reversez le tout sur le fond de tarte. Saupoudrez du reste de fromage râpé et enfournez pour 25 à 30 minutes, jusqu'à ce que la tarte soit bien dorée.

Tarte à l'oignon

POUR 8 PERS. : 1 pâte brisée prête à l'emploi • 700 g d'oignons • 50 g de beurre • 6 œufs • 30 cl de crème fraîche • 3 cuill. à soupe de lait • 2 pointes de couteau de noix de muscade fraîchement râpée • sel • poivre du moulin

PRÉPARATION

1. Épluchez les oignons et coupez-les en fines lamelles. Dans une cocotte, faites fondre le beurre, ajoutez les oignons et laissez-les étuver doucement, à couvert. Retirez du feu lorsqu'ils deviennent transparents.

2. Préchauffez le four à 220 °C (th. 7-8). Déroulez la pâte brisée dans un moule, piquez-la à la fourchette et faites cuire la pâte à blanc pendant 20 minutes.

3. Dans un saladier, battez les œufs avec la crème fraîche et le lait. Salez et poivrez. Ajoutez la noix de muscade. Versez dans la cocotte et mélangez avec les oignons.

4. Versez le mélange oignons, œufs et crème sur le fond de tarte et remettez au four environ 10 minutes. Vérifiez la cuisson avec la pointe d'un couteau. Elle doit ressortir propre. Démoulez et servez.

MES BONNES ADRESSES *de vin...*

À boire frais, et malheureusement avec modération !

- **Beaujolais blanc : Dominique PIRON, Morgon 69910 VILLIÉ-MORGON (tél. 04 74 69 10 20)**
- **Cheverny blanc, rosé, rouge 2015 : EARL Philippe TESSIER, La rue Colin – 41700 CHEVERNY (tél. 02 54 44 23 82)**
- **LE CLOS ROUSSELY, 11, route du Château 41400 ANGÉ-SUR-CHER (tél. 02 54 32 86 46)**
- **Côteaux du Vendômois : Domaine COLIN, 5, impasse de la Gaudetterie – 41100 THORÉ-LA-ROCHETTE (tél. 02 54 72 80 73)**
- **Champagne GAUTHEROT, 29, Grande Rue 10110 CELLES-SUR-OURCE (tél. 03 25 38 50 03)**
- **LES CONVIVES, blancs ou rosés, dans les magasins Leader Price, exquis vins des caves coopératives de Plaimont.**

Le plaisir d'une terrine ou de RILLETTES maison

PÂTÉ ou terrine ?

Avez-vous remarqué que, très souvent, nous faisons une confusion entre pâté et terrine ? Essayons d'être précis :

- Le pâté est une préparation de charcuterie, de viande, de volaille ou de poisson.

- La terrine n'est que le récipient, généralement en terre, qui contient le pâté. Mais par extension, la préparation qu'elle contient porte également le nom de « terrine » ! Souvent à base de viandes mélangées, les terrines comportent aussi du poisson, des fruits de mer, voire des légumes. Il en existe également des versions sucrées.

UN DÉTOUR PAR L'ANTIQUITÉ

L'invention du pâté remonte au IVe siècle avant J.-C. On peut dire que son origine se situe sur les autels dédiés aux dieux. Il n'était pas question de perdre les bêtes après les sacrifices rituels. Aussi les farcissait-on de miel, de figues, de raisins secs et d'aromates. L'historien grec Hérodote (484-420 avant J-C.) nous en donne d'ailleurs des descriptions méticuleuses. Tout au long de l'histoire, on retrouve des farces parfois simples à base d'herbes aromatiques, parfois beaucoup plus sophistiquées, comportant des viscères (intestins compris), du sang, du vinaigre, du fromage grillé, des graines de pavot, de l'oignon et des graines acides de grenade. Vous pouvez toujours essayer, les ingrédients existent encore… Avis aux amateurs !

« Je me suis souvent demandé comment Lucullus (117-57 avant J.-C.), général romain, pouvait réaliser des pâtés de cervelles de rossignol ou de langues de becfigues. Si un lecteur connaît ses recettes, je serais bien tenté d'essayer... »

Apicius, gastronome romain du Ier siècle après J.-C., nous a laissé des récits détaillés de hachis et même de truies engraissées au vin miellé et aux figues afin d'hypertrophier leur foie comme celui des oies. De nos jours, on s'étonne du gavage en oubliant l'origine de cette pratique.

Le naturaliste romain Pline l'Ancien (23-79) fut l'un des premiers à remarquer la « bonté du foie » des oies qu'on engraisse et qui devient très gros en le trempant dans du lait miellé. Ne serait-ce pas là l'ancêtre de notre foie gras ?

RETOUR EN FRANCE

Dans notre pays, à partir du Moyen Âge, les pâtés deviennent à la mode. Dans *Le Viandier* de Taillevent daté de la première moitié du XIVe siècle, on trouve plus de 25 recettes de pâtés de viande ou de poisson pour le carême. On faisait de grands pâtés en croûte dans les banquets médiévaux d'où des oiseaux vivants s'échappaient.

Ne lisez pas Pline l'Ancien qui parlait avec délectation des vulves de truies farcies comme le *nec plus ultra* des banquets patriciens... Les mérites comparés de la vulve de la truie primipare ayant avorté et des tétines de truies venant de mettre bas et sur le point d'allaiter sont des morceaux d'anthologie littéraire et gastronomique à condition d'avoir le cœur et l'estomac bien accrochés.

PÂTÉS EN CROÛTE, TOURTES ET *PIES*

Il s'agit presque toujours d'un hachis de porc, de volaille, de gibier ou de poisson moulé et entouré d'une croûte de pâte. L'abaisse est en pâte feuilletée ou en pâte à foncer que l'on peut manger ou pas. La pâte à foncer est préconisée pour les pâtés en croûte froids, type pâtés de charcutier, et la pâte feuilletée pour les pâtés chauds, type pâté Pantin que l'on mange aussi froid.

Ces pâtés en croûte sont souvent appelés « tourtes » ou encore pies *en Angleterre. On peut introduire, dans une cheminée pratiquée dans la pâte des pâtés en croûte, de la crème, de la gelée, du beurre fondu…*

À CHACUN SON PÂTÉ…

Chaque région a sa spécialité de pâté, généralement de gibier : pâté de canard à Amiens, de bécasse à Brantôme, de foie gras à Périgueux, de lapin de garenne de Vendée ou de Salève, de merle en Corse. Le pâté de Chartres, dont la composition a varié au cours des siècles, est sans doute le plus célèbre d'entre eux. Il était de lièvre au XIe siècle, au pluvier guignard au XVIIIe siècle et, maintenant, il est au perdreau ou au faisan.

TOUT Y PASSE !

Il existe aussi des pâtés de poisson, par exemple le koulibiac, de légumes, comme le gâteau ou la tourte aux épinards, et même des desserts. Les pâtés de légumes et les pâtés version sucrée sont plus couramment appelés « terrines ». Je n'aurais garde d'oublier les pâtés de Pâques qui contiennent des œufs entiers dans la farce.

On peut constater qu'on fait des pâtés avec presque tout. En Chine, le héros d'un roman picaresque médiéval chinois, *Au bord de l'eau* de Shi Nai-an, tue un aubergiste qui transformait ses clients en petits pâtés. Nul n'est parfait…

MES PÂTÉS EN CROÛTE

Pâté Pantin à la viande

POUR 6 À 8 PERS. : 400 g de pâte brisée • 500 g d'échine de porc • 400 g d'épaule de veau • 1 verre à moutarde de vin blanc sec • 1 bouquet de persil • 1 gros oignon • 2 gousses d'ail • 2 œufs • 100 g de mie de pain trempée dans du lait • 10 cl de crème liquide • sel • poivre du moulin

PRÉPARATION

1. La veille, coupez la moitié des deux viandes en lamelles. Laissez mariner une nuit avec le vin blanc, la moitié du persil haché, l'oignon et l'ail détaillés.

2. Le lendemain, séparez le blanc du jaune de 1 œuf. Passez au hachoir le reste de la viande avec la mie de pain, le blanc d'œuf et l'autre moitié du persil. Salez et poivrez.

3. Préchauffez le four à 220 °C (th. 7-8). Abaissez la pâte brisée sur 3 ou 4 mm d'épaisseur. Formez un rectangle. Mouillez les bords sur 1,5 cm avec un pinceau trempé dans de l'eau. Répartissez la farce sur une moitié de la pâte. Disposez par-dessus les lamelles des viandes marinées et égouttées. Rabattez l'autre moitié de pâte et soudez en appuyant bien sur le pourtour avec les doigts.

4. Délayez le jaune d'œuf dans 1 cuillerée à café d'eau en ajoutant 1 pincée de sel. Badigeonnez-en le dessus. Au centre, faites une ouverture appelée « cheminée ». Avec une fourchette ou la pointe d'un couteau, tirez des lignes très profondes en quadrillage à la surface, cela évitera à la pâte de brûler. Piquez également les dents d'une fourchette en 4 ou 5 endroits différents.

5. Posez le pâté sur une plaque de cuisson et enfournez pour 40 minutes. Après 10 minutes de cuisson, baissez la température du four à 170 °C (th. 5-6).

6. À mi-cuisson, couvrez de papier d'aluminium si la pâte est trop colorée. Environ 5 minutes avant la fin de la cuisson, ajoutez l'autre œuf battu avec la crème par la cheminée.

7. Servez chaud en entrée ou comme plat de résistance avec une salade.

Bon à savoir : on peut réaliser ce pâté dans un moule à tarte en recouvrant complètement la partie supérieure et en ouvrant de la même façon une cheminée.

Pâté Pantin (variante)

POUR 6 PERS. : 250 g de pâte feuilletée prête à l'emploi • 150 g d'épaule de veau • 150 g d'échine de porc • 70 g de jambon de pays • 1/2 cuill. à café de quatre-épices • 2 cuill. à soupe de cognac • 2 cuill. à soupe de porto • 1 œuf + 1 jaune • 1 belle échalote • 20 g de beurre • 1/2 cuill. à café de sel • poivre du moulin

PRÉPARATION

1. Hachez ou faites hacher (grosse grille) par votre boucher l'épaule, l'échine et le jambon. Mélangez dans un saladier avec le sel, du poivre, le quatre-épices, le cognac, le porto et l'œuf entier.

2. Émincez l'échalote et faites-la revenir dans le beurre sans lui laisser prendre couleur. Incorporez-la à la farce. Laissez reposer quelques heures au frais.

3. Préchauffez le four à 220 °C (th. 7-8). Abaissez la pâte feuilletée sur 3 ou 4 mm d'épaisseur. Formez un rectangle. Mouillez les bords sur 1,5 cm avec un pinceau trempé dans de l'eau. Répartissez la farce sur une moitié de la pâte. Rabattez l'autre moitié et soudez en appuyant bien sur le pourtour avec les doigts.

4. Délayez le jaune d'œuf dans 1 cuillerée à café d'eau en ajoutant 1 pincée de sel. Badigeonnez-en le dessus. Au centre, faites la cheminée. Tirez aussi des lignes très profondes en quadrillage à la surface pour éviter à la pâte de brûler. Piquez également les dents d'une fourchette en 4 ou 5 endroits différents.

5. Posez le pâté sur une plaque de cuisson et enfournez pour 40 minutes. Après 10 minutes de cuisson, baissez la température du four à 170 °C (th. 5-6). À mi-cuisson, couvrez de papier d'aluminium si la pâte est trop colorée.

6. Servez chaud ou froid, avec une salade.

MES PÂTÉS À TRANCHER

Ils incluent les pâtés de campagne, de jambon, de viande, de volaille, de lapin, de gibier : lièvre, faisan, sanglier, cerf… sans oublier le pâté forestier comprenant des champignons sylvestres (surtout des trompettes-de-la-mort). Il existe aussi des pâtés de foie gras. Les fricandeaux du Sud-Ouest, les attereaux de Bourgogne sont des variantes.

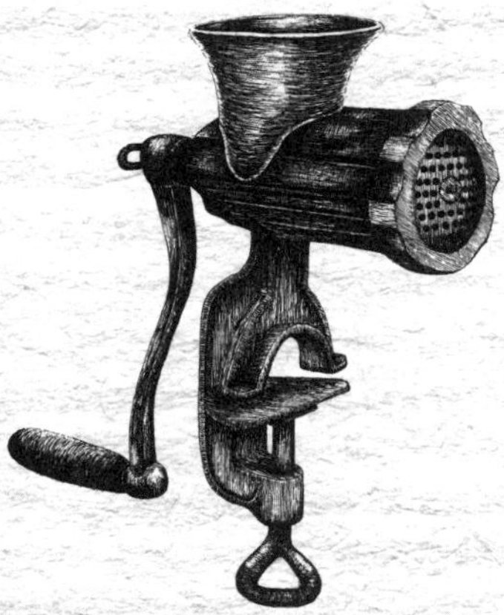

LES SECRETS D'UN BON PÂTÉ

• MARINONS…
Nous indiquons 1 heure pour la marinade. C'est un minimum. Dans tous les cas de figure, plus long sera le séjour des ingrédients dans la marinade, plus corsée sera la farce.

• UNE HISTOIRE DE GRILLES
Pour tous les pâtés ou terrines, il est indispensable de respecter la taille des grilles. De là, bien souvent, résulte la qualité d'un pâté. Un pâté de campagne, grille fine, manquerait de mâche et de matière alors qu'un pâté de lapin, grosse grille, en aurait trop.

• ON N'EST PAS À 15 MINUTES PRÈS
Un pâté, quel qu'il soit, peut toujours cuire 15 minutes de plus sans risque. Les temps de cuisson indiqués sont des temps minimaux. Tous les ingrédients d'un pâté doivent se travailler froids.

Pâté de campagne

Pour 10 pers. : 500 g de gorge fraîche de porc découennée • 200 g de foie de porc frais • 150 g de crépine de porc fraîche • 2 belles échalotes grises • 1/2 verre à moutarde de vin blanc sec • 3 cuill. à soupe de persil haché • 2 œufs • 3/4 de cuill. à café de sel • poivre du moulin

PRÉPARATION

1. Hachez ou faites hacher par votre charcutier la gorge et le foie. Veillez à ce que la grille du hachoir soit grosse. Hachez finement les échalotes et laissez-les mariner 30 minutes dans le vin blanc.

2. Mélangez les viandes hachées, les échalotes, le vin blanc, le persil haché, les œufs, le sel et du poivre.

3. Préchauffez le four à 250 °C (th. 8-9). Garnissez un plat à gratin avec la crépine qui doit déborder tout autour du plat. Déposez la farce et repliez la crépine. Enfournez pour 10 minutes sur la lèchefrite, puis versez un peu d'eau dedans et baissez la température du four à 200 °C (th. 6-7).

4. Laissez cuire environ 1 heure. Le pâté doit se recouvrir d'une légère croûte dorée. Laissez refroidir.

Pas de précipitation : attendez au moins 3 jours pour déguster ce pâté de campagne sur de larges tranches de pain croustillantes avec, éventuellement, des cornichons et des condiments.

Fromage de tête

Le fromage de tête de ma grand-mère n'a rien à voir avec celui qui parade dans les vitrines réfrigérées de certains charcutiers, rougissant de honte et de E120 (cochenille). Cette magnifique spécialité charcutière peut se faire à la maison à condition d'avoir du temps et de nombreux invités. Elle se fabrique sans effort, sans surveillance.

POUR 2 OU 3 SALADIERS : 1 tête de porc entière sans la cervelle, avec la langue à part • 2 pieds de porc • 1 bouteille de vin blanc sec • 5 oignons grossièrement hachés • 3 échalotes • 5 ou 6 gousses d'ail écrasées • 1 poignée de poivre en grains • 5 ou 6 clous de girofle • 2 ou 3 brins de thym • 1 gros bouquet de persil haché • 2 poignées de gros sel

PRÉPARATION

1. Mettez la tête et les pieds de porc dans une grande marmite, versez le vin blanc et recouvrez d'eau froide. Réunissez tous les aromates dans un nouet de mousseline, puis introduisez-le dans la marmite en prenant soin de fixer le lien à l'anse. Ajoutez le gros sel et portez à ébullition.

2. Après 30 minutes, versez 2 verres d'eau froide pour faire remonter toutes les impuretés à la surface. Retirez-les avec une écumoire. Maintenez la cuisson à frémissement léger.

3. Après 7 heures de cuisson, introduisez la langue pour 20 minutes, puis retirez la tête, les pieds, la langue et le nouet. Filtrez le bouillon à travers une passoire fine et un linge mouillé d'eau glacée. Remettez le bouillon et le nouet dans la marmite, puis laissez réduire de moitié à découvert, à feu vif.

4. Désossez la tête, les pieds et coupez les chairs en gros morceaux. Retirez la peau blanche de la langue. Remettez les viandes dans la marmite et laissez cuire 30 minutes.

5. Versez 2 louches de bouillon dans les saladiers, faites rouler le bouillon sur les parois pour les napper et laissez prendre en gelée.

6. Retirez la langue et tranchez-la en larges rondelles. Retirez les viandes. Répartissez harmonieusement les morceaux de langue, de maigre et de gras dans les saladiers. Couvrez de bouillon brûlant en prenant soin d'écarter les morceaux pour que les interstices se garnissent. Laissez tiédir, puis recouvrez les saladiers d'une assiette et d'un gros poids.

7. Lorsque le fromage de tête a refroidi, mettez-le au réfrigérateur.

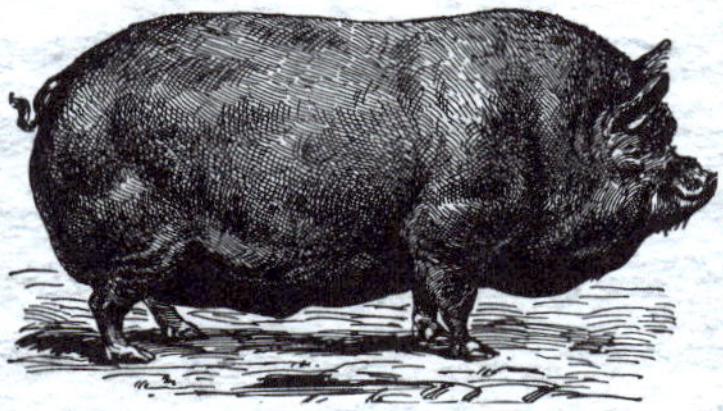

Terrine de jarret de porc en gelée

POUR 8 PERS. : 3 jambonneaux arrière de porc (de 1,6 à 1,8 kg) • 1 pied de veau • 5 carottes • 1 branche de céleri • 3 oignons piqués de 2 ou 3 clous de girofle • 1 bouquet garni (thym, laurier) • 15 grains de poivre • 1 poignée de gros sel • 1 bouteille de vin blanc sec • 4 cuill. à soupe de vinaigre blanc (ou, mieux, de Melfor, une spécialité alsacienne) • 1 bouquet de persil • 7 gousses d'ail

PRÉPARATION

1. La veille, dans un faitout contenant 3 l d'eau, ajoutez les carottes épluchées et coupées en rondelles de 5 mm d'épaisseur, la branche de céleri, les oignons piqués de clous de girofle, le bouquet garni, le poivre en grains, le gros sel et le vin blanc sec.

2. Plongez les jambonneaux et le pied de veau dans l'eau. Portez à ébullition, puis à petit bouillottement pendant environ 4 heures. Vérifiez la cuisson en piquant les jambonneaux avec une aiguille à brider ou la pointe d'un couteau.

3. Versez le vinaigre en fin de cuisson et poursuivez la cuisson à feu doux 20 minutes.

4. Hachez très finement le persil et l'ail. Sortez les viandes, hachez grossièrement au couteau et mélangez avec le hachis de persil et d'ail. Dégraissez le bouillon.

5. Dans le fond d'une terrine, mettez 1 cm de bouillon au moins, ajoutez les viandes, pas trop serrées, et recouvrez du bouillon de cuisson. Emballez la terrine dans un film alimentaire et mettez-la au moins 24 heures au réfrigérateur.

6. Servez avec une salade croquante.

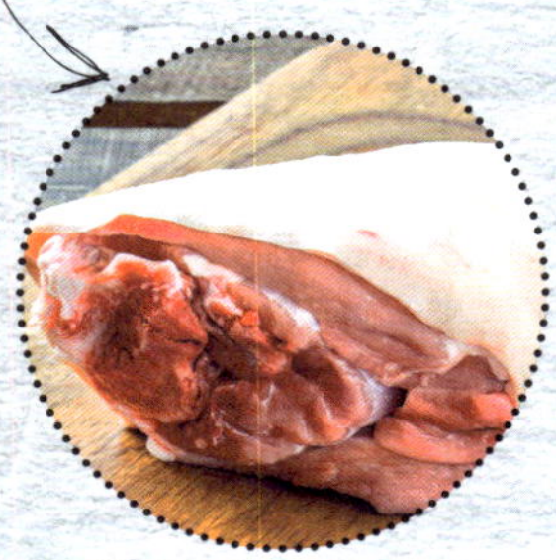

Terrine de cochon aux foies de volaille

POUR 4 PERS. : 250 g de foies de volaille • 150 g de chair à saucisse • 80 g de poitrine de porc fraîche sans couenne • 1 crépine de porc fraîche • 2 cuill. à soupe de porto (ou de madère) • 1 cuill. à soupe de cognac (ou d'armagnac) • 1/2 cuill. à café de fleurs de thym + 1 pincée • 1 cuill. à café de sucre en poudre • 1 feuille de laurier • 1 cuill. à café de sel • poivre du moulin

PRÉPARATION

1. Les foies sont généralement débarrassés de la partie verte qui contient le fiel. Si tel n'est pas le cas, enlevez-la à l'aide d'un petit couteau. Coupez les foies en 2 ou 3 morceaux. Débitez la tranche de poitrine en petits lardons réguliers.

2. Dans un saladier, mélangez les alcools et le thym. Ajoutez le sucre, salez et poivrez. Ajoutez les foies, la chair à saucisse et les lardons. Imprégnez-les soigneusement. Couvrez et laissez mariner 24 heures au frais.

3. Le jour suivant, déroulez la crépine et tapissez-en le fond et les parois d'une terrine, en prenant soin de la faire dépasser. Remplissez la terrine avec les viandes marinées et rabattez la crépine. Tassez pour éviter les trous d'air. Semez la pincée de fleurs de thym et décorez avec la feuille de laurier.

4. Préchauffez le four à 200 °C (th. 6-7). Placez la terrine dans un bain-marie et enfournez pour 1 heure. Le pâté va prendre une couleur dorée. Couvrez avec un papier d'aluminium et poursuivez la cuisson encore 20 minutes. Laissez refroidir à température ambiante, puis mettez au réfrigérateur.

Un peu de patience : attendez une journée avant d'entamer le pâté. Servez avec un bon pain de campagne, des condiments, cornichons, cerises au vinaigre et petits oignons, et avec une salade de lentilles.

Terrine de foie de bœuf

POUR 8 À 10 PERS. : 750 g de foie de bœuf ou de génisse en tranches • 750 g de poitrine de porc demi-sel • 150 g de crépine de porc fraîche • 1 gousse d'ail hachée • 1 cuill. à soupe de persil haché • 1/2 cuill. à café de quatre-épices • 4 feuilles de laurier • 1 sachet de gelée du commerce • sel • poivre du moulin

PRÉPARATION

1. La veille, coupez les tranches de foie et la poitrine de porc découennée en petits morceaux. Hachez-les finement au mixeur jusqu'à obtenir une pâte. Ajoutez la gousse d'ail et le persil hachés, ainsi que le quatre-épices. Salez modérément (le porc l'étant déjà) et poivrez.

2. Préchauffez le four à 240 °C (th. 8). Chemisez une terrine avec la crépine en débordant de 1 cm environ sur les bords (à défaut d'une terrine, utilisez un moule à cake en couvrant le fond avec une bande de film alimentaire de même dimension pour permettre le démoulage).

3. Déposez au fond de la terrine 2 feuilles de laurier. Versez la pâte et tassez bien. Ajoutez les feuilles de laurier restantes, repliez les bords de la crépine et ajoutez une bande de crépine pour couvrir la surface du pâté. Couvrez la terrine (si vous utilisez un moule, couvrez d'une feuille de papier d'aluminium) et enfournez pour 1 heure.

4. Au bout de 1 heure de cuisson, baissez la température du four à 180 °C (th. 6) et faites cuire encore 20 minutes, sachant qu'un pâté peut toujours cuire 15 minutes de plus sans risque. Vérifiez avec la pointe d'un couteau : la lame doit ressortir nette.

5. Préparez la gelée en suivant les indications données sur l'emballage. Laissez-la tiédir. Sortez la terrine, puis versez avec précaution le jus rendu par la cuisson et remplacez-le par la gelée encore tiède. Laissez refroidir. Posez sur le pâté une petite planche alourdie d'un poids de 1 kg et placez-le au réfrigérateur 24 heures au moins avant de l'entamer.

6. Le lendemain, servez le pâté bien froid dans la terrine ou démoulez-le et servez en tranches.

Terrine de foies de volaille

À prévoir 24 heures à l'avance. Pour un repas de fête, elle remplace très honorablement et à moindres frais un foie gras de canard ou d'oie.

POUR 8 PERS. : 350 g de foies de volaille • 3 cuill. à soupe de porto (ou de xérès) • 150 g de beurre • 1 échalote • 3 cuill. à soupe de cognac (facultatif) • 1 pincée de noix de muscade fraîchement râpée (ou en poudre) • sel • poivre du moulin

PRÉPARATION

1. La veille, parez soigneusement les foies s'ils ne le sont pas déjà. Mettez-les dans un bol avec le porto (ou le xérès), salez, poivrez et laissez macérer 1 heure au minimum.

2. Faites fondre 1 noix de beurre dans une poêle. Déposez-y les foies et faites-les blondir sur toutes les faces. Ajoutez l'échalote épluchée et hachée menu, et le porto (ou le xérès) de macération. Laissez cuire à feu doux 5 ou 6 minutes (les foies doivent rester roses à l'intérieur). Arrosez si vous le souhaitez avec le cognac et faites flamber ou non, à votre choix.

3. Hors du feu, écrasez les foies à la fourchette en les mélangeant bien au jus de cuisson (si vous avez utilisé une poêle à revêtement antiadhésif, il est impératif de transvaser les foies dans un plat creux pour les écraser). Ajoutez le restant de beurre ramolli et coupé en petits morceaux, la noix de muscade râpée et quelques tours de moulin à poivre. Mélangez bien le tout.

4. Versez la préparation dans une terrine et secouez le contenant pour bien tasser les foies. Ajustez le couvercle (à défaut de terrine, utilisez un moule en porcelaine, en verre à feu ou en terre cuite et couvrez hermétiquement avec du papier d'aluminium). Gardez au réfrigérateur 24 heures avant de l'entamer.

5. Le lendemain, servez bien froid, en tranches minces, avec du pain grillé.

Terrine de poulet basquaise

POUR 8 PERS. : 1 poulet de 1,5 à 1,8 kg • 6 tranches de jambon de Bayonne (ou de jambon de pays) • 3 tomates (en conserve hors saison) • 1 oignon • 3 gousses d'ail • 4 poivrons • 1 cuill. à soupe de paprika en poudre • 2 cuill. à soupe d'huile d'olive • 1 branche de thym • 20 cl de vin blanc sec • 3 feuilles de gélatine • sel • poivre du moulin

PRÉPARATION

1. La veille, faites découper le poulet par votre volailler ou votre boucher. Vous devez pouvoir obtenir 12 morceaux. Plongez les tomates pendant 15 à 30 secondes dans de l'eau bouillante, puis dans de l'eau glacée pour les rafraîchir. Pelez-les, coupez-les en deux, puis épépinez-les. Épluchez et émincez l'oignon en rondelles très fines. Pelez les gousses d'ail.

2. Lavez les poivrons et épluchez-les grossièrement avec un couteau Économe. Retirez le pédoncule, les graines et les filaments blancs. Coupez-les en lanières un peu larges. Coupez les tranches de jambon découennées en lanières de 2 à 3 cm de large.

3. Saupoudrez les morceaux de poulet de paprika, de sel et de poivre. Faites-les revenir avec l'huile d'olive dans une cocotte en les retournant plusieurs fois pour qu'ils soient bien dorés. Baissez le feu, ajoutez le jambon, les poivrons, l'oignon, l'ail et le thym. Remuez et laissez mijoter 5 minutes, puis versez le vin blanc et maintenez la cuisson 1 heure à feu doux et à couvert.

4. Lorsque la chair commence à se détacher, ajoutez les tomates et laissez cuire environ 15 minutes.

5. Mettez la gélatine à ramollir dans un bol d'eau froide. Retirez les morceaux de poulet de la cocotte. Enlevez la peau, puis désossez-les. Ajoutez les feuilles de gélatine égouttées dans la sauce avec les tomates et les poivrons. Remuez pour les faire fondre complètement.

6. Dans une terrine, étalez d'abord une couche de sauce tomate-poivron, puis une couche de poulet. Renouvelez l'opération et tassez. Laissez la terrine refroidir avant de la placer au réfrigérateur pour au moins 24 heures. Servez froid le lendemain.

Terrine de canard aux cerises

POUR 8 PERS. : 1 kg de viande de canard dont 1 magret entier (environ 340 g) • 350 g de gorge de porc • 1 crépine de porc fraîche • 400 g de cerises • 15 cl de banyuls • 3 cuill. à soupe de sucre en poudre • 2 œufs • 2 cuill. à café de sel • 1 cuill. à café de poivre du moulin

PRÉPARATION

1. Retirez la peau des morceaux de canard. Coupez le magret en lanières de 1 cm de large et coupez en dés la gorge de porc et le restant des viandes de canard. Salez, poivrez, ajoutez le banyuls, remuez et laissez mariner 24 heures au réfrigérateur.

2. Le jour suivant, dénoyautez les cerises et faites-les pocher dans un sirop réalisé avec le sucre et 20 cl d'eau. Égouttez-les sur un linge propre ou du papier absorbant.

3. Préchauffez le four 160 °C (th. 5-6). Égouttez les viandes en conservant la marinade. Mettez de côté les lanières de canard et passez les autres viandes au hachoir à grosse grille.

4. Dans un récipient, mélangez le hachis obtenu avec les œufs et la marinade. L'ensemble doit être parfaitement homogène. Répartissez délicatement les cerises dedans sans les écraser.

5. Dans une terrine, étalez largement la crépine en l'ayant préalablement fait tremper pendant 15 à 20 minutes dans de l'eau tiède. Étalez la farce en couches régulières en intercalant les lanières de canard au fur et à mesure que vous remplissez la terrine. Tassez les viandes et fermez avec la crépine.

6. Couvrez la terrine et déposez-la dans un plat ou la lèchefrite. Versez de l'eau chaude pour faire démarrer le bain-marie et laissez cuire 1 h 30. Laissez refroidir dans le four et mettez à rassir dans le réfrigérateur pendant 48 heures.

Soyez patient : attendez deux bonnes journées avant de déguster cette terrine.

Terrine de lapin aux carottes

POUR 6 PERS. : 1 lapin d'environ 1,5 kg • 1 pied de veau • 150 g de lard de poitrine fumé coupé en tranches très fines • 750 g de carottes • 2 oignons • 1 bouquet de persil • 1 bouteille de bon vin blanc sec et fruité • 2 feuilles de laurier • noix de muscade fraîchement râpée • sel • poivre du moulin

PRÉPARATION

1. La veille, coupez le lapin en morceaux. Beurrez une cocotte et garnissez le fond de la moitié des tranches de lard sans en supprimer la couenne.

2. Pelez les oignons, émincez-les grossièrement, puis posez-les sur les tranches de lard, ainsi que les carottes grattées, lavées et coupées en rondelles, quelques brins de persil entiers, le pied de veau coupé en morceaux, salez, poivrez et muscadez.

3. Placez les morceaux de lapin sur ce lit et recouvrez du reste des tranches de lard dont vous aurez, cette fois, supprimé la couenne. Mouillez juste à hauteur avec moitié vin blanc, moitié eau. Posez le laurier sur le tout. Couvrez et mettez sur feu doux. Comptez 1 heure de cuisson à partir du moment où l'ébullition se manifeste.

4. Laissez un peu refroidir et retirez les morceaux de lapin, puis désossez-les. Mettez les chairs au fur et à mesure dans une terrine en y mêlant des morceaux de lard et surtout des rondelles de carotte. Décorez le dessus de la terrine avec les carottes et des feuilles de persil.

5. Passez le jus de cuisson à travers un linge fin et versez-le dans la terrine, sur les carottes.

6. Laissez prendre la terrine une nuit au réfrigérateur avant de la servir le lendemain avec une bonne salade croquante.

Terrine de lapin au thym

POUR 8 PERS. : 1 beau lapin d'environ 1,5 kg • 500 g de poitrine de porc fraîche découennée • 150 g de foies de volaille • 1 verre de vin blanc • 3 cuill. à soupe de cognac (ou de vieille prune) • 1/2 cuill. à café de thym effeuillé + 1 brin • 3 cuill. à soupe de persil haché • 1 échalote grise • 1 feuille de laurier

Pour la gelée : les os du lapin • 300 g d'ailerons de dinde (ou de canard) • les couennes de la poitrine de porc • 1/2 pied de veau • 1 carotte • 1 gros oignon • 1 cuill. à soupe d'huile • 15 g de beurre • 1 pincée de sucre en poudre • 1 grand verre de vin blanc sec • 1/2 cuill. à café de thym effeuillé • 1 bouquet garni (thym, laurier et tiges de persil) • sel • poivre du moulin

PRÉPARATION

1. Demandez à votre volailler ou à votre boucher de désosser le lapin en gardant les filets intacts. Si vous avez envie de réaliser ce travail fastidieux, vous le pouvez.

2. Préparez la gelée. Dans une casserole, faites chauffer l'huile, le beurre, ajoutez la carotte et l'oignon épluchés et hachés finement. Faites revenir, ajoutez les os du lapin, les ailerons de dinde (ou de canard) et le sucre. Laissez rissoler et caraméliser. Versez le vin blanc et laissez réduire de moitié. Ajoutez la couenne coupée en morceaux, le demi-pied de veau, le thym et le bouquet garni. Salez et poivrez. Couvrez l'ensemble d'eau et laissez cuire, aux trois quarts couvert, pas plus de 1 heure. Laissez refroidir l'ensemble toute une nuit.

3. Le jour suivant, coupez les filets ainsi que le foie du lapin et les foies de volaille en gros dés. Recouvrez avec le vin blanc et 1 cuillerée à soupe de cognac (ou de prune). Laissez mariner au moins 1 heure.

4. Préchauffez le four à 250 °C (th. 8-9). Hachez à la grille fine les chairs du lapin qui n'ont pas mariné et la poitrine de porc. Mélangez bien ce hachis avec le reste de cognac (ou de prune), le thym, le persil haché, les morceaux de lapin et de foie, leur marinade et l'échalote hachée.

5. Faites fondre la gelée du lapin. Filtrez et pesez l'équivalent d'un quart du poids total de la farce. Ajoutez la gelée à la farce et mélangez. Mettez la farce dans une terrine. Posez la feuille de laurier et la brindille de thym sur le dessus.

6. Fermez avec le couvercle et enfournez sur la lèchefrite pour 15 minutes. Versez ensuite un peu d'eau dans le fond de la lèchefrite pour que le reste de la cuisson s'effectue au bain-marie. Baissez la température du four à 200 °C (th. 6-7) et laissez cuire 1 heure au moins.

7. À la sortie du four, laissez reposer 15 minutes et posez à même le pâté une petite planche de bois alourdie d'un poids de 1 kg. Laissez refroidir.

Là encore, et comme toujours, patience : attendez 3 jours avant de servir.

MES PÂTÉS À TARTINER

Le plus célèbre de ces pâtés est peut-être le pâté de foie de porc ainsi que de nombreux autres aux foies de volaille.

Mousse de foie de volaille

POUR 6 PERS. : 350 g de foies de canard (ou de poulet) • 250 g de lard gras découenné, bien ferme • 25 g de raisins de Corinthe • 4 jaunes d'œufs • 3 cuill. à soupe de cognac • 50 cl de crème liquide • 10 g de sel • 5 tours de moulin à poivre

PRÉPARATION

1. La veille, trempez les raisins 1 heure dans de l'eau tiède.

2. Préchauffez le four à 200 °C (th. 6-7). Passez le lard à la grille la plus fine du hachoir, puis au mixeur pour obtenir une pâte fine.

3. Ajoutez les foies de volaille dénervés, les jaunes d'œufs, le cognac, le sel et le poivre. Mixez. Ajoutez ensuite la crème liquide et mixez de nouveau.

4. Versez la préparation dans un plat à gratin. Parsemez des raisins égouttés qui descendront dans la mousse durant la cuisson. Faites cuire au bain-marie pendant 40 minutes au moins.

5. Laissez refroidir une nuit et servez dès le lendemain.

Rillettes d'hier ET D'AUJOURD'HUI

RETOUR AUX ORIGINES

Une histoire de conservation

Au XVe siècle, sous le nom « rillée » ou « rihlle », on trouvait déjà la trace de cette préparation charcutière que sont les rillettes. On peut supposer qu'à l'origine, elles étaient destinées à conserver les viandes de porc. Le principe fondamental des rillettes est simple : quantité égale de maigre et de gras, pas de liant avec, comme seuls condiments, du sel et du poivre, et surtout une cuisson extrêmement lente, sans couvercle d'abord, couvercle ensuite, pendant 5 à 10 heures.

Les rillettes du Mans : pourquoi, comment ?

À l'origine, les rillettes étaient tourangelles, et si on les fabriquait dans le Maine, c'est exceptionnellement et par extension dans certaines fermes. La notoriété des rillettes de Tours déclinera inexorablement au profit des rillettes du Mans à cause du chemin de fer. La construction de la ligne Paris-Bretagne est la chance d'un charcutier, Albert Lhuissier, et, par la même occasion, des rillettes du Mans. Les locomotives à vapeur devaient s'arrêter à Connerré – où se trouvait sa charcuterie – pour faire le plein d'eau. En bon commerçant, Lhuissier profita de ces haltes pour proposer ses rillettes aux mécaniciens et aux passagers du train. Ainsi, les rillettes se répandirent tout au long de la ligne et bien sûr jusqu'à Paris, d'où les commandes affluèrent rapidement.

« Certains cuisiniers commettent le maquereau, le thon dans ce genre de "mascarade" ; on trouve même des rillettes de chocolat à base de pâte de cacao adoucie à la crème liquide, aromatisée d'écorces d'orange avec des petits éclats de noisettes qui craquent sous la dent. »

DEPUIS QUELQUES ANNÉES, LE PORC A PERDU SON EXCLUSIVITÉ D'ASSOCIATION AVEC LES RILLETTES PUISQU'ON EN FABRIQUE À BASE D'OIE, DE LAPIN, DE CANARD, DE SANGLIER OU DE SAUMON.

TOUTES LES RILLETTES NE SE VALENT PAS...

Selon le code des usages de la charcuterie, les rillettes sont des préparations obtenues par cuisson dans leur propre graisse (ou de la graisse de porc) de viande (ou d'un mélange de viandes) de porc, de veau, de lapin, d'oie, de volaille ou de gibier, à l'exclusion de toute autre substance en dehors du sel, parfois d'épices, éventuellement de salpêtre et de sel nitrité.

L'ajout aux rillettes, en cours de cuisson, de foie de porc haché ou de foie gras cuit est quelquefois pratiqué. L'incorporation aux rillettes d'oie ou de volaille de la peau de l'animal est habituelle.

Cette liste d'ingrédients, en apparence anodine, ne renseigne nullement le consommateur.

• **Chez l'artisan,** les rillettes se fabriquent à partir de carcasses de porc lourd ou de coche (truie adulte), ayant une viande suffisamment grasse, capable de subir une cuisson longue sans dénaturation ni perte exagérée.

– Pas de viande congelée, uniquement des viandes de première fraîcheur.

– Des morceaux nobles (jambon, pas d'épaule, de la poitrine pour les fibres).

– Les parties maigres sont découpées en morceaux de 50 à 100 g et le gras réduit en morceaux plus petits pour favoriser la fonte.

Une fois le gras fondu, on procède au rissolage des morceaux de maigre durant un temps plus ou moins long selon la coloration recherchée.

On ajoute alors une faible quantité d'eau, du sel, du poivre, on règle la cuisson qui se prolongera pendant 5 à 10 heures. La graisse est récupérée, les viandes cuites égouttées et effilochées. Ensuite, on procède au mélange des fibres des viandes effilochées et du jus de cuisson. Les pots sont remplis, refroidis et recouverts de saindoux chaud.

• **Chez l'industriel,** la perversion de la recette traditionnelle commence par le mégotage dans le choix des matières premières : carcasse trop légère, viande trop maigre, d'où la nécessite d'ajouter du gras extérieur et de la viande congelée, association de différentes carcasses et de gras de diverses provenances.

Il arrive que, dans les rillettes dites « de grande consommation », on utilise toutes les parties anatomiques de l'animal et, plus généralement, les moins nobles, avec leur graisse interne et de couverture.

Mentions portées sur les emballages :

- **Mention « supérieure » : elle garantit un taux de lipides inférieur à 44 %.**
- **Mentions « authentiques » ou « véritables », suivies d'une indication géographique : c'est la garantie d'une origine, mais pas d'un savoir-faire ni d'une qualité. Ainsi, les « véritables » rillettes du Mans seront fabriquées dans la Sarthe (20 % ne le sont pas). Idem pour les rillettes de Tours.**
- **Mentions « traditionnelles » ou faisant référence « à la tradition » : elles garantissent l'utilisation de zéro additif à l'exception du sel nitrité.**
- **Mentions « à l'ancienne » ou « comme autrefois » : elles garantissent l'utilisation de viande n'ayant subi aucun autre traitement que la réfrigération.**

« Mon très cher ami Jean Carmet était assez fier de ses rillettes. J'en ai souvent goûté avec la plus grande satisfaction. Un jour, il a consenti à me donner sa recette. Je l'ai essayée ; elle est facile à faire. »

Sur les pots de rillettes, qu'elles soient d'origine artisanale ou industrielle, le rapport gras-maigre n'est jamais signalé. Cette information serait pourtant bien utile. En forçant le taux de gras, on diminue le coût de production (le gras étant moins cher que le maigre), mais on altère la qualité des rillettes. Voilà comment on obtient des rillettes qui ressemblent davantage à du saindoux qu'à des rillettes.

LES RILLETTES DE « CARMET »

POUR 8 OU 9 POTS DE 375 G : 3 kg de viande de porc demi-sel • 1 kg de travers de porc (ou *spare ribs*) • 1 kg de pointe, de palette ou d'échine bien maigre • 1 kg de jarret • 150 g de saindoux • 30 cl de vin blanc sec • 3 ou 4 beaux oignons • poivre du moulin

PRÉPARATION

1. Découpez les différents morceaux en gros cubes. Le jarret sera coupé en quatre, par exemple.

2. Faites chauffer le saindoux dans une cocotte, puis faites dorer « croustillant » la viande. Ajoutez le vin blanc, 40 cl d'eau, les oignons épluchés et coupés en quatre. Poivrez. Couvrez et laissez cuire à feu doux ou au four à 130 °C (th. 4-5) pendant 1 h 30 à 2 heures.

3. La préparation de ces rillettes exige de la surveillance. Le plus souvent possible, on vérifiera l'avancement de la cuisson et on touillera vigoureusement pour inciter la viande à se déliter. Chaque fois que ce sera nécessaire, ajoutez un peu d'eau et, dès que les os se détacheront des chairs, retirez-les.

4. Lorsque la viande prend, enfin, l'apparence de rillettes, éliminez tous les os restants et les cartilages. Si la consistance finale manque de moelleux, ajoutez éventuellement 2 ou 3 cuillerées à soupe de saindoux. Mettez en pots et laissez refroidir.

5. Couvrez ensuite les rillettes d'une couche de saindoux et rangez au réfrigérateur pour laisser rassir 3 ou 4 jours.

Recommandations de Jean Carmet :

- Ne jamais hacher la viande.
- Ne jamais utiliser de Cocotte-minute.
- Ne jamais dégraisser les morceaux de viande.
- Conserver toujours la couenne du jarret.
- Prendre patience, le passage du morceau à l'état de rillettes peut durer 10 heures et même davantage. C'est à ce prix qu'elles seront goûteuses.
- La cuisson des rillettes peut s'interrompre sans inconvénient. La reprendre après refroidissement, même le lendemain.

« Je vous avouerais que je ne dédaigne pas, avec une tranche de pâté de campagne, un beaujolais s'il est de bonne origine. »

QUOI BOIRE AVEC LES PÂTÉS À LA VIANDE ?

Pour ces pâtés, un vin blanc sec et modeste fera l'affaire. Un petit chablis, un sylvaner, un edelzwicker ou un gentil, un muscadet, saumur blanc, ou un graves. On peut préférer un vin rouge, modeste lui aussi, et jeune, servi à température de la cave. Tous les vins rouges de Loire conviennent, saumur-champigny, bourgueil, chinon. Si vous n'en avez jamais goûté, c'est l'occasion de vous essayer au bergerac, aux rouges d'Alsace.

À décliner...

Les rillettes d'oie ou de canard se réalisent selon le même principe avec de l'échine de porc, de la panne, du magret d'oie ou de canard, coupés en lanières fines dans le sens de la fibre. Le poids de la viande de volaille doit être égal à la moitié du poids de la viande de porc.

QUELQUES ADRESSES...

- **LA CHABLISIENNE :**
8, boulevard Pasteur
89800 CHABLIS
(tél. 03 86 42 89 89)

- **Bruno et Françoise CORMERAIS :**
41, La Chambaudière
44190 SAINTE-LUMINE-DE-CLISSON
(tél. 02 40 03 85 84)

- **Jean-Yves FAHRER :**
3, place de la Mairie
67600 ORSCHWILLER
(tél. 03 88 92 86 57)

- **Dominique PIRON :**
Morgon 69910 VILLIÉ-MORGON
(tél. 04 74 69 10 20)

MES TERRINES ET RILLETTES DE POISSON

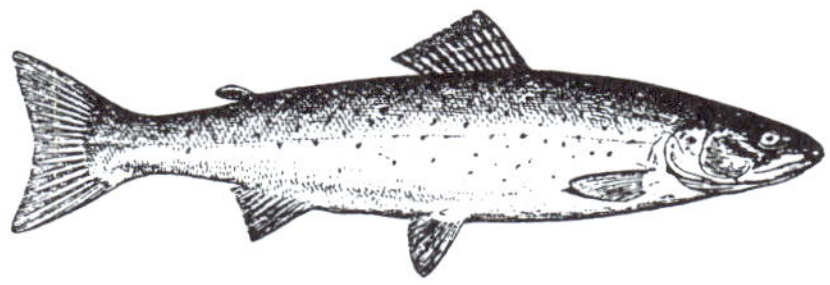

Koulibiac de saumon

POUR 6 PERS. : 650 g de saumon • 2 pâtes feuilletées prêtes à l'emploi • 1 sachet ou cube de court-bouillon • 3 cuill. à soupe de riz rond • 1/2 bouquet d'aneth • 1 pincée de cumin en poudre • 2 œufs entiers + 1 jaune • 4 cuill. à soupe de crème liquide • sel • poivre du moulin

Pour les épinards à la crème : 500 g d'épinards en branches • 10 g de beurre • 20 cl de crème liquide

Pour la sauce : 50 cl de crème liquide • le jus de 1 citron • 1/2 bouquet d'aneth

PRÉPARATION

1. Préparez les épinards à la crème. Lavez les épinards plusieurs fois à grande eau. Retirez les queues des plus grosses côtes et plongez les feuilles dans une grande marmite d'eau salée. À la reprise de l'ébullition, égouttez et plongez les épinards dans de l'eau froide.

2. Égouttez-les de nouveau. Lorsqu'ils ont refroidi, pressez-les à la main pour retirer toute l'eau. Dans une sauteuse, faites fondre le beurre, ajoutez les épinards, puis la crème liquide. Salez et poivrez.

3. Préchauffez le four à 200 °C (th. 6-7). Dans 1 l d'eau chaude, versez le sachet ou cube de court-bouillon. Pochez le saumon 5 minutes dans le court-bouillon. Après l'avoir retiré, jetez le riz dans le fumet. Égouttez-le au bout de 15 minutes.

4. Émiettez le saumon et retirez les arêtes. Mélangez le saumon, le riz, l'aneth haché, le cumin et les épinards à la crème. Battez les œufs entiers avec la crème liquide et mélangez-les à la préparation précédente.

5. Étalez une première pâte feuilletée. Beurrez un moule à tarte ou à manqué et tapissez la pâte en la laissant déborder. Piquez-la à la fourchette. Versez le mélange saumon-épinards et couvrez avec la seconde pâte. Pincez les bords des deux pâtes pour les souder et enfoncez au centre un petit morceau de carton enroulé qui va servir de cheminée.

6. Mélangez le jaune d'œuf restant avec 1 cuillerée à soupe d'eau et étalez-le sur la surface de la pâte. Enfournez pour 30 minutes.

7. Préparez la sauce. Faites chauffer doucement la crème liquide, le jus de citron et l'aneth haché. Lorsque le mélange s'épaissit, salez et poivrez.

8. Servez le koulibiac chaud ou froid, avec la sauce à part.

Terrine de merlan

POUR 8 À 10 PERS. : 600 g de filets de merlan sans peau ni arête • 250 g de congre sans peau ni arête • 100 g de beurre à température de la cuisine • 3 œufs • 50 cl de crème fraîche • 200 g de carottes • 100 g de petits pois frais ou surgelés • 200 g de champignons de Paris • beurre • huile • 10 g de sel • 5 ou 6 tours de moulin à poivre

PRÉPARATION

1. Gardez 400 g de filets entiers et coupez le reste des poissons en gros dés. Passez au mixeur, puis ajoutez le beurre et les œufs. Ajoutez ensuite la crème fraîche, le sel et le poivre. Mixez le tout. Gardez la farce au frais.

2. Faites cuire les carottes ainsi que les petits pois dans de l'eau salée. Faites revenir les champignons émincés avec 1 noix de beurre et quelques gouttes d'huile. Coupez les carottes bien égouttées en petits dés et mélangez les légumes et les champignons avec la farce.

3. Préchauffez le four à 180 °C (th. 6). Chemisez une terrine rectangulaire d'une feuille de papier sulfurisé. Étalez un peu de farce dans le fond. Posez une couche de filets de poisson. Superposez les couches jusqu'à remplir la terrine, sachant que c'est la farce qui terminera le remplissage. Mettez au four 1 h 30.

4. Cette terrine peut se manger froide, avec une mayonnaise allégée d'un blanc d'œuf et rehaussée d'un assortiment de fines herbes, ou chaude, avec un beurre d'oursins ou toute autre sauce de votre choix.

Terrine de harengs marinés aux aromates

POUR 4 PERS. : 400 g de filets de harengs doux • 15 cl de lait • 600 g de pommes de terre (Roseval, BF 15…) • 1 carotte (70 g) • 2 oignons (220 g) • 1 petite pomme acidulée (Granny Smith) • 1 citron • 2 branches de thym • 2 feuilles de laurier • 20 cl d'huile de tournesol (ou de soja)

PRÉPARATION

1. Faites dégorger les harengs pendant environ 2 heures dans le lait. Égouttez-les et rincez-les à l'eau froide. Épongez-les sur un linge de cuisine et coupez-les en deux.

2. Épluchez la carotte et les oignons. Coupez-les finement en rondelles de 2 à 3 cm d'épaisseur. Lavez la pomme, détaillez-la en 8 quartiers. Étronçonnez-la et émincez-la en tranches fines. À l'aide d'un épluche-légumes, enlevez la peau du citron et émincez la chair comme celle de la pomme.

3. Dans une petite terrine haute, rangez par couches successives les harengs, les légumes, la pomme et le citron. Ajoutez le thym et le laurier. Recouvrez avec l'huile. Laissez mariner au moins 48 heures au réfrigérateur.

4. Pelez les pommes de terre et faites-les cuire à la vapeur.

5. Servez les harengs dans la terrine. Présentez avec les pommes de terre chaudes pelées, arrosées d'un filet d'huile et de vinaigre.

Bon à savoir : il est préférable de ne pas prendre les harengs avec les doigts, mais avec des ustensiles de cuisine, pour éviter le développement de bactéries dans la marinade. La préparation peut se conserver une semaine au réfrigérateur.

Terrine d'anchois crus à l'huile et aux aromates

POUR 6 PERS. : 1 kg de gros anchois frais • 1 cœur de céleri avec ses feuilles • 1 fenouil • 1 oignon frais • 2 gousses d'ail • 1 cuill. à café de piment fort en poudre (facultatif) • 10 cl d'huile d'olive • 1 ½ cuill. à soupe de fleur de sel • 1 cuill. à soupe de poivre en grains concassés

PRÉPARATION

1. La veille, demandez à votre poissonnier de lever les filets d'anchois ou faites-le vous-même, c'est facile.

2. Débarrassez le cœur de céleri de ses grosses feuilles extérieures. Coupez-le en fines lamelles. Faites de même avec le fenouil. Pelez et coupez l'oignon en fines rondelles. Pelez les gousses d'ail, enlevez le germe sauf s'il s'agit d'ail frais et émincez-les finement.

3. Épongez les filets d'anchois dans du papier absorbant. Dans une terrine rectangulaire, disposez une couche de filets d'anchois, salez légèrement, répartissez quelques grains de poivre concassés et 1 pincée de piment selon votre goût. Parsemez de céleri, de fenouil, d'oignon et d'ail émincés. Couvrez de filets d'anchois, puis recommencez l'opération jusqu'à épuisement des ingrédients. Terminez par une couche d'anchois.

4. Versez lentement l'huile d'olive jusqu'à ce qu'elle couvre entièrement les ingrédients. Si elle possède un couvercle, fermez la terrine ou bien couvrez-la d'un film alimentaire.

5. Gardez au frais 24 heures avant de servir, accompagné de fines tranches de pain de campagne grillées et de petites pommes de terre tièdes en robe des champs, entières ou en rondelles.

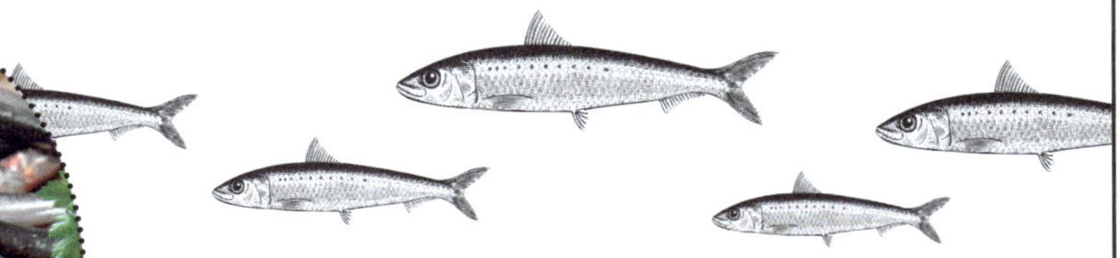

Rillettes de sardines

POUR 4 PERS. : 2 boîtes de sardines à l'huile • 2 noix de beurre • 1 filet de vinaigre (ou de jus de citron) • 30 g d'olives vertes dénoyautées • 30 g d'olives noires dénoyautées • baguette de pain (ou pain aux olives) • 1 cuill. à soupe de persil haché

PRÉPARATION

1. Passez au mixeur le contenu de 1 boîte et demie de sardines bien égouttées avec le beurre pour obtenir une pommade de la consistance du beurre mou. Dans une assiette creuse, écrasez les sardines restantes à la fourchette. Incorporez-les délicatement à la pommade au beurre.

2. Rectifiez l'assaisonnement avec le vinaigre (ou le jus de citron). Rajoutez éventuellement un peu d'huile d'une boîte pour apporter davantage d'onctuosité.

3. Concassez la moitié des olives vertes et noires. Ajoutez-les à la préparation.

4. Tartinez de rillettes des petites tranches de baguette toastées ou, mieux, de pain aux olives. Décorez avec le restant des olives et le persil haché.

Variante : utilisez des sardines à la tomate et suivez la recette en remplaçant les olives par des petits dés de tomate fraîche épépinée et décorez avec de fines rondelles de chorizo et des feuilles de basilic déchiquetées à la main. Servez avec une salade de frisée, de roquette ou de scarole et des tranches de pain de campagne grillées.

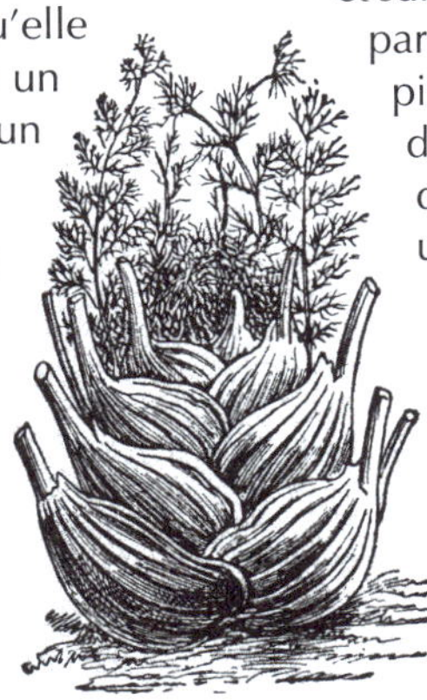

DU CÔTÉ DES LÉGUMES...

Terrine de légumes du jardin

POUR 4 PERS. : 200 g d'épinards bien larges et frais • 2 belles carottes • 6 belles asperges vertes ou blanches • 2 poireaux • 1 courgette • 6 œufs • 15 cl de crème liquide • 2 cuill. à soupe d'estragon haché • 2 cuill. à soupe de persil haché • sel • poivre du moulin

PRÉPARATION

1. La veille, lavez et faites cuire les épinards 1 ou 2 minutes, pas davantage. Égouttez-les bien et laissez-les une nuit au réfrigérateur.

2. Le jour suivant, épluchez les carottes, les asperges, les poireaux (en ne gardant que le blanc et le vert pâle). Lavez-les soigneusement. Coupez tous les légumes en rondelles épaisses de 1 cm, y compris la courgette que l'on aura essuyée, mais pas épluchée. Faites cuire à la vapeur environ 10 minutes.

3. Préchauffez le four à 180 °C (th. 6). Dans le mixeur, mélangez les œufs, la crème liquide, du sel, du poivre et les épinards. On obtient un mélange d'un joli vert tendre.

4. Ajoutez les légumes cuits et assaisonnés à la farce. Garnissez-en une terrine rectangulaire tapissée de papier sulfurisé. Couvrez d'un papier d'aluminium et mettez au four 2 heures. Vérifiez au bout de ce temps de cuisson si c'est bien cuit.

5. Laissez refroidir la terrine une nuit avant de la couper et de la servir avec des tomates fraîches pelées, épépinées, concassées et assaisonnées d'huile d'olive et de vinaigre.

Terrine de ratatouille

POUR 8 PERS. : 1 kg de ratatouille • 6 gros œufs • 25 cl de crème liquide • 1 cuill. à café de cardamome en poudre • 1 cuill. à café de curry (ou de curcuma en poudre) • sel • poivre du moulin

PRÉPARATION

1. Il est préférable d'utiliser un reste de ratatouille (ou, éventuellement, de la réaliser au préalable). Attention, la ratatouille ne doit pas être trop liquide.

2. Préchauffez le four à 180 °C (th. 6). Fouettez les œufs avec la crème liquide. Assaisonnez avec la cardamome et le curry (ou le curcuma). Salez et poivrez. Mélangez la ratatouille avec cette préparation.

3. Chemisez une terrine ou un moule à cake de papier sulfurisé en le laissant déborder de chaque côté. Remplissez de ratatouille et fermez avec le papier. Faites cuire au bain-marie pendant 50 à 55 minutes. Vérifiez la cuisson avec la lame d'un couteau. Réservez 6 heures au frais.

4. Servez la terrine en accompagnement d'une viande froide.

Bon à savoir : faute de cardamome en poudre, utilisez du cumin en poudre.

MES TOURTES ET TERRINES AU FROMAGE

Tourte au fromage

POUR 6 PERS. : 400 g de pâte feuilletée (ou de pâte brisée) • 50 cl de lait • 25 g de fécule de maïs • 50 g de beurre • 80 g d'emmental (de beaufort ou de comté) râpé • 3 jaunes d'œufs • 1 pincée de noix de muscade fraîchement râpée • 50 g de comté coupé en dés • sel • poivre du moulin

PRÉPARATION

1. Préchauffez le four à 200 °C (th. 6-7). Dans une casserole à fond épais, mélangez le lait et la fécule, le beurre coupé en petits morceaux, le fromage râpé, 2 jaunes d'œufs, la noix de muscade, 1 pincée de sel et 3 tours de moulin à poivre. Portez à ébullition sans cesser de remuer. Rectifiez l'assaisonnement. Laissez refroidir et ajoutez le comté coupé en dés.

2. Abaissez la pâte feuilletée (ou brisée) sur 3 ou 4 mm d'épaisseur. Donnez-lui la forme d'un rectangle. Avec un pinceau trempé dans de l'eau, mouillez le pourtour sur 1,5 cm environ.

3. Versez la préparation sur la moitié de la pâte. Rabattez l'autre moitié sur la garniture. Appuyez sur les bords humides pour bien les souder. Déposez le feuilleté sur une plaque de cuisson.

4. Délayez le jaune d'œuf restant avec 1 cuillerée à café d'eau et 1 pincée de sel. À l'aide d'un pinceau, badigeonnez-en la pâte. Avec la pointe d'un couteau, dessinez des losanges et creusez au centre une petite cheminée.

5. Mettez au four 1 heure au maximum. À mi-cuisson, vérifiez que la pâte ne se colore pas trop. Couvez avec une feuille de papier d'aluminium si nécessaire.

6. Ce feuilleté se sert bien chaud, avec une salade croquante, éventuellement aillée. Il peut se faire à l'avance et se réchauffer 20 minutes au four à 150 °C (th. 5).

Terrine de chèvre frais aux figues

POUR 6 À 8 PERS. : 2 fromages de chèvre frais (400 g) • 300 g de figues fraîches • 1/2 botte de ciboulette (ou des feuilles de menthe fraîche) • 2 cuill. à soupe d'huile d'olive • 1 cuill. à soupe de crème fraîche • 2 cuill. à soupe de sucre en poudre • 2 cuill. à soupe de vinaigre • sel • poivre du moulin

PRÉPARATION

1. La veille, écrasez à la fourchette les fromages de chèvre frais avec la ciboulette ciselée (ou les feuilles de menthe finement hachées). Salez et poivrez. Incorporez l'huile d'olive et la crème fraîche petit à petit. Mélangez bien.

2. Dans une casserole, versez 20 cl d'eau, le sucre, le vinaigre, puis ajoutez les figues coupées en deux. Salez, poivrez et mélangez. Faites mijoter environ 20 minutes à feu doux afin d'obtenir une sorte de confiture. Laissez refroidir.

3. Déposez la moitié de la préparation de chèvre au fond d'une petite terrine. Étalez par-dessus la confiture de figue sur une épaisseur de 1 cm environ et recouvrez avec le restant de chèvre frais.

4. Couvrez la terrine et mettez-la dans le bac à légumes du réfrigérateur. Attendez 12 heures avant de l'entamer.

ENVIE DE SUCRÉ ?

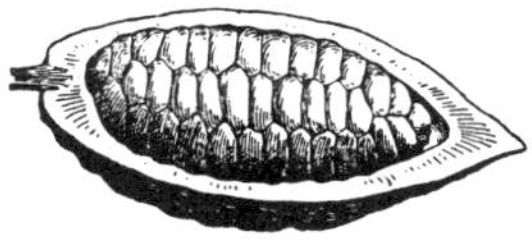

Terrine de chocolat

POUR 8 PERS. : 350 g de chocolat noir pâtissier • 160 g de beurre mou • 4 œufs • 100 g de sucre en poudre • 1 sachet de sucre vanillé

PRÉPARATION

1. La veille, coupez le beurre en morceaux et laissez-le ramollir à température de la cuisine dans un saladier. Séparez les blancs d'œufs des jaunes. Cassez le chocolat en morceaux et faites-le fondre dans une casserole au bain-marie. Remuez doucement pour obtenir une pâte lisse, puis retirez du feu.

2. Incorporez le beurre dans le chocolat chaud, laissez fondre, puis fouettez jusqu'à ce que le mélange devienne crémeux et léger. Ajoutez les jaunes d'œufs un par un, puis le sucre sans cesser de remuer pour obtenir une crème homogène.

3. Battez les blancs en neige ferme en ajoutant le sucre vanillé, puis mélangez à la préparation précédente. Procédez à cette opération avec délicatesse, en soulevant la masse de blancs montés pour ne pas les briser.

4. Tapissez un moule à cake de film alimentaire en laissant largement dépasser les bords. Versez la préparation et placez 2 heures au réfrigérateur. Rabattez le film et remettez au frais jusqu'au lendemain.

5. Servez avec une crème anglaise ou une crème Chantilly. On peut aussi incorporer à la préparation des zestes d'orange confits.

Terrine de pommes de ma grand-mère

POUR 8 PERS. : 4 kg de pommes • 2 cuill. à soupe de jus de citron • 450 g de sucre en poudre • 350 g de beurre mou • 4 cl de calvados (ou 10 cl de pommeau) • 8 œufs • 8 cl de cidre

PRÉPARATION

1. Épluchez les pommes, coupez-les en deux, retirez les pépins, puis recoupez-les en deux.

2. Préchauffez le four à 70 °C (th. 2-3). Déposez les pommes dans une casserole, arrosez-les de jus de citron pour éviter qu'elles noircissent et versez le calvados (ou le pommeau). Faites réduire en compote à feu doux.

3. Mettez la compote dans le four tiède pour la faire sécher pendant 30 minutes.

4. Laissez le four allumé et portez la température à 160 °C (th. 5-6). Ajoutez dans la compote le sucre, le beurre mou, puis les œufs et le cidre. Mélangez bien à la fourchette.

5. Versez cette préparation dans un moule préalablement beurré. Enfournez dans un bain-marie pour 40 minutes.

6. Servez la terrine tiède avec une crème anglaise.

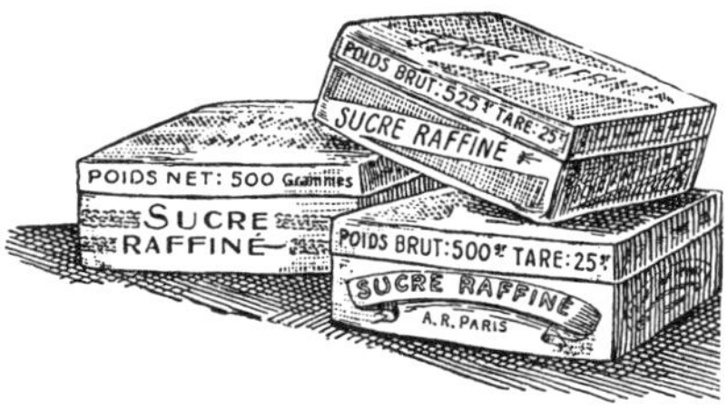

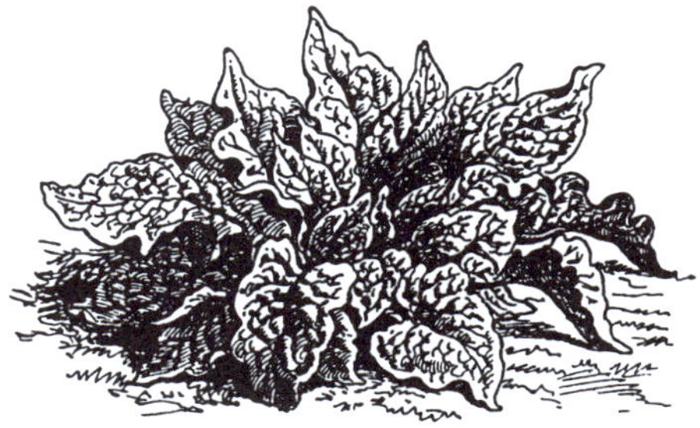

Tourte aux épinards (eh oui, elle se mange en dessert...)

POUR 8 PERS. : 2,5 kg d'épinards frais • 100 g de raisins de Corinthe ou de Smyrne • 1 verre d'eau-de-vie • 3 pommes • 1 citron • 3 figues sèches • 1 macaron nature • 1 cuill. à soupe de pignons de pin • 2 œufs • 4 cuill. à soupe de gelée de groseille • sucre glace

Pour la pâte sablée : 175 g de beurre • 250 g de farine • 1 pincée de sel • 70 g de sucre en poudre • 1/2 sachet de sucre vanillé (à la vanille naturelle de préférence) • 1 œuf

PRÉPARATION

1. Préparez la pâte sablée. Travaillez le beurre en pommade. Dans un saladier, versez la farine en fontaine. Mettez le beurre au centre avec le sel, le sucre en poudre et le sucre vanillé. Mélangez l'ensemble rapidement. Ajoutez l'œuf et travaillez encore rapidement. Faites une boule, farinez-la légèrement, enveloppez-la dans un torchon et laissez 1 h 30 au réfrigérateur.

2. Mettez les raisins secs dans un bol avec l'eau-de-vie. Laissez macérer.

3. Rincez et égouttez les épinards. Faites-les cuire quelques minutes dans de l'eau bouillante, puis égouttez-les. Plongez-les dans un saladier d'eau glacée pendant 1 minute, égouttez-les, puis hachez-les grossièrement.

4. Préchauffez le four à 200 °C (th. 6-7). Pelez, coupez les pommes en fines rondelles et citronnez-les. Mettez-les dans un saladier. Ajoutez les figues coupées en petits morceaux, le macaron émietté et les pignons de pin. Incorporez les épinards et les raisins secs égouttés. Battez les œufs à la fourchette et mélangez-les à la préparation.

5. Huilez une tourtière assez profonde de 27 cm de diamètre. Abaissez la pâte sur 5 mm. Garnissez la tourtière avec la moitié de la pâte, puis versez-y la garniture. Nappez le tout avec la gelée de groseille. Recouvrez avec le reste de pâte pour former un couvercle. Soudez les bords et réalisez une cheminée au centre. Enfournez pour 40 minutes. Saupoudrez de sucre glace à la sortie du four. Cette tourte se mange en dessert, tiède ou froide.

Foie gras MAISON, bon produit ne saurait mentir

HISTOIRE d'une saga

Honni par les anti-gavage, le foie gras trouve son origine au début du IIIe millénaire avant J.-C. Les Égyptiens avaient remarqué que les oies et canards se gavaient naturellement avant d'entreprendre leur migration. La saveur de leur foie en était d'autant meilleure. C'est ainsi que débuta la belle saga du foie gras. Cette technique du gavage est même décrite sur une fresque du tombeau de Ti, un haut fonctionnaire sous la Ve dynastie, dans la nécropole de Saqqarah. On y voit un esclave nourrissant de figues une oie (oiseau sacré représentant l'âme de pharaon, intermédiaire entre notre monde et le monde de la vie éternelle).

UN SAVOIR-FAIRE ANTIQUE

L'oie est certainement le plus ancien des animaux domestiqués par l'homme, bien avant la poule, le chien ou le chat. On sait que le gavage de ces volatiles était une pratique courante chez les Romains, lesquels l'avaient empruntée aux Grecs. Selon le naturaliste romain Pline l'Ancien (23-79) : « Les Romains ne connaissent les oies que par la bonté du foie. Le foie devient très gros dans les oies qu'on engraisse. » Pourtant soucieux d'exactitude, Pline ne précise pas si le gavage fut découvert par Scipion Metellus ou par Seius… Il indique toutefois que les bêtes destinées à l'engraissement venaient à pied depuis l'Artois jusqu'à Rome. On sait encore que les Anciens gavaient leurs oies avec des figues séchées, du gruau, du millet, de la farine de froment ou d'orge.

François Rabelais

UNE TRADITION QUI PERDURE

Une certaine méconnaissance des textes tendrait à nous faire croire que l'art du gavage s'est perdu jusqu'au XVIIIe siècle. Si tel était le cas, à quoi donc pouvaient bien servir les mesures prises par Charlemagne et les rois qui lui ont succédé pour protéger les oies à l'engraissement contre les voleurs ? Je puis vous assurer que le gavage n'a jamais cessé tout au long de notre histoire. Rabelais au XVIe siècle, Charles Étienne (*L'Agriculture et maison rustique,* 1572) vous le confirmeront. La recette du pâté « à la Choisy » qu'on peut lire dans *Les Soupers de la cour* (1755) du cuisinier Menon comprend des foies gras entiers. L'historien Pierre Jean-Baptiste Legrand d'Aussy (1737-1800), dit le Grand d'Aussy, décrit avec émotion les pâtés de foie gras de Strasbourg et de Toulouse.

Le gras, ça conserve !

Au XVIIe et au XVIIIe siècle, la production de palmipèdes gras est l'une des bases de l'alimentation des paysans. En effet, la cuisson et la conservation des foies et des viandes dans la graisse permettait de constituer des réserves de viande non périssables immédiatement.

GAVER ET REGAVER, *c'est là tout le secret*

OIE OU CANARD ?

Pure affaire de goût. Le foie du canard, moins cher que celui de l'oie, est aussi le plus vendu en France (95,5 % de part de marché). Il fond davantage à la cuisson, son goût est plus rustique, plus campagnard.

La France produit une grande partie des canards dont elle transforme le foie (19 608 tonnes en 2014), alors qu'elle importe près de 80 % des oies. Ces dernières sont fragiles et difficiles à élever, alors que le canard mulard ou de Barbarie supporte sans difficulté cette vie de lutteur de sumo.

UNE HISTOIRE DE PROVENANCE ?

La plupart de nos oies viennent de Hongrie, de Pologne ou de Bulgarie, deuxième producteur mondial, loin derrière la France. La qualité de ces foies importés est plutôt bonne. Mais si vous dégustez un foie gras, ne cherchez pas à deviner s'il est polonais ou d'ailleurs : vous n'en saurez jamais rien. Peu regardant, le législateur n'exige pas que l'on indique l'origine sur l'étiquette. De nombreuses dégustations ont prouvé qu'il n'y a guère de différence entre un bon foie français ou bulgare, car si l'animal a été bien gavé, le foie sera bon.

Idée reçue

On raconte que les foies gras sont des foies malades, atteints de stéatose (accumulation anormale de graisse dans les cellules) ou de cirrhose : erreur ! Le foie gras est simplement un organe en état de surcharge graisseuse hypertrophiante, due à l'administration forcée et prolongée d'une ration alimentaire supérieure aux besoins de l'animal.

L'ART DU GAVAGE

La qualité d'un foie gras est conditionnée par l'origine de l'oie ou du canard, par les soins apportés à l'oison ou au caneton, et surtout par sa préparation au gavage. On ne commence l'opération que 3 à 4 mois après sa naissance. Mais durant cette période, le palmipède est particulièrement bichonné.

• Pendant ses 2 premiers mois, il prend 4,5 kg

Il faut ensuite le restreindre quelque peu pour éviter un engraissement prématuré qui pourrait nuire au prégavage et au gavage.

• À l'âge de 3 mois environ, arrive le grand moment

Deux fois par jour pour les oies, trois fois pour les canards, ces braves bêtes sont nourries à l'entonnoir (jadis mécanique, électrique aujourd'hui). Il faut y aller doucement et laisser au jabot le temps de se faire. Le gavage dure en moyenne 2 semaines, l'animal prend environ 3 kg. Le foie grossit, la bête est « mûre ». Elle est saignée, vite, car la qualité du foie en dépend.

Garantie d'origine et d'authenticité

L'indication géographique protégée, signe européen officiel de qualité, garantit l'origine des produits et leur qualité. L'IGP canard à foie gras du Sud-Ouest, depuis juin 2000, a valorisé le territoire et ses productions, renforcé l'enracinement des opérateurs dans leur région et évité des délocalisations en Europe centrale. L'IGP est un outil de lutte contre la contrefaçon et l'usurpation d'origine. Désormais, un canard à foie gras du Sud-Ouest ne peut provenir que d'un canard élevé et cuisiné dans le Sud-Ouest.

Le Sud-Ouest représente à lui seul les trois quarts de la production française. Cela ne signifie pas bien sûr que la production de canard a doublé, mais que, progressivement, de plus en plus d'opérateurs sont entrés dans la démarche IGP.

En achetant un produit IGP canard à foie gras du Sud-Ouest, vous avez la garantie : de l'origine géographique des canards (les canards devant impérativement être élevés, préparés et conditionnés dans le Sud-Ouest), de la qualité et d'un savoir-faire, du respect du cahier des charges (dont la responsabilité du contrôle est confiée à des organismes certificateurs agréés par les pouvoirs publics).

COMMENT BIEN CHOISIR son foie gras ?

Il existe d'excellentes conserves de foie gras. Les meilleures sont celles que l'on fait soi-même à partir de foies crus. Mais il faut bien penser aux nombreux amateurs qui ne sont guère portés sur la cuisine.

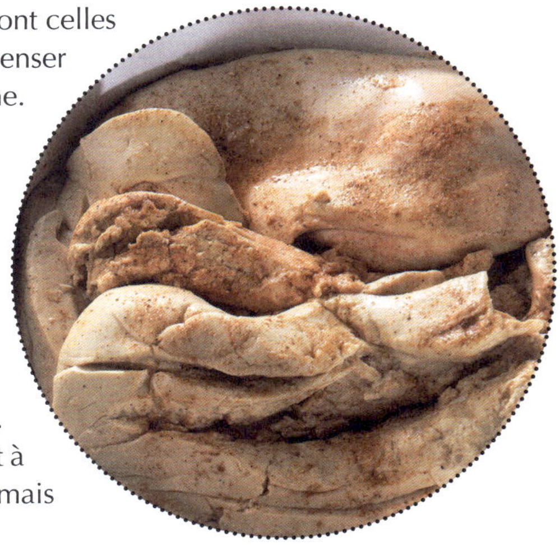

LES FOIES CRUS

Oie ou canard, les foies doivent avoir un aspect blanchâtre, rose ou beige rose, d'une nuance un peu cireuse. Celui d'oie est plus clair. S'il est rouge ou rougeâtre, il aura été mal refroidi. On pourra alors le manger poêlé, en escalopes. En terrine, son aspect risque d'être esthétiquement fort décevant. Au toucher, les foies doivent être fermes, mais souples. Trop dur, le foie gras sera trop sec et perdra son moelleux. Cuit à basse température, il exsude peu de graisse, reste onctueux, mais ne se conserve pas au-delà de 3 semaines.

Le bloc ou la démocratisation du foie gras

Plus abordable que le foie gras entier, il permet de « se faire plaisir » plus souvent. C'est en 1954 qu'Henri Lacroix (gendre des fondateurs de la Maison Comtesse du Barry) mit au point le procédé de fabrication des blocs de foie gras. Depuis, la recette s'est popularisée et on trouve des blocs de foie gras chez de nombreux fabricants de foie gras. Il est confectionné à partir de plusieurs foies gras mélangés entre eux, travaillés, puis émulsionnés afin d'obtenir un foie gras de texture lisse et régulière. Le bloc de foie gras peut comporter des morceaux de foie gras, et dans ce cas, on trouve une mention « bloc de foie gras avec morceaux » sur l'étiquette. Du fait de sa texture, le bloc de foie gras est idéal pour être tartiné et servi sur toast.

LES DIFFÉRENTES APPELLATIONS

Pour certains, acheter du foie gras est un vrai casse-tête, et on ne fait pas son marché avec un dictionnaire des appellations !

Par décret n° 93-999 du 9 août 1993 entré en vigueur le 1er janvier 1994, la législation réglemente toutes les appellations des préparations à base de foie gras vendues en France. Seules 3 appellations peuvent bénéficier du terme « foie gras » dans la dénomination de vente. Elles contiennent du foie gras et un assaisonnement.

- **Foie gras d'oie ou de canard entier :** les préparations composées d'un foie gras entier ou d'un ou plusieurs lobes de foie gras, d'oie ou de canard selon le cas, et d'un assaisonnement.
- **Foie gras d'oie ou de canard :** les préparations composées de morceaux de lobes de foie gras, d'oie ou de canard selon le cas, agglomérés et d'un assaisonnement.
- **Bloc de foie gras d'oie ou de canard :** les préparations composées de foie gras, d'oie ou de canard selon le cas, reconstitué et d'un assaisonnement.

CONSEILS POUR DÉNERVER UN FOIE GRAS

Auparavant, les foies n'étaient jamais vendus dénervés ; aujourd'hui, c'est monnaie courante, certains sont même déjà assaisonnés ! Certes, c'est un travail délicat, mais on peut très facilement le faire soi-même.

1. Placez le foie dans un récipient, recouvrez-le d'un mélange d'eau froide et de lait (50 cl de lait pour 1 l d'eau) avec 1 cuillerée à soupe de gros sel. Couvrez et laissez dégorger une nuit au réfrigérateur, pour supprimer le sang contenu dans le foie.

2. Égouttez sur un linge propre ou sur du papier absorbant.

3. Lorsque le foie est à température ambiante, commencez le dénervage. À l'aide d'un petit couteau pointu et très affûté, coupez le lobe de haut en bas. Retirez le gros nerf d'abord, les ramifications ensuite. Tâchez de ne pas tout mettre en charpie ! Cela dit, opérez sans crainte, la chair se ressoude à la cuisson…

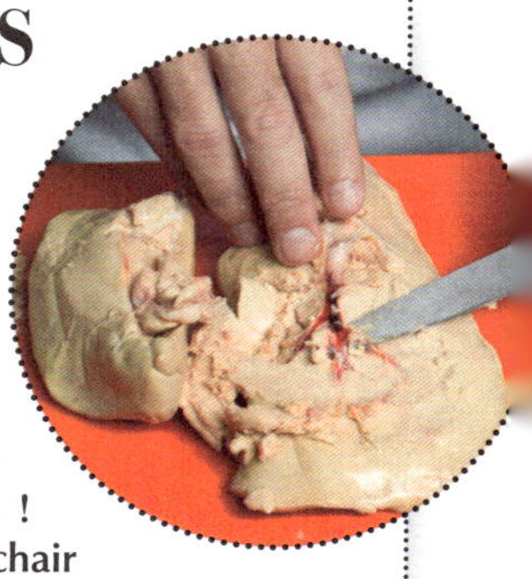

Surtout, vérifiez que le fiel a été correctement retiré : la moindre trace verdâtre donnerait au foie de l'amertume.

LES PRÉPARATIONS À BASE DE FOIE GRAS

On trouve aussi d'autres préparations à base de foie gras.

• **Parfait de foie gras d'oie ou de canard :** les préparations sont composées d'au moins 75 % de foie gras traité par des moyens mécaniques, auquel est ajouté du foie maigre d'oie ou de canard et un assaisonnement.

• **Médaillon, pâté, mousse ou galantine d'oie ou de canard :** les préparations sont composées d'au moins 50 % de foie gras.

Maintenant, vous pouvez partir en courses. Vous savez presque tout…

SEMI-CONSERVE ET CONSERVE

En fonction de leur mode cuisson, la présentation, la texture et la durée de conservation des foies gras diffèrent. Ainsi, au sein d'une même appellation, on les répartit en 2 grandes catégories :

• **Foie gras mi-cuit ou en semi-conserve :** ce foie est cuit à 64-85 °C à cœur. Sa texture est onctueuse. Il peut être conservé 6 mois au réfrigérateur, à une température comprise entre 2 et 4 °C. Sous film, sous vide, il se conserve 21 jours, toujours au réfrigérateur. La durée de conservation est indiquée par le fabricant sur l'emballage.
Bien fait, le foie gras mi-cuit est une chose superbe. Pas question, comme certains le croient, de le faire recuire avant de le consommer. Fin, goûteux, moelleux, onctueux, il doit être entouré d'une légère couche de graisse, qu'on peut utiliser pour faire sauter de bonnes pommes de terre.

• **Foie gras en conserve :** conditionné en bocal en verre ou en boîte métallique, il est cuit à cœur à 110 °C, et donc stérilisé. Sa texture est plus crémeuse et évolue tout le temps de sa conservation. Celle-ci peut durer plusieurs années, la DLUO (date limite d'utilisation optimale) est généralement de 36 mois sur ce type de produit. Là encore, il faut se référer aux indications données par le fabricant sur l'emballage.

Un foie gras en conserve doit avoir au moins un an de boîte pour retrouver sa souplesse par absorption des graisses précipitamment exsudées pendant la cuisson et qui entourent le foie gras. Il se bonifie avec le temps puisqu'il réabsorbe sa graisse au fil des jours et devient de plus en plus onctueux.

COMMENT LE DÉGUSTER

Sous n'importe quelle forme, le foie gras se sert en entrée.

Un mets délicat...

Il exige une bouche neuve et fraîche : à la fin du repas, il paraîtrait lourd et on manquerait d'appétit pour l'apprécier à sa juste valeur. Il faut toujours le servir seul ou, si on le désire, accompagné d'un peu de gelée de qualité. Le pain brioche est superfétatoire, le pain de mie est trop souple pour permettre une bonne résonance des parfums du foie gras. Un bon pain de campagne légèrement toasté fera bien mieux l'affaire.

Cru, tranché en fines lamelles...

Posé sur une tartine chaude de pain de campagne toasté, agrémenté d'un tour de moulin d'un excellent poivre ? Mille fois oui ! Difficile de faire plus simple, mais c'est absolument parfait... Qui, je vous le demande, aurait l'idée de choisir un mauvais pain, de le carboniser et d'attendre qu'il refroidisse pour accompagner une méchante tranche de foie gras rance ?

En petites escalopes...

Ni trop épaisses ni trop minces (comptez 5 mm à vue d'œil), à peine saupoudrées de farine, posées dans une poêle bien chaude, déglacée d'un trait de vinaigre de vin... Un tour de moulin à poivre par-dessus, et le foie gras est un délice.

Rôti entier

Au four ou en cocotte, servi rosé, mais pas trop, tranché épais... À vos assiettes !

Surtout, jamais de salade ! À la dégustation, l'acidité du vinaigre gâcherait les saveurs délicates.

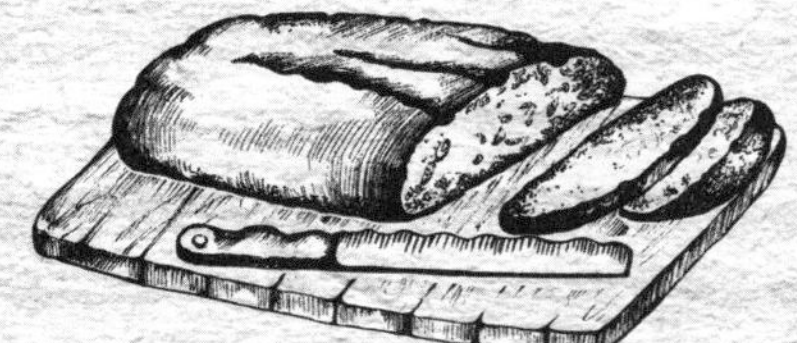

Un foie gras doit-il ou non être truffé ?

JE DIRAIS QU'UN BON FOIE N'A BESOIN DE RIEN D'AUTRE. À MON SENS, LE PARFUM DU PETIT JOYAU NOIR RISQUE DE TUER LA FINESSE DE GOÛT DU FOIE. MAIS SI ON AIME, ET SI ON EN A LES MOYENS, POURQUOI S'EN PRIVER ?

Un dernier conseil… Servez entre 60 et 80 g par personne. Au-delà de 100 g, vous passeriez pour un parvenu, à moins de 50 g pour un pingre.

QUE BOIRE AVEC *du foie gras ?*

De tout, sauf du vin rouge ou du porto.

Buvez de préférence des vins liquoreux, sauternes ou grains nobles d'Alsace. Certains sont malheureusement trop chers… Pour que le plaisir reste raisonnable, ma préférence va au pacherenc-du-vic-bilh ou à un jurançon moelleux, riches en arômes subtils. Ces vins, qui n'ont rien d'ostentatoire, sont pour le foie gras un compagnon idéal. Ils se complètent superbement. Certains amateurs pensent que le vin sec décape la langue, dégraisse les papilles. Pourquoi pas ? Là encore, je mise sur le jurançon sec, avec son goût de pierre à fusil, pour leur donner satisfaction.

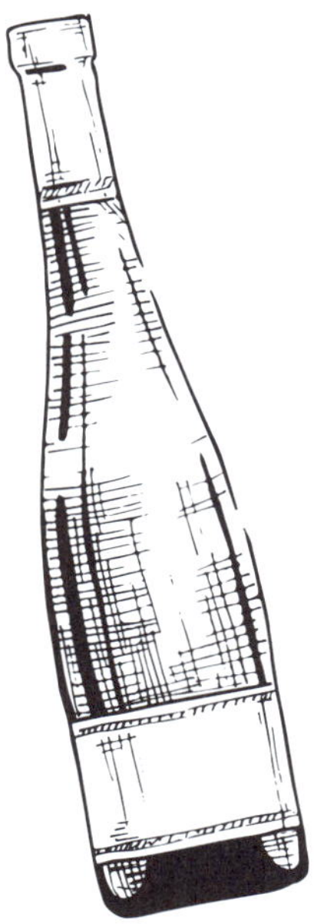

MES RECETTES

Foie gras de canard ou d'oie en terrine

POUR 6 PERS. : 1 foie de canard ou d'oie de 500 g environ • 2 g de quatre-épices • 2 g de sucre en poudre • 15 g de fleur de sel • 5 g de poivre blanc moulu • alcool (porto, cognac… facultatif)

PRÉPARATION

1. Deux jours avant, dénervez délicatement le foie comme indiqué p. 60.

2. Préparez l'assaisonnement en mélangeant le quatre-épices avec le sucre, le sel et le poivre. La qualité de l'assaisonnement tient à l'équilibre du mélange. Idéalement, il faudrait pouvoir mixer les ingrédients dans un robot. Assaisonnez le foie des deux côtés, en insistant sur les parties internes, qui absorbent le plus. On pourra ajouter au choix un alcool.

3. Disposez le foie dans une terrine et tassez bien pour chasser les bulles d'air. Nettoyez minutieusement les bords de la terrine. Celle-ci doit être adaptée à la taille du foie : il doit être à l'aise dedans sans plus, surtout pas comprimé.

4. Réservez au réfrigérateur une nuit avant la cuisson. Le fait de laisser mariner le foie avant permet de pouvoir le consommer plus rapidement.

5. Le lendemain, sortez la terrine du réfrigérateur et mettez-la au bain-marie dans de l'eau chaude (90 °C). Enfournez à 100 °C (th. 3-4). La cuisson est terminée quand la température a atteint 55 à 58 °C à cœur pour un foie gras mi-cuit, et 65 à 70 °C pour un foie cuit à cœur. Pour cela, un thermomètre à sonde est indispensable.

6. Sortez la terrine du four et versez dans un bol tout le gras que le foie a rendu (il servira de couverture pour sa conservation). Pressez le foie, laissez refroidir et reposer une nuit au réfrigérateur.

7. Le jour même, nettoyez les bords de la terrine, puis versez la graisse du foie (légèrement chaude) récupérée après cuisson. Certains coulent cette couche de graisse en deux fois pour bien optimiser la conservation. Couvrez, puis réservez au frais.

La terrine peut patienter une quinzaine de jours au frais avant d'être dévorée.
Ne tranchez pas trop à l'avance un foie gras cuit, car il s'oxyde rapidement et sa couleur rosée vire au gris.
Servez avec du pain de campagne toasté.
Contrairement à un usage répandu, le foie gras de canard résonne très mal avec la salade, la vinaigrette casse la douceur du foie, au même titre que la brioche grillée.

Foie gras chaud poêlé

POUR 4 PERS. : 1 foie de canard de 500 g • épices (au choix, noix de muscade râpée, curry, paprika, quatre-épices…) • sel • poivre du moulin

PRÉPARATION

1. Inutile de dénerver le foie. Une fois tranché, enlevez les vaisseaux les plus importants avec la pointe d'un épluche-légumes.

2. Dans le foie gras cru, faites des tranches en biais de 1 à 1,5 cm d'épaisseur. Assaisonnez de sel, de poivre et d'épices.

3. Faites chauffer une poêle sans aucune matière grasse. Lorsqu'elle est très chaude, posez les tranches de foie gras pour 35 secondes de chaque côté, retirez-les et laissez-les reposer quelques instants sur du papier absorbant.

Servez avec des fruits sautés à la poêle dans 1 cuillerée à soupe de beurre : des quartiers de pommes, figues violettes, grains de raisin, abricots, pêches, mangues, cerises, fruits secs (abricots ou pruneaux préalablement trempés)…

Mon foie gras cru

J'apprécie particulièrement le foie gras dans sa plus simple préparation : cru.

J'escalope finement un foie de canard, 3 à 4 mm d'épaisseur, pas davantage – c'est facile quand le foie gras sort du réfrigérateur après une nuit. Je pose cette fine tranche sur du pain de campagne toasté chaud, 2 tours de moulin à poivre, quelques grains de fleur de sel… Goûtez, nous en reparlerons.

Vouvray, jurançon moelleux, sauternes, loupiac : les uns et les autres s'accommodent parfaitement de ma préparation.

Ou alors, je tranche de très fines lamelles de foie gras cru, j'assaisonne et je réserve au réfrigérateur sous film alimentaire. Au moment de servir, je les répartis sur une soupe bien chaude de poireaux et pommes de terre, une crème de céleri, un consommé de volaille ou de bœuf, un bouillon de légumes frais.

Moi, J'AIME la soupe !

SOUPE, BOUILLON, *potage...*

JE VOUS L'AVOUE, J'AI UN VICE : J'AIME LA SOUPE !

Les soupes, les bouillons, les potages, les veloutés, les crèmes, le gaspacho... Je les aime en hiver, fumantes, odorantes, riches. Je les aime en été, légères, parfumées, froides, modestes, sous forme de bouillon avec des croûtons aillés... Je m'en satisfais. Plus riches, somptueuses, je ne les dédaigne pas. Pour être tout à fait sincère, j'ajouterais que certaines soupes industrielles ne me déplaisent pas...

On peut faire du potage avec tout ce qui tombe sous la main. On y ajoute quelques pluches de cerfeuil, un peu de crème, un morceau de bon beurre et on nage dans le bonheur ! Franchement, si une belle soupe de poireaux et pommes de terre, suivie d'un joli morceau de cantal ou d'un comté vieux bien affiné, avec une pomme et quelques grains de raisin, ne constitue pas le plus exquis des dîners, je me demande bien de quoi on peut se nourrir.

« J'apprécie particulièrement la soupe en cure d'une semaine pour reposer toute la tuyauterie ou les organes épuisés. Après des périodes d'agapes riches et caloriques, il est bon de revenir à des nourritures plus saines. »

POUR IMPRESSIONNER AU SOUPER...

Pas de soupe chez les Anciens !

Dans l'Antiquité, pas question de soupe ni de potage, on mangeait des bouillies épaisses, de celles qui « tiennent bien au corps ». Chez les Grecs, elles étaient à base de lait et d'orge alors que, chez les Romains, on utilisait plutôt les fèves et les lentilles.

Soupe ou potage ?

Au Moyen Âge, on appelait « potage » les aliments cuits « au pot », essentiellement les légumes du potager. On le servait alors sur de larges tranches de pain, les « soupes », d'où l'expression « tremper la soupe ». On parlait alors de « potage aux soupes ». Peu à peu, le potage s'est enrichi : un peu de viande, du poisson, du vin. Dans le même temps qu'elle se modifiait, la soupe restait le lot de la classe paysanne pour laquelle elle constituait l'unique repas de la journée.

Du bouillon au « restaurant »

Sous le règne de Louis XII (1498-1515), les premiers bouillons étaient considérés comme des boissons provençales reconstituantes. Un siècle plus tard, on appellera « restaurant » un bouillon à base de jus de viande. Puis des petites échoppes nommées « restaurants », où l'on vendait exclusivement du bouillon, ont fait leur apparition. Ces restaurants sont les ancêtres de nos établissements modernes !

EN ENTRÉE OU EN PLAT ?

À partir du XVIIIe siècle, la « soupe » devient un terme un peu vulgaire qu'on remplace par « potage ». Et dès le XIXe siècle, le potage laisse la place à d'autres plats de résistance, devenant simplement une entrée sur les tables bourgeoises.

LES COUSINS DE SOUPIÈRE...

• **LES BOUILLONS OU LES CONSOMMÉS :** la différence entre les deux est vraiment minime. Sans vouloir jouer à l'exégète, je dirais bien qu'ils sont synonymes. Le bouillon est brut de dégraissage. On le boit agrémenté parfois de vermicelles, de cheveux d'ange, de tapioca et même de barbes de poireaux. Clarifié, il se pousse du col, s'anoblit et devient consommé. Celui-ci est un terme alimentaire, datant seulement de 1950, qui désigne un bouillon concentré où tout le suc des viandes est passé. Le consommé peut être lié avec du jaune d'œuf et de la crème, servi froid, en gelée légère et tremblotante après un séjour de 1 ou 2 heures au réfrigérateur.

Quel que soit son statut (bouillon ou consommé), il ne faut **JAMAIS** le jeter ! Âme du pot-au-feu, il est un réservoir de saveurs, un concentré d'arômes et il ouvre l'appétit. Conservé au frais, il joue souvent les dépanneurs pour réaliser de nombreuses sauces. Recuit avec un pied de veau ou une feuille de gélatine, il deviendra une gelée parfumée. On peut même le conserver au congélateur dans un bocal, un sac…

Bouillon d'onze heures

Il n'est pas question de boire les bouillons du hochepot ni ceux des têtes et des pieds de veau.

• LES POTAGES : ce sont des bouillons dans lesquels on cuit des aliments, le plus souvent coupés menu ou passés. On peut dire qu'un potage est un bouillon non épaissi. Les consommés et les bisques sont des potages. Le consommé est un potage clair à servir chaud ou froid. La bisque a d'abord été un potage fait de pigeon, de poulet, d'abattis et autres ingrédients. Elle est aujourd'hui préparée à partir de coulis de crustacés condimentés relevé de vin blanc et de cognac, additionné de crème fraîche.

• LES SOUPES : comme on l'a déjà vu, elles sont d'abord des tranches de pain arrosées de bouillon ou de vin chaud. La soupe désignait aussi les herbes dont on agrémentait le bouillon. Au XVIe siècle, un bouillon épaissi par du pain ou tout autre aliment solide, passé ou non, est baptisé « soupe ». C'est un plat traditionnel, souvent régional. La soupe est faite de toutes sortes d'aliments généralement cuits ensemble. La soupe n'est bonne que si le bouillon dont elle est issue est réussi. Vous me ferez donc le plaisir de préparer le bouillon avec des produits frais et de bonne qualité.

• LES VELOUTÉS : depuis 1938, on appelle « velouté » un bouillon épaissi, très onctueux, potage bien élevé et de bon goût.

• LES CRÈMES : plus anciennes que les veloutés puisque le terme culinaire remonte au XIXe siècle, elles sont des veloutés liés avec un œuf, de la crème fraîche, de la farine ou une purée de légumes.

• LE GASPACHO : tournure francisée de l'espagnol *gazpacho*, cette soupe froide est devenue très à la mode dans les années 1950. Les touristes en vacances ont pris d'assaut les plages et les auberges espagnoles, et en déduisent qu'ils savent cuisiner le gaspacho alors que…

MA SOUPE À MOI !

D'ABORD, LES COURSES !

Chez mon boucher, à qui je suis fidèle depuis plus de trente ans, je commande toujours une « nourrice » (le genou du bœuf ou du veau, morceau gélatineux, viandeux, goûteux) et des os de bœuf ou de veau. Ensuite, place au marchand de légumes : des carottes, de sable de préférence et non lavées (obligatoire !), des navets, des poireaux, des branches de céleri, des oignons et de l'ail.

SITÔT RENTRÉ CHEZ MOI...

1. Je pose ma nourrice et les os dans le fond d'un faitout, dans lequel je verse 3 l d'eau froide. Je porte lentement à ébullition et je laisse doucement l'eau « sourire », autrement dit, à tout petits bouillottements.

Eau chaude ou eau froide ?

Pour faire un bon consommé, les deux camps s'affrontent. La chimie permet de départager les irréductibles de l'une ou l'autre formule ! En plongeant la viande dans de l'eau bouillante, on la saisit ; les sucs et les arômes restent à l'intérieur de la viande, retenus par la coagulation des matières albuminoïdes en surface. Plongée dans de l'eau froide, ces sucs et arômes s'échappent et parfument le bouillon. Dans le premier cas, les saveurs se concentrent dans la viande ; dans le second, elles en sont extraites. Cette théorie, le célèbre homme politique et gastronome Jean Anthelme Brillat-Savarin (1755-1826) l'appelle l'« osmazôme ». L'osmazôme est cette partie des viandes qui a beaucoup de saveur, soluble à l'eau froide.

2. Pendant ce temps, j'épluche carottes, navets, poireaux (ces derniers avec un soin tout particulier), oignons et gousses d'ail. Je prépare le bouquet garni (thym, laurier et queues de persil), auquel rien ne m'interdit de rajouter sarriette, sauge ou romarin, selon la saison. Après avoir ficelé soigneusement ce bouquet, j'y introduis 1 clou de girofle.

3. Une fois l'eau de la nourrice à ébullition, j'y verse 1 verre d'eau froide pour faire remonter à la surface les impuretés. J'écume et j'ajoute le bouquet garni. Je laisse cuire 2 bonnes heures, toujours à petits bouillonnements.

4. Pendant ce temps, je coupe les légumes en petits morceaux irréguliers. Dans une cocotte, je mets 1 cuillerée à soupe de graisse de canard ou d'oie (ou de saindoux). Si vous n'en avez pas sous la main, vous pouvez mettre 1 cuillerée à soupe d'huile d'olive. Quand la matière grasse a fondu, je verse la totalité des légumes et je remue pour bien les imprégner. Je couvre et laisse étuver les légumes. Pendant cette période d'étuvage, je les remue une fois ou deux.

5. Je verse le consommé filtré sur les légumes, que je laisse cuire à tout petits bouillottements pendant 2 heures. Je rectifie l'assaisonnement : sel, poivre (pas trop !) et ma soupe est prête à être servie. Certains amateurs ajoutent 1 cuillerée à soupe de crème fraîche, d'autres attendent la fin de l'assiette pour rajouter un demi-verre de vin rouge et font chabrot.

Pas de congélation éternelle !

Vous pouvez conserver vos potages maison au congélateur : comptez 2 mois pour un bouillon de poisson et 4 mois pour un potage de légumes.

À boire et à manger
DANS LES SOUPES INDUSTRIELLES

Elles prétendent égaler nos soupes maison, et aujourd'hui, c'est au rayon frais, à côté des jus de fruits, que ce marché connaît une nouvelle jeunesse…

Les bons et les mauvais élèves

⊖ **LES SOUPES DÉSHYDRATÉES** à cuire ou instantanées sont préparées de deux façons :

- À partir de matières premières lyophilisées, c'est-à-dire surgelées, puis dont l'eau est évaporée sous vide, ce qui permet une réhydratation rapide des différents éléments.
- À partir de matières premières déshydratées dans un courant d'air chaud ou mises en étuve sous vide sur une plaque chauffante à 90 °C.

Nous sommes loin du principe universel de la soupe : une évaporation lente. Dans tous les cas, les matières premières ont perdu une grande partie de leurs saveurs et beaucoup de leurs vitamines. On rajoute des exhausteurs de goût et des vitamines.

⊕ ⊖ **LES SOUPES EN BRIQUES** sont obtenues par un procédé de stérilisation à haute température, un peu comme le lait UHT. Les légumes sont cuisinés selon le principe de l'autocuiseur – meilleur respect des saveurs d'origine –, donc moins d'exhausteurs de goût ; la stérilisation de courte durée préserve une partie des vitamines.

⊕ **LES SOUPES « FRAÎCHES »**. Le législateur n'autorise pas l'utilisation du mot « frais » pour les légumes de ces soupes. Normal ! Ils ne le sont pas, car ils ont déjà subi une transformation thermique ou mécanique. On utilise le procédé dit « de flash pasteurisation » qui permet de préserver une grande partie de la saveur et des vitamines des légumes, mais qui a l'inconvénient de conserver moins longtemps que la pasteurisation, seulement 18 jours. En principe, ces produits sont sans conservateur ni additif.

Quelques dates…

- **1877 :** la soupe concentrée. Aux États-Unis, la Campbell Soup Company est créée en 1869 et lance la première soupe concentrée 8 ans plus tard. À l'Exposition universelle de Paris de 1900, elle reçoit une médaille d'or ! En 1962, Andy Warhol utilise l'emballage rouge et blanc des soupes dans ses premières photographies sérigraphiées reportées sur toile.
- **1901 :** le bouillon Kub. En 1885, Julius Michaël Johannes Maggi, minotier à Kemptal, en Suisse, invente les premiers potages déshydratés pour nourrir les ouvriers des villes. En 1901, il s'installe à Paris et invente le bouillon Kub.

Après la Seconde Guerre mondiale, le marché évolue rapidement…

- **1950 :** la soupe en sachet.
- **1970 :** le potage individuel instantané.
- **1986 :** la soupe conditionnée en briques.
- **2010 :** le palet. Ce sont des soupes ou des veloutés qui sont versés dans des plaques alvéolées et surgelés. Il n'est pas nécessaire de les réhydrater ou d'ajouter de l'eau ; il suffit de les laisser fondre à petit feu dans une casserole.

LES USTENSILES à la loupe

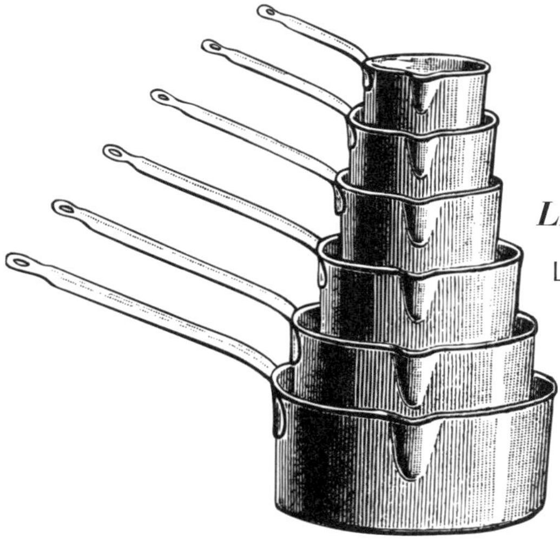

LES CASSEROLES

La casserole est composée d'une jupe, d'un cul et d'une queue. Le cul est la partie la plus importante de l'ustensile puisqu'il assure le contact crucial entre les aliments et la source de chaleur. On ne saurait pas davantage se passer de la queue qui assure la maniabilité de la chose ; quant à la jupe, proportionnelle au diamètre et à la hauteur du cylindre, elle conditionne le volume et l'intérêt pratique de l'objet.

Le matériel leader de la casserole est **l'aluminium.** Excellent conducteur de chaleur comme le cuivre, il s'échauffe rapidement ; en revanche, il est poreux et se tache facilement. L'inconvénient de l'aluminium est qu'il se déforme sous l'action des chocs thermiques. Choisissez donc une casserole à cul dressé qui permet une bonne transmission de la chaleur. On dresse le cul d'une casserole en emboutissant deux plaques de métal qui se marient sous l'effet de la pression. Un cul digne de ce nom exige une épaisseur de 4 mm. Ne négligeons pas la jupe pour autant. La jupe doit offrir au moins 2,5 mm d'épaisseur. La queue, de préférence en métal, est attachée à la jupe par trois solides rivets.

LE MOULIN À LÉGUMES

C'est un fabricant de pompes à main qui l'inventa dans les années 1920, imaginant une passoire munie d'un mécanisme à pales qui réduirait en purée les légumes cuits. Après avoir présenté sans succès son moulin à légumes à la foire de Lyon, il décida de le faire fabriquer en série pour réduire les coûts, et dès 1956, c'est le succès ! Moulinex devient l'indispensable allié de la ménagère. D'abord en fer-blanc, brillant, puis en acier inoxydable, il est aujourd'hui en plastique blanc, mais le bouton de la manivelle est resté rouge.

LA SOUPIÈRE

Les premières font leur apparition à la fin du XVIIIe siècle, mais c'est à partir de la Restauration que la soupière prend sa forme caractéristique renflée et élégante : un piédouche haut, un vaste réceptacle, des anses latérales. Un couvercle à dôme, souvent orné d'un motif décoratif, la ferme. Quelquefois, ce couvercle possède une encoche qui laisse passer le manche de la louche et, parfois, de petits trous par lesquels s'échappe la vapeur.

Le mixeur

Je ne l'utilise pas pour les soupes, sauf s'il est équipé d'un variateur de vitesse. La vitesse de rotation ne permet pas le contrôle du travail.

Le mixeur plongeant

On l'appelle également « girafe ». Cet ustensile permet de mieux réguler la consistance de la soupe ; il a ma préférence.

La cuillère à soupe

Elle est aussi ancienne que le bouillon ! Taillée dans le bois avant le Moyen Âge, elle devient progressivement un ustensile de luxe, le métal faisant place à la serpentine et au cristal, puis à l'argent ciselé dès le XVIIIe siècle.

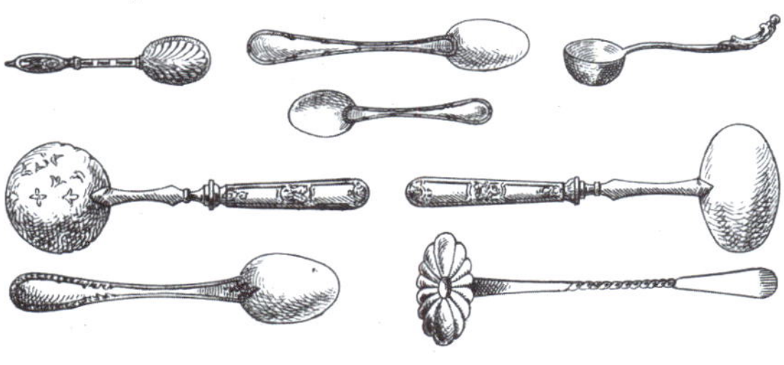

LA LOUCHE

Est-il utile de le préciser ? C'est une sorte de grande cuillère au manche allongé dont le cuilleron de forme sphérique permet le service des potages et des soupes.

MES RECETTES DOUILLETTES

Soupe de poireaux et pommes de terre

POUR 6 PERS. : 2 beaux poireaux • 4 belles pommes de terre • 1 gros oignon blanc • 2 cuill. à soupe de beurre • 1 l de bouillon de volaille (ou d'eau) • 50 cl de lait • sel • poivre du moulin

PRÉPARATION

1. Procédez à la toilette intime des poireaux. Épluchez les pommes de terre et l'oignon.

2. Dans une casserole, mettez le beurre, les poireaux et l'oignon émincés finement. Laissez suer doucement 10 minutes.

3. Ajoutez le bouillon de volaille (ou l'eau), du sel et du poivre. Laissez bouillotter doucement à couvert 20 minutes.

4. Coupez les pommes de terre comme des chips et faites-les cuire doucement dans le lait. Conservez-les fermes.

5. Ajoutez la moitié des pommes de terre aux poireaux, passez le reste en purée au moulin à légumes et ajoutez-les à la soupe pour faire la liaison. Rectifiez l'assaisonnement.

Variante : si votre chien a trouvé une truffe, vous pouvez l'émincer finement et la répartir dans chaque assiette. Les caresses à votre animal trouveront là toute leur justification !

RESPECTONS LES SAISONS !

Pour toutes les soupes faites maison, une règle s'impose : la fraîcheur des produits, que les soupes soient chaudes ou froides, en entrée, en plat ou en dessert. Respectez donc les saisonnalités ! Pour mon goût, les soupes avec des légumes ou des fruits surgelés ne sont pas l'idéal ; là encore, la transformation technique réduit les vitamines.

CAS D'ÉCOLE !

Inexplicablement, ce potage a un goût très prononcé d'escargots !

Velouté aux champignons

POUR 4 PERS. : 250 g de champignons • 2 petites courgettes • 1,5 l de bouillon • 2 cuill. à soupe de crème fraîche • 1/2 cuill. à café de sel • 3 ou 4 tours de moulin à poivre

PRÉPARATION

1. Coupez le pied des champignons et détaillez-les en quartiers. Coupez les courgettes non épluchées en rondelles.

2. Déposez le tout dans un faitout. Recouvrez de bouillon froid et portez à ébullition. Laissez bouillotter à demi-couvert 20 minutes.

3. Passez au moulin à légumes grille moyenne ou au mixeur. Ajoutez la crème et assaisonnez.

4. Servez chaud.

Potage au potiron

POUR 6 PERS. : 1,5 kg de potiron • 2 poireaux • 2 carottes • 4 pommes de terre • 125 g de beurre • 50 cl de lait • 1 petit pot de crème fraîche • croûtons de pain de mie (voir page suivante) • sel • poivre du moulin

PRÉPARATION

1. Mettez le beurre dans une cocotte et ajoutez le potiron pelé, épépiné et coupé en morceaux, les poireaux et carottes coupés finement, et les pommes de terre en fines rondelles.

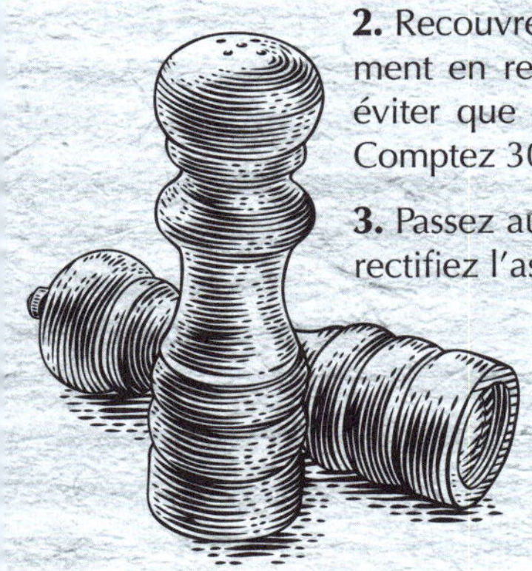

2. Recouvrez avec le lait et laissez cuire doucement en remuant avec une cuillère en bois pour éviter que le lait ne prenne au fond de la cocotte. Comptez 30 minutes de cuisson.

3. Passez au moulin à légumes ou au mixeur. Ajoutez la crème et rectifiez l'assaisonnement. Servez avec les croûtons.

Potage Saint-Germain

POUR 6 PERS. : 400 g de pois cassés à faire tremper la veille • 3 poireaux • 4 carottes • 1 branche de céleri • 3 oignons • 3 échalotes • 4 gousses d'ail • 500 g de poitrine fumée ou crue (selon les goûts) • 1 cuill. à soupe de graisse de canard (ou de saindoux) • 2,5 l de bouillon (ou d'eau) • 1 bouquet garni (thym, laurier et queues de persil) • sel • poivre du moulin

PRÉPARATION

1. Pelez, lavez, émincez tous les légumes. Retirez la couenne de la poitrine, coupez-la en dés et faites-la revenir à la poêle.

2. Dans une grande cocotte en fonte, faites fondre la graisse, ajoutez les légumes. Couvrez pour les faire suer quelques minutes.

3. Ajoutez les pois cassés et recouvrez de bouillon (ou d'eau). Ajoutez les lardons et le bouquet garni. Salez, poivrez et laissez cuire jusqu'à obtenir une purée de pois cassés. Servez chaud avec des croûtons frits au beurre.

Soupe à l'oignon gratinée

POUR 6 PERS. : 4 gros oignons blancs • 50 g de beurre • 1 cuill. à soupe d'huile d'arachide • 50 g de farine • 2 l de bouillon (ou d'eau) • 4 œufs • 2 cuill. à soupe de cognac • 200 g de fromages fraîchement râpés (1/3 de beaufort, 1/3 de comté, 1/3 d'emmental) • 18 rondelles de pain rassis, passées au beurre • sel • poivre du moulin

PRÉPARATION

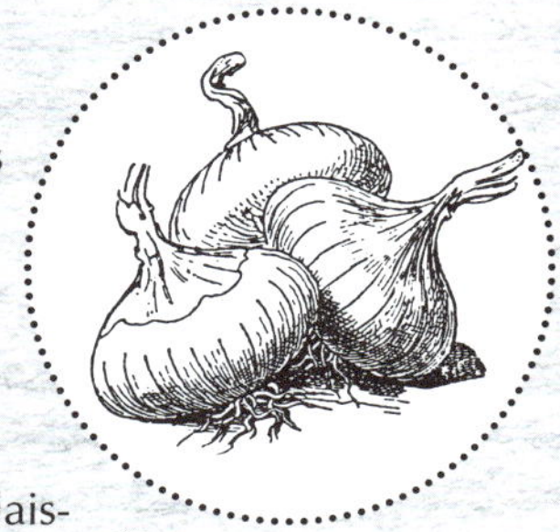

1. Épluchez et coupez les oignons en rondelles. Faites chauffer le beurre et l'huile dans une cocotte. Ajoutez les oignons. Laissez roussir légèrement pendant 10 minutes.

2. Saupoudrez de farine et laissez cuire 5 minutes en remuant. Ajoutez le bouillon (ou l'eau), salez, poivrez et laissez bouillotter à couvert 30 minutes.

3. Battez les œufs avec le cognac et la moitié des fromages râpés.

4. Versez le potage brûlant sur les œufs et remettez le tout dans la cocotte. Faites chauffer sans bouillir. Rectifiez l'assaisonnement.

5. Allumez le gril du four. Remplissez des bols à gratin aux trois quarts, disposez les croûtons sur le potage. Parsemez le pain du reste des fromages râpés et mettez à gratiner 6 ou 7 minutes.

DES CROÛTONS AU BEURRE TU PRÉPARERAS !

PAR PERS. : 1 tranche de pain de mie de 5 mm d'épaisseur • 1 cuill. à soupe de beurre par cuillerée à soupe de croûtons obtenus après découpe

PRÉPARATION

Coupez la croûte du pain de mie et détaillez le pain en petits dés aussi réguliers que possible. Mettez le beurre dans une poêle. Dès qu'il mousse, versez les croûtons. Remuez sans interruption. Quand ils sont uniformément colorés, déposez-les sur du papier absorbant.

Soupe aux huîtres

POUR 8 PERS. : 48 huîtres • 500 g de carottes • 80 g de céleri-rave • 300 g d'oignons • 1 échalote • 1 gousse d'ail • 3 cuill. à soupe d'huile d'olive • 1 cuill. à soupe de farine • 50 cl de vin blanc • 1 bouquet garni (thym et laurier) • persil • estragon • 5 cuill. à soupe de crème fraîche • 6 jaunes d'œufs

PRÉPARATION

1. Épluchez et lavez les légumes. Coupez les carottes en rondelles. Émincez le céleri et les oignons, hachez l'échalote et l'ail.

2. Dans une cocotte, versez l'huile. Faites revenir les oignons, l'échalote et l'ail pendant 5 minutes, puis ajoutez les carottes et le céleri. Saupoudrez de farine et mélangez.

3. Versez le vin banc et 1,5 l d'eau. Ajoutez le bouquet garni, du persil, de l'estragon et faites cuire 30 minutes.

4. Pendant ce temps, ouvrez et sortez les huîtres de leur coquille, puis égouttez-les.

5. Dans un récipient, mélangez la crème et les jaunes d'œufs.

6. Filtrez le potage, puis incorporez le mélange précédent et ajoutez l'eau des huîtres. Faites pocher les huîtres quelques secondes dans le bouillon.

7. Mélangez et servez aussitôt.

Pour servir : mettez à disposition des croûtons de pain frottés à l'ail.

Choisissez de préférence un Rouge vif d'Étampes ou un Jaune gros de Paris.

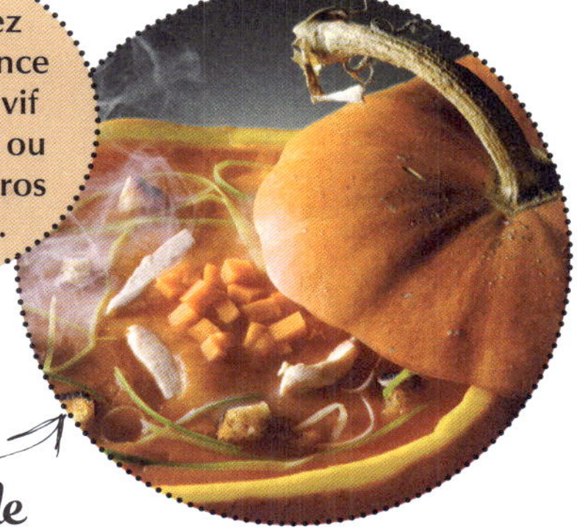

Soupe dans la citrouille

POUR 6 À 8 PERS. : 1 citrouille de 3 à 4 kg de forme régulière • 8 tranches de pain de campagne • 2 gousses d'ail • 250 g de champignons de Paris (ou sylvestres, au choix) • 250 g de beaufort, comté et emmental râpés et mélangés • 1/2 cuill. à café de noix de muscade fraîchement râpée • 3 cuill. à soupe de crème liquide • 1/2 cuill. à café de sel • 10 tours de moulin à poivre

PRÉPARATION

1. À l'aide d'un couteau très affûté, découpez un couvercle de 15 à 20 cm de diamètre dans la partie supérieure de la citrouille. Avec le pédoncule, retirez la calotte, puis les pépins et les filaments à l'intérieur.

2. Dans le fond de la citrouille, posez les tranches de pain grillées et frottées d'ail, puis une couche de champignons propres, équeutés et émincés, et enfin une couche de fromage râpé.

3. Continuez d'alterner les couches en salant, poivrant, muscadant entre chaque couche. Terminez par la crème.

4. Fermez avec la calotte et emballez dans plusieurs épaisseurs de papier d'aluminium. Installez la citrouille dans la lèchefrite avec de l'eau froide dans le fond dont il conviendra de vérifier le niveau pendant toute la cuisson. Mettez au four préchauffé à 180 °C (th. 6) pour 3 heures.

5. Présentez la citrouille dans la lèchefrite recouverte, elle aussi, de papier d'aluminium.

6. Découpez délicatement le papier d'aluminium pour dégager la calotte. Soulevez-la. Avec une cuillère en bois, mélangez l'ensemble des ingrédients. Servez avec une louche.

Potage aux endives

POUR 6 PERS. : 500 g d'endives • 500 g de pommes de terre • 75 cl de lait • 50 cl de bouillon • 3 ½ morceaux de sucre • 2 cuill. à soupe de crème fraîche • sel • poivre du moulin

PRÉPARATION

1. Épluchez les endives et les pommes de terre. Coupez grossièrement la moitié des endives.

2. Faites cuire doucement ensemble le lait, le bouillon, le sucre, les pommes de terre épluchées et les endives coupées pendant 40 minutes.

3. Avec un mixeur plongeant, affinez soigneusement la consistance. Rectifiez l'assaisonnement.

4. Ajoutez la crème et le reste des endives finement coupées.

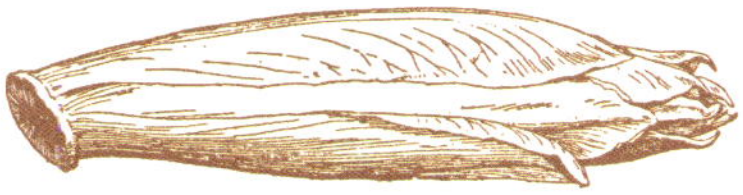

Velouté de carottes

POUR 4 PERS. : 1 botte de carottes nouvelles • 1 cuill. à soupe de beurre • 100 g de riz • 1,5 l de bouillon de viande (ou de légumes) • 1 cuill. à café de cumin en poudre • 10 cl de lait (ou de crème liquide) • le jus de 1 orange • 1/2 cuill. à café de sel • 3 tours de moulin à poivre

PRÉPARATION

1. Lavez et coupez les carottes en rondelles. Laissez suer à couvert dans une cocotte pendant 7 ou 8 minutes dans le beurre avec 10 cl d'eau (ou de bouillon).

2. Ajoutez le riz et le bouillon, le cumin. Portez à ébullition et laissez bouillotter 30 minutes.

3. Passez au moulin à légumes ou au mixeur. Incorporez le lait (ou la crème liquide) et le jus d'orange. Salez, poivrez.

4. Servez chaud ou glacé.

Soupe vichyssoise

POUR 6 PERS. : 5 belles pommes de terre • 2 beaux poireaux • 2 l de bouillon (ou d'eau) • 1 pointe de couteau de poivre de Cayenne • 5 cuill. à soupe de crème fraîche • 2 cuill. à soupe de cerfeuil • sel

PRÉPARATION

1. Épluchez les pommes de terre et coupez-les en rondelles épaisses. Mettez-les à cuire dans le bouillon (ou l'eau), à couvert, pendant 7 ou 8 minutes, avec du sel et le poivre de Cayenne.

2. Épluchez, lavez intimement et émincez finement les poireaux avant de les ajouter à la cuisson des pommes de terre. Faites cuire 25 minutes à bon feu et sans couvercle.

3. Passez au moulin à légumes ou au mixeur. Ajoutez la crème. Donnez un bouillon. Rectifiez l'assaisonnement et laissez refroidir.

4. Servez la soupe un peu épaisse, froide et parsemée de pluches de cerfeuil.

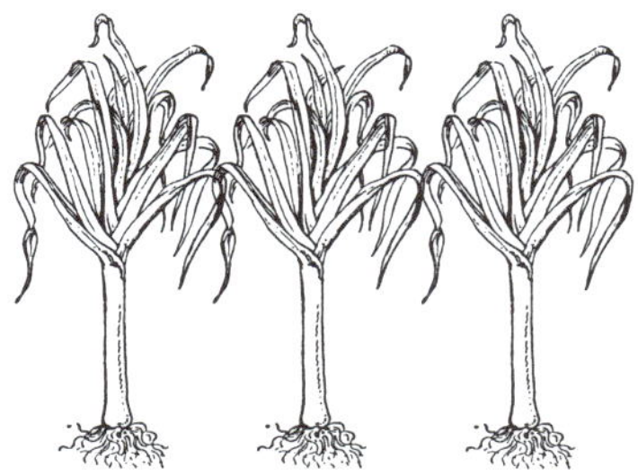

Vert comme l'émeraude

POUR OBTENIR UNE BELLE SOUPE VICHYSSOISE DE COULEUR VERTE, AJOUTEZ, EN FIN DE CUISSON, UNE POIGNÉE D'ÉPINARDS FRAIS PRÉALABLEMENT PASSÉS AU MIXEUR.

Au retour du printemps...

Ajoutez des petits pois, des fèves, des pointes d'asperges ou des petits bouquets de brocoli 10 minutes avant la fin de la cuisson.

Potage du jardinier

POUR 6 PERS. : 3 carottes • 2 poireaux • 3 grosses pommes de terre • 150 g de céleri-rave (le reste de la boule pourra être servi en rémoulade) • 2 ou 3 navets • 1 gros oignon blanc • 3 cuill. à soupe de beurre • 2 l de bouillon (ou d'eau) • sel • poivre du moulin

PRÉPARATION

1. Épluchez les légumes, lavez-les et coupez-les en petits morceaux réguliers avant de les mettre avec 1 cuillerée de beurre dans une cocotte.

2. Couvrez et laissez cuire 10 minutes à petit feu.

3. Ajoutez le bouillon (ou l'eau). Salez, poivrez et laissez bouillotter 30 minutes.

4. Ajoutez le reste du beurre coupé en petits morceaux et rectifiez l'assaisonnement.

Pour servir : vous pouvez mettre sur la table un pot de crème fraîche, chacun se servira selon ses envies !

Consommé à l'œuf de poule

POUR 6 PERS. : 1,5 l de bouillon • 6 œufs • 6 cuill. à café de porto (ou de madère) • 1/2 botte de cerfeuil

PRÉPARATION

1. Faites réchauffer les œufs entiers en les recouvrant de l'eau la plus chaude du robinet. Laissez ainsi les œufs 15 minutes sans les cuire.

2. Mettez le bouillon à frémir. Cassez chaque œuf dans un bol ou une tasse à consommé. Ajoutez 1 cuillerée à café de porto (ou de madère) dans chaque bol et versez le consommé bouillant sur l'œuf.

3. Servez aussitôt, chaque bol étant décoré de pluches de cerfeuil.

Pour servir : à table, faites circuler un bol d'emmental fraîchement râpé et le moulin à poivre.

Aigo boulido

POUR 6 PERS. : 4 gousses d'ail • 2 cuill. à soupe d'huile d'olive • 2 feuilles de laurier (ou de sauge) • 6 tranches de pain de campagne rassis, grillées • sel

PRÉPARATION

1. Versez 1,5 l d'eau dans une casserole, salez. Ajoutez les gousses d'ail pelées et écrasées, l'huile, le laurier (ou la sauge).

2. Portez à ébullition et laissez bouillir 15 minutes.

3. Déposez les tranches de pain dans le fond d'une soupière et versez la préparation dessus. Servez.

MES BONNES CRÈMES !

Crème de lentilles

POUR 6 PERS. : 225 g de lentilles • 3 oignons • 3 gousses d'ail • 1 branche de thym • 1 feuille de laurier • 1 cuill. à soupe de crème fraîche • 1 cuill. à soupe de beurre • sel • poivre du moulin

PRÉPARATION

1. Lavez les lentilles, épluchez les oignons et coupez-les en rondelles. Pelez les gousses d'ail.

2. Versez les lentilles dans une marmite. Portez doucement à ébullition, retirez éventuellement l'écume de la surface. Ajoutez les oignons, l'ail, le thym et le laurier.

3. Couvrez et maintenez une petite ébullition régulière pendant 45 minutes. Les lentilles doivent être tendres, moelleuses et surtout pas éclatées.

4. Égouttez et conservez le jus de cuisson, retirez le thym et le laurier. Passez le reste au mixeur plongeant pour obtenir une purée très fine.

5. Remettez les lentilles dans une casserole et chauffez la purée pour enlever l'excédent d'eau.

6. Incorporez la crème délayée avec du jus de cuisson pour avoir un potage ni trop cuit ni trop épais. Assaisonnez en sel et en poivre. Laissez chauffer quelques instants. Ajoutez le beurre et servez.

Crème de haricots blancs

Procédez à l'identique de la crème de lentilles. Prenez soin de faire tremper les haricots secs une nuit avant la cuisson.

Crème de céleri

POUR 6 PERS. : 3/4 d'une boule de céleri-rave • 5 pommes de terre moyennes (bintje de préférence) • 2 cuill. à soupe de beurre • 1,5 l de bouillon de volaille • 2 cuill. à soupe de crème fraîche • sel • poivre du moulin

PRÉPARATION

1. Épluchez et lavez le céleri, passez-le à la mandoline pour obtenir des copeaux. Épluchez et lavez les pommes de terre, coupez-les en morceaux.

2. Dans une casserole, mettez à fondre 1 noix de beurre. Ajoutez les copeaux de céleri pour les faire suer à couvert, en remuant de temps en temps (comptez environ 10 minutes).

3. Ajoutez les pommes de terre, mouillez avec le bouillon froid. Portez à ébullition à feu moyen et laissez mijoter 30 minutes.

4. Égouttez les légumes et gardez le bouillon. Passez les légumes au moulin à légumes, de préférence au mixeur.

5. Remettez dans la casserole, faites chauffer la purée, incorporez la crème et délayez avec le bouillon de cuisson pour obtenir une crème ni trop fluide ni trop épaisse. Assaisonnez avec le sel.

6. Laissez bouillotter 2 ou 3 minutes. Incorporez le reste du beurre et donnez 2 ou 3 tours de moulin à poivre.

MES RECETTES DES BEAUX JOURS

Velouté de petits pois frais

POUR 4 PERS. : 850 g de petits pois à écosser • 1 laitue • 1 oignon • 2 cuill. à soupe de beurre • 50 cl de bouillon de légumes (ou d'eau) • 1 bouquet garni (thym, laurier et queues de persil) • 1 gros pot de crème fraîche • 1/2 cuill. à café de sel • 4 tours de moulin à poivre

PRÉPARATION

1. Écossez les petits pois (réservez-en 70 g). Lavez la laitue et coupez-la en lanières, épluchez et hachez finement l'oignon.

2. Faites fondre le beurre dans une casserole à fond épais, puis ajoutez l'oignon et la laitue. Laissez suer à couvert 5 minutes.

3. Complétez avec le bouillon (ou l'eau) et le bouquet garni, et portez à ébullition. Plongez les petits pois et laissez cuire 15 minutes.

4. Passez au mixeur, puis à travers un chinois.

5. Versez la préparation dans une casserole avec les petits pois réservés et la crème, et laissez cuire pendant 8 à 10 minutes. Assaisonnez.

Velouté d'asperges

POUR 4 PERS. : 500 g d'asperges • 1,5 l de bouillon de légumes (ou d'eau) • 1 cuill. à café de sucre en poudre • 1 pointe de couteau de bicarbonate de soude • 1 cuill. à soupe de fécule • 2 cuill. à soupe de lait (ou d'eau) • 2 cuill. à soupe de crème fraîche • 1/2 cuill. à café de sel

PRÉPARATION

1. Lavez les asperges, coupez des pointes de 6 ou 7 cm et réservez-les. Éliminez le point de coupe. Coupez les tiges restantes, sans les éplucher, en tronçons de 2 à 3 cm.

2. Portez le bouillon (ou l'eau) à ébullition. Ajoutez le sucre, le bicarbonate et le sel. Plongez les tronçons des asperges 30 minutes dans la casserole.

3. Gardez l'eau de cuisson et passez les asperges au moulin à légumes ou au mixeur. Éliminez la filasse (les asperges n'ont pas été épluchées).

4. Remettez la casserole sur le feu et laissez réduire d'un tiers. Ajoutez la fécule délayée dans le lait froid (ou l'eau), puis laissez épaissir.

5. Ajoutez la crème et laissez bouillotter quelques minutes.

6. Servez chaud ou froid avec les pointes réservées.

POTAGE AUX FANES DE RADIS (OU DE NAVETS)

POUR 4 PERS. : les fanes de 1 botte de radis (ou de navets) • 2 pommes de terre • 2 cuill. à soupe de beurre • 1 l de bouillon de légumes (ou d'eau) • 4 cuill. à soupe de crème fraîche • 1/2 cuill. à café de sel

PRÉPARATION

1. Lavez les fanes. Épluchez et lavez les pommes de terre.

2. Dans une casserole, faites fondre le beurre. Ajoutez les fanes hachées très grossièrement et les pommes de terre coupées en morceaux, le sel. Couvrez et faites suer 5 minutes.

3. Versez le bouillon (ou l'eau), portez à ébullition et laissez cuire 15 minutes à feu moyen.

4. Passez la soupe au moulin à légumes grille fine ou au mixeur.

5. Ajoutez la crème et rectifiez l'assaisonnement. Laissez bouillotter 2 minutes avant de servir.

Soupe froide de concombre à la menthe

POUR 4 PERS. : 1 concombre de 350 à 400 g • 8 yaourts bulgares nature • 1 cuill. à soupe de vinaigre de vin blanc (accessoirement de vin rouge) • 20 feuilles de menthe • 1/2 cuill. à café de sel • 5 ou 6 tours de moulin à poivre

PRÉPARATION

1. Coupez le concombre en deux dans la longueur, retirez les pépins et passez au mixeur jusqu'à obtenir une texture un peu granuleuse.

2. Mélangez aux yaourts, ajoutez le vinaigre, le sel, le poivre, la menthe fraîche hachée. Laissez rafraîchir au réfrigérateur 1 ou 2 heures.

3. Servez très frais.

Bon à savoir

Plutôt que passer le concombre au mixeur, vous pouvez le râper ou le couper en petits dés de moins de 5 mm de côté.

Gaspacho maison

POUR 6 PERS. : 2 kg de tomates (Cœur de bœuf, Noire de Crimée, Rose de Berne) • 1 concombre • 1 poivron rouge • 1 poivron vert • 3 oignons • 3 gousses d'ail • 150 g de pain très rassis (seulement la mie) • 10 cl d'huile d'olive • 4 cuill. à soupe de vinaigre de xérès • 10 cl d'eau glacée • 1/2 cuill. à café de sel • 10 tours de moulin à poivre

PRÉPARATION

1. Dans un grand récipient, mélangez les légumes épluchés et épépinés si nécessaire, et la mie de pain grossièrement coupée.

2. Ajoutez l'huile, le vinaigre, l'eau, le sel et le poivre. Mélangez. Laissez reposer 1 heure au réfrigérateur.

3. Passez l'ensemble au mixeur d'abord, puis au moulin à légumes ou au chinois. Rectifiez l'assaisonnement. Servez froid.

Soupe de melon au vinaigre

POUR 6 PERS. : 1,1 kg de melons • le jus de 1/2 citron • 1 à 3 gouttes de Tabasco® (selon les goûts) • 2 cuill. à soupe de vinaigre de vin rouge (de xérès ou de cidre) • 1 branche d'estragon frais (ou quelques brins de ciboulette) • 1/2 cuill. à café de sel • 10 tours de moulin à poivre

PRÉPARATION

1. Coupez les melons en quartiers, retirez la peau et les pépins. Réservez une tranche que vous coupez en petits dés sur une assiette. Couvrez et mettez au réfrigérateur.

2. Passez le reste de la chair au mixeur, puis dans un chinois au-dessus d'un saladier. Ajoutez le jus de citron et le Tabasco®. Couvrez et mettez au réfrigérateur.

3. Au dernier moment, salez, poivrez et ajoutez le vinaigre.

4. Versez la soupe dans des bols à consommé ou dans des assiettes creuses. Répartissez les petits dés de melon et l'estragon finement haché (ou la ciboulette). Servez aussitôt.

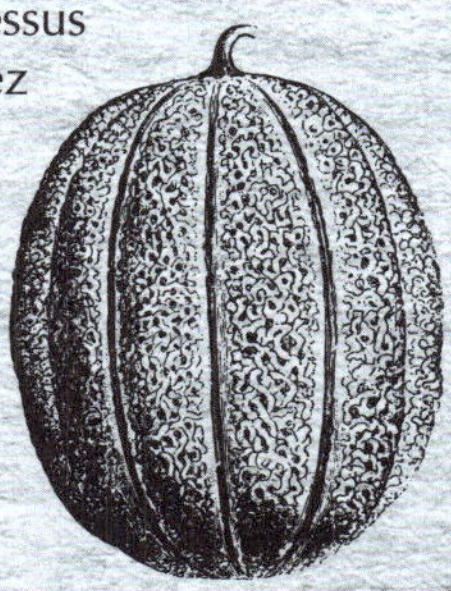

VOUS ÊTES PLUTÔT SUCRÉ ?

Soupe de cerises

POUR 6 PERS. : 1 kg de cerises noires de préférence • 2 bouteilles de vin rouge tannique (cahors ou madiran) • 500 g de sucre cristallisé • 1 zeste d'orange • 1 pincée de cannelle en poudre • 1 petit verre de liqueur de cerises (ou de crème de cassis)

PRÉPARATION

1. Passez les cerises sous l'eau fraîche, égouttez-les. Coupez les queues aux ciseaux en laissant 1 cm.

2. Dans une casserole, portez à ébullition le vin avec le sucre, le zeste d'orange et la cannelle pendant 6 ou 7 minutes.

3. Ajoutez les cerises. À la reprise de l'ébullition, comptez 2 minutes de bouillottements.

4. Versez dans un compotier, retirez le zeste. Laissez refroidir, puis arrosez de liqueur de cerises (ou de crème de cassis).

5. Servez bien frais dans des assiettes creuses.

Variantes : suivez la recette en remplaçant les cerises par des pruneaux dénoyautés, en réduisant le sucre à 150 g et en allongeant la cuisson à 30 minutes.

Vous pouvez remplacer la cannelle par de la vanille et parsemer la soupe de quelques fruits secs : amandes, noisettes ou pistaches.

Soupe de fraises et de fruits rouges

POUR 6 PERS. : 700 g de fraises • quelques grappes de groseilles rouges et blanches • 100 g de fraises des bois • 100 g de mûres • 100 g de framboises • 400 g de sucre en poudre • le jus de 1 citron • 50 cl de vin rouge (vin de Loire ou d'Anjou, ou un vin blanc moelleux)

PRÉPARATION

1. Dans une casserole, portez 50 cl d'eau et le sucre à ébullition pendant 2 minutes. Laissez refroidir.

2. Passez rapidement les fraises sous l'eau fraîche, équeutez-les et coupez-les en quatre. Passez les groseilles sous l'eau fraîche et égrappez-les.

3. Mettez les fraises et les groseilles dans un saladier. Ajoutez le sirop de sucre, le jus de citron et le vin rouge. Couvrez et mettez au réfrigérateur.

4. Au moment de servir, parsemez la soupe de fraises des bois, de mûres et de framboises.

Soupe de pêches

POUR 6 PERS. : 12 pêches blanches de préférence • 400 g de sucre en poudre • 1/2 bouteille de vin blanc moelleux • quelques feuilles de menthe

PRÉPARATION

1. Plongez les pêches 30 secondes dans 50 cl d'eau bouillante, puis immédiatement dans de l'eau glacée. Cette opération facilite considérablement l'épluchage.

2. Coupez les pêches en deux, enlevez les noyaux et déposez-les dans un saladier.

3. Préparez le sirop de sucre avec l'eau dans laquelle les pêches ont été pochées. Versez sur les pêches épluchées et laissez refroidir.

4. Prélevez 12 demi-pêches et passez-les au mixeur avec le vin blanc. Mélangez cette purée au sirop des fruits.

5. Servez bien frais, parsemé de feuilles de menthe.

Soupe d'ananas

POUR 6 PERS. : 1 ananas de 1,5 kg bien mûr (« par avion » de préférence, car ils sont cueillis à maturité) • 300 g de sucre en poudre • 2 verres de vin blanc moelleux • le jus de 1/2 citron

PRÉPARATION

1. Faites un sirop en portant à ébullition dans une casserole 50 cl d'eau et le sucre pendant 1 minute. Laissez refroidir.

2. Épluchez l'ananas sur une planche à rigole pour récupérer le jus et retirez les yeux. Coupez 6 belles tranches dans le milieu du fruit, débarrassez-les de la partie ligneuse du cœur et réservez-les.

3. Passez au mixeur le reste de la chair, le jus récupéré et le vin blanc. Versez cette préparation dans un compotier. Complétez avec le sirop de sucre et le jus de citron. Mélangez.

4. Ajoutez les tranches d'ananas coupées en quatre. Couvrez et mettez au réfrigérateur.

5. Servez cette soupe froide dans des assiettes creuses.

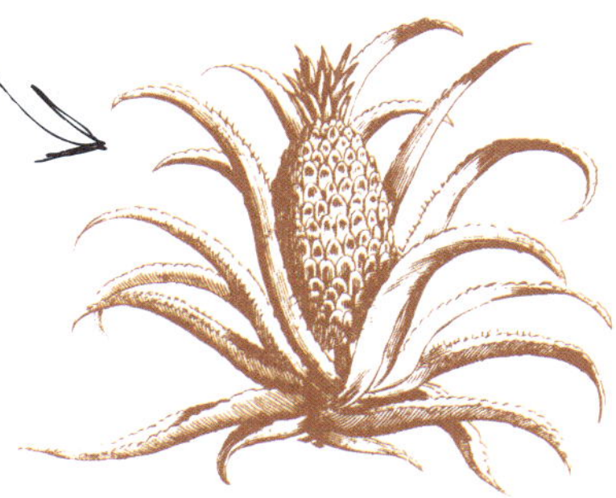

Soupe de melon au sirop de menthe fraîche et d'anis

POUR 4 PERS. : 4 melons de 350 g • 160 g de sucre en poudre (ou de vergeoise) • 4 cuill. à soupe de sirop de menthe • 2 branches de menthe fraîche • 2 cuill. à café d'anis (apéritif anisé)

PRÉPARATION

1. À l'aide d'un couteau, coupez sur quelques millimètres la base des melons, afin qu'ils aient une bonne assise.

2. Découpez un petit chapeau dans chaque melon, autour de la queue, suffisamment large pour pouvoir retirer les pépins avec une petite cuillère. Récupérez les pépins et la filasse.

3. Videz chaque melon de sa chair avec une cuillère à pomme parisienne et réservez les billes dans un saladier.

4. Dans une casserole, réunissez les pépins, le sucre (ou la vergeoise), le sirop de menthe, les feuilles de menthe, l'anis et 40 cl d'eau. Portez à ébullition et faites bouillotter 10 minutes.

5. Laissez refroidir, puis filtrez à travers une passoire fine au-dessus des billes de melon. Laissez macérer quelques heures au réfrigérateur dans le saladier couvert d'un film alimentaire.

6. Répartissez le contenu du saladier dans les melons vides et couvrez avec les chapeaux.

7. Servez bien frais, plutôt en dessert.

France, ta TRIPE fout le camp !

DEBOUT les abats !

SINISTRE CONSTAT !

Les tripiers disparaissent et la consommation des abats baisse dangereusement. On a « son » boucher, « son » boulanger, mais pas « son » tripier. On n'associe plus le possessif au tripier. Même si les poissonniers sont aussi à la peine, sans parler du coiffeur et du concierge, le tripier, lui, est cruellement tombé dans l'anonymat. Pourquoi ?

- L'année 1996 leur a été fatale : les risques de transmission à l'homme de la **maladie de la « vache folle »** ont achevé de déqualifier la moelle. Adieu les ris de veau ! Les consommateurs ont tout mélangé. Les précautions sanitaires sur quelques produits ont entraîné l'ensemble des abats vers une chute de la consommation.
- Ajoutez à cela des campagnes d'information qui ont développé chez l'amateur de ces morceaux **la peur de l'urée et du cholestérol**. Oui, les abats possèdent une dose appréciable de l'un et de l'autre, mais pas plus que le jaune d'œuf ! On ne mange pas des œufs tous les jours, alors pourquoi se forcerait-on à manger tous les soirs de la cervelle ou des rognons ?

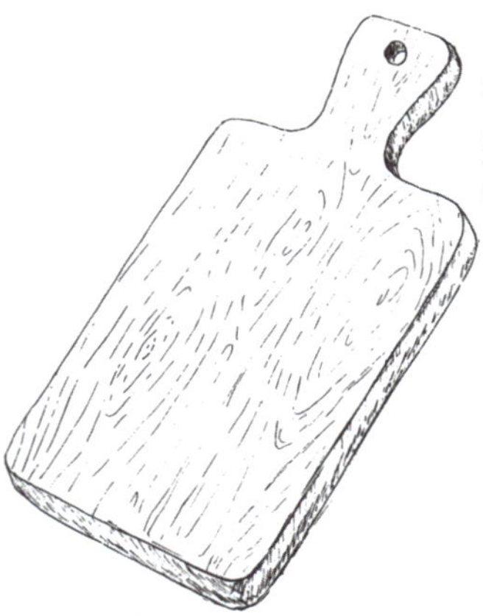

LA FAUTE À QUI ?

Une autre vérité qui n'est pas bonne à dire est que les tripiers n'ont pas su se battre auprès des pouvoirs publics pour obtenir l'exclusivité de commercialiser leurs produits. **Tout a commencé avec l'onglet !** Ceux de veau et de bœuf sont historiquement **des morceaux de triperie.** Et voilà 35 ans qu'on les trouve en boucherie et, lorsque les bouchers vous parlent de « leurs morceaux », ils annoncent la poire, l'araignée, la hampe, le merlan et aussi l'onglet.
L'onglet est un muscle « libre » à l'intérieur du corps du bœuf ; on ne le détache pas puisqu'il l'est déjà ! Et souvent, lors du transport des carcasses, ce morceau disparaissait… C'est simple : pas besoin de couteau ; on arrache facilement entre 300 et 600 g de viande bien propre ; c'est même pratique à mettre dans la poche.
Devant tant de disparitions, les abattoirs ont eu l'idée de vendre les morceaux en caisses et ce sont les bouchers qui les achetèrent, rarement les tripiers. Partant de là, les bouchers ont commencé à vendre les pièces nobles de la triperie : les foies de veau, les ris, les cervelles, même les langues. Quand on a tout sous la main, en même temps que la côte de bœuf ou la blanquette, pourquoi se donner le mal de trouver un tripier ? Et pour lui acheter quoi ? Du cœur de veau ? Du gras-double ? Allons, soyons sérieux.

LE 5e QUARTIER

Les abats, également appelés « cinquième quartier » par opposition aux deux quartiers avant et arrière de la carcasse, sont comestibles chez le bœuf, le veau, l'agneau et le porc. On les classe en 2 catégories :

• **Les abats rouges** comprennent le foie, le cœur, les rognons, la hampe, l'onglet, la joue, la cervelle, les testicules, également appelés « rognons blancs », et les ris.
Conservation : dans un réfrigérateur, à froid humide.

• **Les abats blancs** désignent la tête, les pieds, la langue et le gras-double.
Conservation : dans de l'eau fraîche.

Mon chat pleure les abats

J'ai appelé mon chat RD 31 pour lui rappeler la route sur laquelle il a échappé à une voiture. Il me fait souvent des reproches, et celui qui revient toujours est : « Pourquoi me donnes-tu toujours des croquettes ? (J'ai laissé mon chat me tutoyer par affection…) Mes grands-parents me parlaient souvent de ces déjeuners où les maîtres leur servaient du mou ou de la rate. C'était délicieux, disaient-ils !

Voilà bien deux morceaux qui faisaient le régal des animaux, mais qui ont disparu des étals des tripiers : ils partent directement chez les industriels du *pet food* pour être transformés en croquettes.

ABATS, je vous aime !

J'aime tous les abats sans exception.

Le foie de veau, en tranches sous forme de rosbif ; j'aime la joue de bœuf en daube ou en bourguignon ; la joue de porc confite sur une salade ou dans un cassoulet ; la queue de bœuf emballée dans une crépine, braisée dans un fond de vin rouge ou plus simplement dans un pot-au-feu ; les oreilles de cochon grillées, qu'on appelait « sortie d'Opéra »… Même un cœur de veau braisé ne me laisse pas indifférent…

Et je fantasme sur les pieds !

Les pieds de mouton sauce poulette, pieds et paquets, un pied de veau vinaigrette, un pied de porc grillé… Même un testicule de mouton avec une persillade me fait vibrer. Un rognon de veau, quelle que soit sa préparation, m'amène aux portes du paradis.

« Oui, j'aime la tripaille, je l'assume, j'y suis fidèle depuis qu'au moment de la guerre, ma grand-mère me faisait goûter des morceaux de mou en ragoût, car à l'époque, on s'en régalait. Pas parce qu'il n'y avait rien d'autre, mais parce que c'était bon ! »

ELLES SONT BELLES, MES CERVELLES

On mange essentiellement les cervelles du veau et de l'agneau.

• **Avant toute chose :** *à l'aide d'un petit couteau, enlevez la pellicule de vaisseaux sanguins qui recouvre la cervelle sous un filet d'eau froide.*

• **Pour les puristes :** *dans un saladier rempli d'eau froide, immergez la cervelle. Ajoutez 1 cuillerée à soupe de vinaigre d'alcool par cervelle et 2 cuillerées à soupe de sel pour 50 cl d'eau. Complétez avec quelques glaçons. Couvrez et réservez au réfrigérateur au minimum 2 heures.*

LA QUANTITÉ À PRÉVOIR : *1 cervelle d'agneau par personne et 1 cervelle de veau pour 2 ou 3 personnes.*

Cervelle d'agneau : ma recette de base

POUR 4 PERS. : 4 cervelles d'agneau • 2 cuill. à soupe de vinaigre d'alcool • 4 ou 5 cuill. à soupe de beurre • câpres (facultatif) • 1 cuill. à café de sel • 4 tours de moulin à poivre

PRÉPARATION

1. Portez 1 l d'eau à ébullition avec le vinaigre et le sel, puis plongez les cervelles dans l'eau bouillante. Laissez cuire 10 minutes à petits bouillonnements.

2. Dans les 3 dernières minutes de cuisson, faites fondre le beurre à feu moyen pour qu'il prenne une couleur noisette. Cette méthode permet d'éviter de recuire la cervelle.

3. Sortez les cervelles, égouttez-les et séchez-les sur un torchon plutôt qu'un papier absorbant. Posez-les sur des assiettes chaudes, poivrez et versez le beurre. Après avoir versé le beurre, vous pouvez déglacer la poêle avec du vinaigre de vin et même y ajouter des câpres.

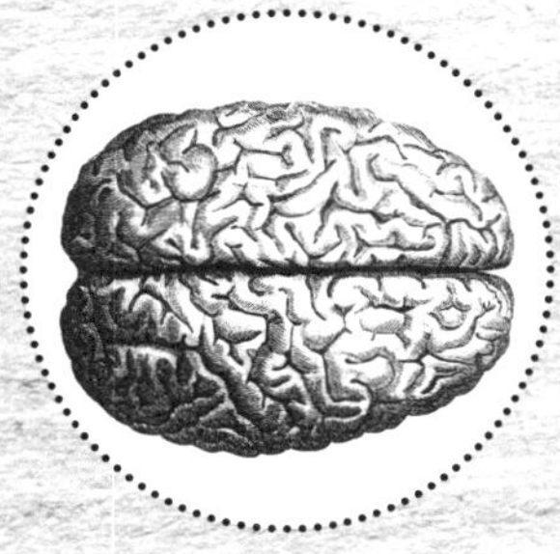

Cervelle de veau poêlée au beurre

POUR 4 PERS. : 2 cervelles de veau • 2 cuill. à soupe de vinaigre d'alcool (ou de vin) • 4 ou 5 cuill. à soupe de beurre • 1 cuill. à café de sel • 4 tours de moulin à poivre

PRÉPARATION

1. Portez 1 l d'eau à ébullition avec le vinaigre et le sel, puis plongez les cervelles dans l'eau bouillante. Laissez cuire 4 minutes à petits bouillonnements.

2. Sortez les cervelles, laissez-les sécher et refroidir. Une fois qu'elles sont bien froides, escalopez-les en biais sur 1 à 2 cm d'épaisseur.

3. Dans une poêle, mettez-les à dorer dans le beurre qui grésille pendant 3 ou 4 minutes de chaque côté.

4. Posez-les sur des assiettes chaudes et poivrez.

Variante : vous pouvez remplacer le vinaigre par du citron.

Beignets de cervelle de veau

Suivez l'étape 1 de la préparation de la cervelle de veau et laissez refroidir. Coupez les cervelles en tranches ou en gros dés, puis farinez. Trempez-les dans de la pâte à frire. Faites chauffez de l'huile à 170 °C et immergez les morceaux jusqu'à ce qu'ils soient dorés et croustillants. Égouttez, salez et poivrez. Servez avec un demi-citron.

DE QUELLE LANGUE PARLEZ-VOUS ?

• **La langue de bœuf,** *vendue fraîche le plus souvent, a l'inconvénient d'être de taille importante, ce qui impose un grand nombre de convives autour de la table. Vous pouvez la rajouter à un pot-au-feu ou à un hochepot. Préparée par un homme de l'art, elle peut devenir langue écarlate.*

• **La langue de veau** *est un mets subtil et délicat. Elle peut se consommer seule, mais elle est indispensable avec la tête ; elle se laisse volontiers bouillir ou braiser.*

• **La langue d'agneau** *est également un mets recherché et se prépare braisée.*

• **La langue de porc** *est plus rustique. On la trouve cuite en gelée ou traitée comme une hure dans les charcuteries, mais rien ne s'oppose à la manger chaude, tiède ou froide après avoir été blanchie dans un court-bouillon relevé.*

LA QUANTITÉ À PRÉVOIR : *2 langues d'agneau ou 1 langue de porc par personne ; 1 langue de veau pour 3 ou 4 personnes ; 1 langue de bœuf pour 6 personnes.*

Dans un pot-au-feu, la langue fait des merveilles !

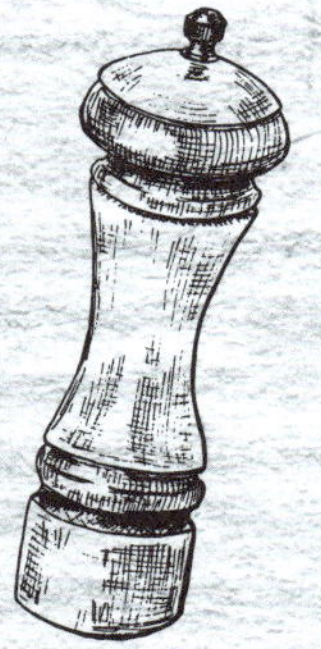

BON À SAVOIR !

Vous pouvez cuire les langues la veille pour le lendemain, emballées froides dans du film alimentaire et conservées au réfrigérateur. Si vous les servez chaudes, faites-les réchauffer dans le bouillon ou dans la sauce. Vous pouvez aussi les servir cuites avec une vinaigrette bien relevée, à l'huile de noix ou de noisette, additionnée d'une pointe de couteau de curry, de noix de muscade râpée ou de quatre-épices.

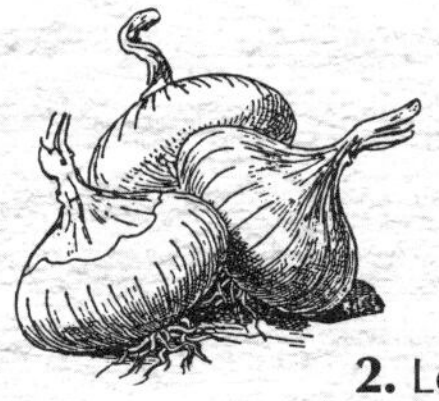

Langue d'agneau ou de porc : ma recette de base

POUR 4 PERS. : 8 langues d'agneau ou 4 langues de porc • 100 g de gros sel + 1 cuill. à café • 100 g de sucre en poudre • 1 bouquet garni

PRÉPARATION

1. La veille, dans un récipient, mélangez bien les langues, le gros sel et le sucre. Couvrez d'un film alimentaire et laissez macérer une nuit au réfrigérateur.

2. Le jour même, rincez les langues sous l'eau courante froide et démarrez la cuisson à l'eau froide. Ajoutez le bouquet garni et la cuillerée à café de gros sel, et laissez cuire 45 minutes à petits bouillottements.

3. Retirez la peau à l'aide d'un petit couteau et coupez les langues en tranches dans le sens de la longueur.

4. Servez les langues chaudes ou froides avec une sauce gribiche (voir p. 101) ou une mayonnaise au citron traitée en rémoulade. Accompagnez-les de lentilles ou de pommes de terre vapeur.

Langue de veau ou de bœuf en pot-au-feu : ma recette de base

POUR 1 LANGUE : 6 carottes • 6 navets • 6 poireaux • 1 oignon • 2 clous de girofle • 1 bouquet garni (thym, laurier, queues de persil, vert de poireau et 1 branche de céleri) • 1 poignée de gros sel • 20 grains de poivre

PRÉPARATION

1. Demandez à votre tripier de parer la langue.

2. Déposez la langue dans un faitout en la recouvrant largement d'eau froide et portez à ébullition. Coupez les légumes en gros tronçons.

3. Au bout de 20 minutes, ajoutez 40 d'eau froide pour faire remonter les impuretés. Écumez jusqu'à leur disparition.

4. Ajoutez l'oignon coupé en deux et piqué des clous de girofle, le bouquet garni avec le céleri préalablement emballé dans le vert de poireau. Salez, poivrez et faites cuire à petits bouillottements : 1 h 30 pour la langue de veau, 2 h 30 pour celle de bœuf. Ajoutez les carottes et les navets, puis au bout de 15 minutes, le blanc et le vert tendre des poireaux.

5. Après 30 minutes, retirez et pelez la langue quand elle est encore chaude : la peau s'enlève alors facilement. Découpez en tranches. Servez avec les légumes et une sauce gribiche (voir p. 101) ou à la tomate.

Langue de veau braisée

POUR 4 PERS. : 1 langue d'environ 1 kg • 1 morceau de couenne pour tapisser la cocotte • 2 oignons • 1 carotte • 2 gousses d'ail • 1 bouquet garni • 1 verre de vin blanc sec • 50 cl de bouillon de volaille • 2 cuill. à café de sel • 10 tours de moulin à poivre

PRÉPARATION

1. Dans un faitout, installez la langue et recouvrez d'eau froide. Faites chauffer sur le feu, écumez et retirez-la au bout de 15 minutes d'ébullition. Avec un couteau pointu, pelez-la.

2. Épluchez les oignons, la carotte et l'ail. Hachez-les grossièrement.

3. Dans une cocotte, posez la couenne côté gras sur le fond, les légumes, le bouquet garni et la langue. Salez, poivrez, couvrez et laissez suer environ 15 minutes.

4. Ajoutez le vin blanc et remuez pour que tous les ingrédients soient imprégnés. Ajoutez le bouillon, couvrez et portez à petits bouillottements pour 1 bonne heure, puis retournez la langue. Si le jus est abondant, couvrez aux trois quarts et poursuivez la cuisson 1 heure.

5. Vérifiez avec une aiguille à brider que la langue est cuite, retirez-la et maintenez au chaud. Passez le jus au chinois. Récupérez tous les sucs dans la cocotte et faites réduire pour obtenir une consistance de sirop. Servez avec des blettes au beurre ou des crosnes.

ET LE FOIE DANS TOUT ÇA ?

• **Le foie de bœuf,** *vendu la plupart du temps sous l'appellation « foie de génisse », est le moins cher. Quand la bête a été convenablement nourrie et abattue jeune, on peut trouver des foies clairs et tout à fait satisfaisants.*

• **Le foie de veau** *a été longtemps ignoré des gastronomes et réservé aux malades, mais aujourd'hui, il est très recherché bien que très coûteux. Tendre et délicat, il se prête à de très nombreuses préparations. Sa couleur doit être beige clair et son grain fin. Demandez au tripier ou au boucher d'enlever la fine peau qui le recouvre, ainsi que les veines et les nerfs.*

• **Le foie d'agneau,** *de plus petite taille, est très tendre, beaucoup plus fin que celui du mouton.*

MES CONSEILS D'ACHAT ET DE PRÉPARATION :
Le foie doit avoir une apparence humide et brillante et, quand le boucher le touche, on doit pouvoir vérifier sa souplesse élastique. N'hésitez pas à acheter une tranche épaisse pour permettre une cuisson plus juste (le principe de cuisson est le même pour les foies de génisse, de veau et d'agneau).

Les bons accords

Le foie apprécie la noix de muscade râpée, le quatre-épices, le vinaigre de vin ou de riz, le jus de citron, la sauce soja, le gingembre, les herbes fraîches, la persillade, l'échalote.

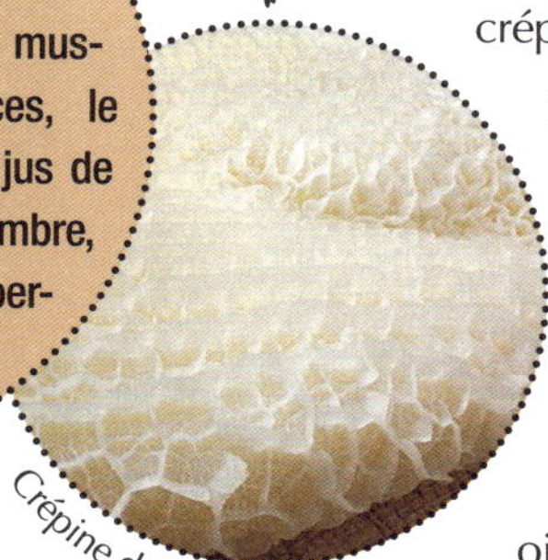

Crépine de porc

Foie de veau

Foie à la poêle

POUR 4 PERS. : 4 tranches de foie (150 g par personne) • 1 pincée de noix de muscade râpée (ou de quatre-épices) • 1 cuill. à soupe de beurre • 1 cuill. à soupe d'huile • 1 cuill. à café de jus de citron (ou de vinaigre) • 1 cuill. à soupe de persil haché • 1 cuill. à café de sel • 4 ou 5 tours de moulin à poivre

PRÉPARATION

1. Assaisonnez le foie de sel et de poivre, de noix de muscade râpée (ou de quatre-épices). Mettez le beurre et l'huile dans une poêle. Lorsque le beurre est mousseux, saisissez le foie à feu vif, 2 minutes sur chaque face, pour former une croûte dorée et l'intérieur rosé. Laissez cuire 1 ou 2 minutes de plus pour un résultat plus cuit, mais baissez l'intensité du feu. Réservez entre deux assiettes.

2. Ajoutez au beurre de cuisson le jus de citron (ou le vinaigre). Grattez les sucs de cuisson, faites réduire 1 minute et versez sur le foie. Parsemez de persil haché.

Variante : remplacez le citron (ou le vinaigre) et le persil par 1 cuillerée à soupe de persillade par personne ; rajoutez 1 cuillerée à café de beurre.

Rôti de foie à la vapeur

POUR 4 PERS. : 1 pavé de foie d'environ 500 g coupé comme un rôti • 1 crépine de porc d'environ 50 g • 1 pincée de noix de muscade râpée • 3 branches de menthe fraîche • 1 cuill. à café de sel • 4 ou 5 tours de moulin à poivre

PRÉPARATION

1. Salez, poivrez et muscadez le foie. Enveloppez-le dans la crépine.

2. Dans un panier vapeur, étalez les branches de menthe.

3. Posez le foie sur la menthe, couvrez et laissez cuire 8 minutes. Retournez le rôti pour 8 minutes encore. Entrouvrez le couvercle et laissez reposer environ 10 minutes pour obtenir un foie rosé et moelleux.

4. Servez en tranches fines avec des épinards à la crème, des blettes en gratin, des navets nouveaux sautés, des oignons fondus, des concombres à la menthe.

L'ONGLET SI DÉLICIEUX

• **L'onglet de veau ou de bœuf** *est une viande goûteuse et tendre qui ne demande rien d'autre qu'une préparation simple et une cuisson juste pour être croquante et juteuse.*

LE TRUC À SAVOIR : *pour vous régaler véritablement avec un onglet de bœuf, demandez à votre boucher de le faire rassir pendant 25 à 30 jours dans sa chambre froide. Ayez la courtoisie de vous engager à payer le poids de la viande avant épluchage, car l'onglet rassis devient tout noir et il faut le débarrasser de cette pellicule superficielle pour laisser apparaître la chair rouge ! L'onglet de veau, contrairement à celui de bœuf, n'a pas besoin de rassir longtemps. Inutile de demander au boucher de le faire rassir, vous passeriez pour un ignorant !*

LA QUANTITÉ À PRÉVOIR : *130 à 150 g par personne.*

Onglet de veau en cocotte

POUR 4 PERS. : 2 onglets • 1 pincée de curry • 1 cuill. à soupe de beurre • 1 cuill. à soupe d'huile • 3 cuill. à soupe de crème fraîche • 1 cuill. à café de sel • 4 ou 5 tours de moulin à poivre

PRÉPARATION

1. Faites dénerver les onglets de veau par votre boucher.

2. Laissez-les entiers et assaisonnez de sel, de poivre et de curry.

3. Dans une cocotte, faites grésiller le beurre et l'huile. Ajoutez les onglets pour 15 minutes en ayant soin de les retourner pour qu'ils dorent sur toutes les faces ; arrosez souvent.

4. Retirez-les de la cocotte et maintenez au chaud entre deux assiettes creuses, ou enveloppez dans du papier d'aluminium.

5. Versez dans la cocotte la crème fraîche, faites réduire 2 minutes en grattant le fond avec une cuillère en bois. Servez avec des carottes, des navets, des petits oignons, des pommes de terre de printemps...

Onglet de bœuf à la poêle

POUR 4 PERS. : 600 g d'onglet • épices (curcuma, paprika, poivre vert...) ou aromates de votre choix (fleur de thym, romarin, marjolaine, sarriette...) • 2 cuill. à soupe de beurre • légumes frais (épinards en branches, par exemple) • sel • poivre du moulin

PRÉPARATION

1. Demandez à votre boucher de retirer la membrane qui relie les deux petits muscles qui forment l'onglet.

2. Assaisonnez de sel, poivre, épices ou aromates. Coupez l'onglet cru en tranches de 1 cm d'épaisseur.

3. Faites-les cuire à la poêle 2 minutes dans le beurre très chaud. Posez-les sur des épinards ou d'autres légumes frais et arrosez avec le gras de cuisson.

SA MAJESTÉ LE RIS (DE VEAU, D'AGNEAU)

On appelle communément « ris » le thymus des veaux et des agneaux. Cette glande située sous la gorge a la particularité de disparaître chez l'animal adulte. Les ris font partie des abats rouges ; ils se présentent généralement en deux lobes : la noix arrondie, très recherchée, et la gorge, plus allongée. Leur goût est fin et délicat. Celui du ris d'agneau est peut-être plus prononcé que celui du ris de veau.

MES CONSEILS D'ACHAT : *les ris se choisissent très frais, bien fermes et d'un beau blanc nacré (plus ils sont blancs, meilleurs ils sont).*

LA QUANTITÉ À PRÉVOIR : *140 g environ par personne, soit 1 belle pomme de ris de veau, soit 4 ou 5 ris d'agneau.*

MES CONSEILS DE PRÉPARATION : *avant de cuisiner les ris, faites-les toujours dégorger 3 ou 4 heures dans de l'eau fraîche salée. Renouvelez l'opération si quelques taches de sang subsistent. Après, il faut les blanchir : recouvrez-les d'eau froide salée, portez à ébullition pendant 5 minutes, puis plongez-les immédiatement dans un saladier d'eau glacée.*

Ris de veau, blanc de poulet et champignons à la crème

POUR 4 PERS. : 1 noix de ris de veau • 1 blanc de poulet • 250 g de champignons de Paris (ou sylvestres) • 1 l de bouillon de volaille • 2 cuill. à soupe de beurre • 50 cl de béchamel • crème liquide • 1 jaune d'œuf

PRÉPARATION

1. Mettez le blanc de poulet à pocher dans le bouillon de volaille pour 15 minutes. Retirez et réservez.

2. Ajoutez la noix de ris pour 7 minutes, retirez-la et passez-la sous l'eau glacée.

3. Faites sauter les champignons au beurre et réservez. Dans la même poêle, faites revenir rapidement le blanc de poulet et le ris de veau coupés en cubes pour les colorer. Égouttez. Ajoutez les champignons, le ris, le poulet et la béchamel.

4. Introduisez la préparation crème-jaune d'œuf et laissez bouillotter 7 ou 8 minutes.

5. Versez la préparation dans la béchamel et laissez chauffer pour épaissir la sauce. Servez avec des coquillettes, du riz ou de la purée de pommes de terre.

Ris d'agneau (ou de veau) : ma recette de base

POUR 4 PERS. : 600 g de ris • 3 cuill. à soupe de farine • 2 œufs • 150 g de chapelure • 4 cuill. à soupe de beurre • 1 citron • 100 g de câpres • sel • poivre du moulin

PRÉPARATION

1. Faites blanchir les ris comme indiqué ci-dessus. Escalopez-les, puis procéder comme pour les escalopes viennoises. Pour cela, prenez 3 assiettes, mettez la farine dans la première, les œufs préalablement battus dans la deuxième et la chapelure dans la troisième. Passez chaque escalope sur les deux faces d'abord dans la farine, puis dans les œufs battus et enfin dans la chapelure. Salez, poivrez. Vous avez pané les escalopes de ris.

2. Dans une poêle, mettez le beurre à grésiller. Posez les ris et faites cuire 3 minutes à feu doux. Retournez-les et laissez cuire 3 ou 4 minutes. Servez sur une salade de cresson ou de roquette après avoir déglacé avec le citron et les câpres.

Variante : ajoutez à la chapelure des pistaches finement hachées.

LES PIEDS (DE VEAU) DANS LE PLAT !

Gelée de veau

LA CUISSON D'UN PIED DE VEAU NORMAL PROCURE 1,5 L DE GELÉE. AVEC 50 CL, ON FAIT SANS DIFFICULTÉ 6 RAMEQUINS D'ŒUFS EN GELÉE.

MES CONSEILS D'ACHAT : *vous trouverez le pied de veau chez le boucher ou le tripier, entier ou par moitié, épilé et blanchi.*

MES CONSEILS DE PRÉPARATION ET DE DÉGUSTATION : *le pied de veau se prépare au blanc (voir la méthode dans la recette de la tête de veau) et se mange comme elle, accommodé de la même façon. Il entre aussi dans l'élaboration des gelées naturelles ou dans la préparation du bœuf aux carottes pour apporter du sirupeux à la sauce. Après 2 heures environ, il se sert tiède, nappé d'une vinaigrette moutardée avec 1 cuillerée à café d'échalote ou d'oignon haché finement et de 1 cuillerée à soupe de fines herbes. Les sauces rémoulade ou gribiche qui accompagnent la tête de veau lui conviennent parfaitement.*

Gelée de volaille

POUR 1,5 L DE GELÉE : 1 pied de veau • 250 g d'abattis de volaille • 1 oignon • 1 clou de girofle • 25 cl de vin blanc sec • 15 g de gros sel • 1 cuill. à café de poivre concassé

PRÉPARATION

1. Demandez à votre boucher de fendre le pied de veau en deux et conservez l'os central.

2. Dans un faitout, déposez le pied de veau, l'os et les abattis. Recouvrez d'eau froide et portez à ébullition pour 15 minutes. Égouttez et rafraîchissez dans un récipient avec de l'eau froide.

3. Remettez le pied et les abattis dans le faitout, versez 2,5 l d'eau froide. Ajoutez l'oignon piqué du clou du girofle, le gros sel, le poivre et le vin blanc. Laissez cuire 2 heures à découvert et à petits bouillottements : il doit rester environ 1,5 l de gelée.

4. Au-dessus d'un saladier, filtrez à travers une passoire fine recouverte d'un torchon humide. Rectifiez l'assaisonnement. Laissez refroidir avant de mettre au réfrigérateur ou au congélateur en petites quantités à sortir au fur et à mesure des besoins.

5. Une fois la gelée prise, enlevez la graisse éventuelle formée en surface. Cette gelée sert à préparer, après l'avoir mise à fondre à petit feu, tous les plats dits « en gelée », qu'ils soient à base de volaille, de poisson, de viande, de légumes ou d'œufs.

Variante : remplacez les abattis de volaille par des abattis de canard ou de poule exclusivement. Pour confectionner une gelée de légumes, remplacez les abattis par des poireaux, du céleri, des carottes, des herbes fraîches, que vous ajouterez après la première ébullition. Lorsque la gelée est fondue et prête à être utilisée, incorporez des herbes fraîches et du vinaigre (2 cuillerées à soupe pour 50 cl de gelée).

L'INCONTOURNABLE TÊTE DE VEAU !

MES CONSEILS D'ACHAT : *la tête de veau est toujours vendue blanchie, désossée et roulée par le tripier. Il est impératif qu'il vous précise si la langue est à l'intérieur ou non. Vous pouvez aussi acheter la tête roulée et la langue séparément, puis les faire cuire ensemble. Cette solution permet d'éplucher la langue après cuisson. La tête doit être d'une blancheur nacrée, la chair épaisse, « viandeuse ». Elle se mange avec la peau. Comme tous les abats, la tête exige une fraîcheur absolue.*

LA QUANTITÉ À PRÉVOIR : *il arrive que le tripier roule des demi-têtes de veau qui conviennent parfaitement pour une entrée de 6 convives. Pour ne pas priver les personnes seules de leur plaisir gourmand, les tripiers acceptent de détailler en tranches la tête de veau. Quand on est amateur, je considère que cette solution est un pis-aller. La réduction des quantités n'élimine pas l'étape de la cuisson au blanc.*

MES CONSEILS DE CUISSON : *pas de problème particulier pour la langue, elle a le même temps de cuisson que la tête, environ 2 heures pour 2 kg de chair, alors que la cervelle se cuit séparément et beaucoup moins longtemps.*

Tête de veau entière, cuite « au blanc »

POUR 8 À 10 PERS. : 1 tête de veau blanchie • 1 langue de veau roulée ou séparée de la tête • 1 cervelle de veau • le jus de 1 citron • 40 g de farine • 1 bouquet garni • 1 oignon • 1 clou de girofle • 3 cuill. à soupe de vinaigre d'alcool • 50 g de gros sel • 1 cuill. à café de poivre en grains

PRÉPARATION

1. La veille, à l'aide d'un pinceau, badigeonnez la tête de jus de citron.

2. Faites-la cuire au blanc. Pour cela, déposez la tête dans un faitout, recouvrez de 3 l d'eau froide et portez à ébullition. Laissez frémir 15 minutes, égouttez et rafraîchissez sous l'eau. Remettez la tête dans le faitout. Dans une passoire fine, versez la farine. Recouvrez la tête avec 3 l d'eau froide versée à travers la passoire. Portez à ébullition. Ajoutez le bouquet garni, l'oignon piqué du clou de girofle, le gros sel, le poivre, le vinaigre. Laissez bouillotter 2 heures environ, puis laissez reposer au réfrigérateur dans la cuisson.

3. Le jour même, sortez la tête et coupez-en des tranches de 2 cm d'épaisseur. Placez-les dans une casserole et recouvrez de la cuisson froide. Portez à bouillottements pour 5 à 7 minutes.

4. La cervelle se cuit à ce moment-là (voir p. 93).

5. Servez avec des pommes de terre à la vapeur, une sauce gribiche (ci-contre) ou une vinaigrette aux herbes fraîches ou aux échalotes hachées.

La langue est désossée et roulée par le tripier.

Sauce gribiche à servir avec la tête de veau

POUR 1 BOL (6 PERS.) : 4 œufs • 50 cl d'huile d'arachide • 2 cuill. à café de moutarde • 1 cuill. à soupe de vinaigre • 100 g de cornichons et de câpres hachées • 4 cuill. à soupe de fines herbes hachées • sel • poivre du moulin

PRÉPARATION

1. Préparez 3 œufs durs, ôtez les coquilles sous l'eau fraîche. Séparez les jaunes des blancs et écrasez finement les jaunes dans un saladier. Ajoutez le jaune du dernier œuf cru et mélangez intimement.

2. Versez l'huile lentement pour monter la sauce. Complétez avec la moutarde, le vinaigre, du sel, du poivre, les cornichons, les câpres, les fines herbes hachées et, au dernier moment, le blanc des œufs cuits coupé en petits dés.

TEMPS DE CUISSON

Respectez-le : 1 heure par kg !
La tête de veau trop cuite devient gluante et colle au palais. Il est bon de vérifier avec une aiguille à brider. Après 24 heures au froid, les chairs et les parties gélatineuses sont raffermies, et la découpe s'en trouve grandement facilitée.

PAR ICI LES ROGNONS !

Les rognons de veau et de bœuf sont lobés ; ceux de l'agneau et du porc sont lisses. Les uns comme les autres sont les reins de l'animal, et « rognon » est le terme culinaire. Ils exigent une extrême fraîcheur à l'achat.

- **Le rognon de bœuf** *a un goût très prononcé, on le prépare en ragoût ou en sauce.*
- **Le rognon de veau** *est plutôt cher, très fin, très recherché. Il s'accommode de très nombreuses façons.*
- **Le rognon de porc** *est excellent dégraissé, poêlé et recouvert d'une persillade.*
- **Le rognon d'agneau** *a la forme d'un gros haricot. Plus délicat de goût que celui du mouton, il supporte le gril sans difficulté.*

Attention !

LES PERSONNES SUJETTES À LA GOUTTE CRAIGNENT LES ROGNONS. AVANT DE LE PRÉVOIR AU MENU DE VOTRE DÎNER, RENSEIGNEZ-VOUS AUPRÈS DE VOS INVITÉS.

MES CONSEILS D'ACHAT : *à l'exception du rognon de veau, que l'on peut faire rôtir entier dans sa gangue de graisse, demandez au tripier de retirer la membrane transparente qui entoure les rognons (sans quoi ils se rétractent à la cuisson), ainsi que les parties nerveuses et la graisse du centre.*

MES CONSEILS DE PRÉPARATION ET DE CUISSON : *quel que soit l'animal, les rognons ont parfois une odeur d'urine. Je vous conseille de les plonger quelques instants dans de l'eau bouillante vinaigrée, puis de les égoutter avant de les cuisiner. S'ils sont trop cuits, les rognons durcissent et deviennent caoutchouteux.*

LA QUANTITÉ À PRÉVOIR : *entre 130 et 150 g par personne, quel que soit l'animal.*

La recette simple

FAITES BLANCHIR LES ROGNONS 25 MINUTES DANS UN COURT-BOUILLON OU DANS 1 L D'EAU ADDITIONNÉE DE 1 CUILLERÉE À SOUPE DE GROS SEL, 1 BRINDILLE DE THYM, 2 CUILLERÉES À SOUPE DE VINAIGRE D'ALCOOL. ÉGOUTTEZ, ESCALOPEZ-LES FINEMENT ET POÊLEZ-LES RAPIDEMENT. SERVEZ AVEC UNE PERSILLADE. VOUS POUVEZ AUSSI LES INTÉGRER À UNE SAUCE TOMATE RELEVÉE DE 1 PINCÉE DE PIMENT DE CAYENNE.

Zoom sur les rognons blancs

Les « rognons blancs » désignent les testicules de taureaux, d'agneau ou de bélier. On les appelle aussi « animelles ». Quand les abattoirs étaient à la Villette, les tueurs se réservaient personnellement ces attributs qu'ils appelaient les « frivolités ». Louis XV les faisait servir à Madame de Pompadour afin de stimuler ses envies amoureuses. Les Espagnols en raffolent, ils les appellent *criadillas*. Ces gourmandises sont appréciées pour leur finesse, qui rappelle celle du ris de veau par leur consistance et parce qu'elles ont l'avantage d'être très bon marché.

Rognons de veau au four

Expliquez au tripier que les rognons sont destinés à cuire entiers dans leur graisse ; il vous les préparera en conséquence. Préchauffez le four à 220 °C (th. 7-8). Dans un plat, déposez les rognons et enfournez pour environ 20 minutes, en les retournant pour qu'ils conservent une jolie couleur rosée à l'intérieur. Puis escalopez les rognons, avec ou sans leur gangue. Déposez-les sur une assiette et arrosez d'un beurre d'estragon.

Rognons d'agneau (ou de porc) à la poêle ou au gril

POUR 4 PERS. : 8 rognons d'agneau (ou 4 rognons de porc) • 4 cuill. à soupe d'huile • 4 cuill. à soupe de beurre fondu • 4 cuill. à soupe de persillade au beurre • sel • poivre du moulin

PRÉPARATION

1. Faites préparer et couper en deux les rognons dans l'épaisseur par le tripier.

2. Blanchissez-les 1 minute dans de l'eau bouillante vinaigrée. Badigeonnez chaque face au pinceau d'un peu d'huile ou de beurre fondu. Salez et poivrez.

3. Posez sur une poêle bien chaude, ou dans un plat sous le gril bien chaud. Retournez après 3 minutes. Poursuivez la cuisson 3 minutes sur l'autre face. Laissez reposer 2 minutes au centre d'une assiette couverte, puis nappez de persillade au beurre. Servez avec des pommes de terre sautées ou en purée.

Variantes : après avoir badigeonné d'un peu d'huile et de beurre fondu, continuez avec de la moutarde et de la chapelure. Faites sauter à la poêle, supprimez le gras de cuisson et remplacez la persillade par du beurre d'escargots. Après cuisson à la poêle, les rognons d'agneau ou de veau égouttés peuvent rejoindre une sauce meurette.

Et avec les rognons de veau ?

Procédez à l'identique en les coupant en deux dans la longueur, puis en tranches de 5 mm d'épaisseur. Égouttez-les, déglacez la poêle avec du porto et faites réduire. Ajoutez 3 cuillerées à soupe de crème liquide, portez à ébullition, puis ajoutez les rognons.

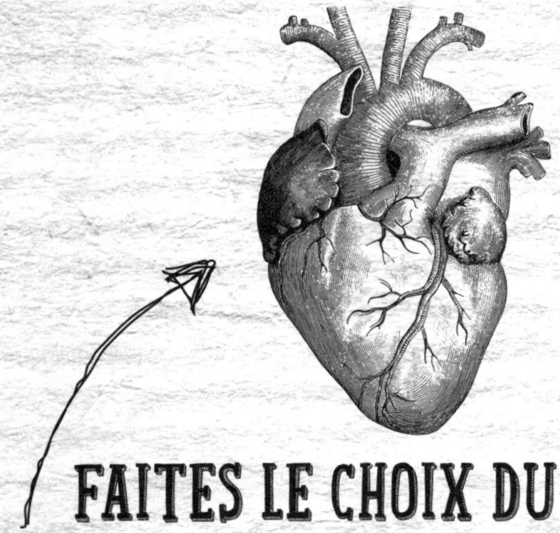

FAITES LE CHOIX DU CŒUR !

Chez l'homme, le cœur est non seulement un organe, mais aussi le lieu des plus grandes émotions. Rien de semblable chez l'animal, dont le cœur a une image gastronomiquement négative ! Les muscles cardiaques sont dépourvus de graisse, donc parfaitement diététiques.

• **Le cœur de bœuf** *pèse 1,5 kg ; il est ferme, d'un goût fort. Il est assez peu apprécié, sauf en Normandie où on le fait cuire à la ficelle au feu de bois. Le cœur de génisse est plus tendre.*

• **Le cœur de veau** *pèse 1 kg environ (le poids varie selon la taille de l'animal) ; il est délicieux, délicat et diététique. Son rejet des tables est incompréhensible !*

• **Le cœur d'agneau** *ne dépasse jamais 130 g. Il fait partie de la fressure avec le foie et les poumons. Il est incontestablement moins délicat que le cœur de veau.*

MES CONSEILS DE PRÉPARATION : *entier ou en tranches, le cœur doit être mis à dégorger dans de l'eau froide pendant 1 bonne heure afin d'éliminer d'éventuels caillots de sang.*

LES QUANTITÉS À PRÉVOIR : *de 150 à 180 g par personne.*

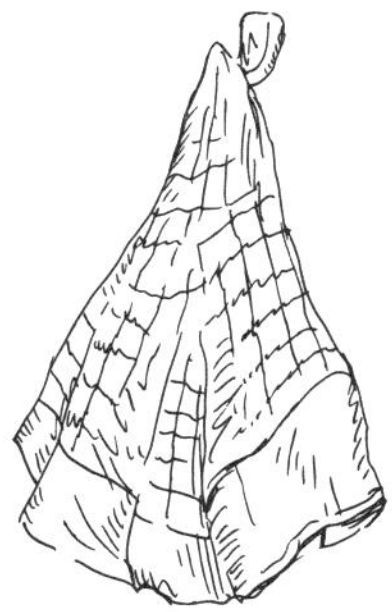

Cœur juste poêlé

Demandez au tripier de couper le cœur en tranches de 1 cm d'épaisseur. Faites dégorger le cœur dans de l'eau froide pendant 1 heure et essuyez-le avec un torchon propre. Dans une poêle, faites grésiller du beurre. Ajoutez le cœur et faites cuire à feu vif 3 ou 4 minutes sur chaque face.

Le cœur, comme les rognons, doit être très saisi pour éviter qu'il ne relâche son liquide de constitution.

Cœur de veau au four

POUR 4 PERS. : 1 cœur de veau d'environ 700 g • 1 fine crépine de porc • 1 cuill. à café de fleur de thym (ou de sarriette) • 2 cuill. à soupe de beurre • 1 cuill. à soupe d'huile • 2 gousses d'ail entières non pelées, écrasées • 2 échalotes • 20 cl de vin blanc • 2 cuill. à soupe de fines herbes (persil, ciboulette, estragon) • 1 cuill. à café de sel • 5 ou 6 tours de moulin à poivre

PRÉPARATION

1. La veille, assaisonnez le cœur avec le sel, le poivre, le thym (ou la sarriette). Enveloppez-le dans la crépine, puis dans un film alimentaire. Réservez pour la nuit au réfrigérateur.

2. Le jour même, sortez le cœur du réfrigérateur 30 minutes avant de le cuisiner.

3. Préchauffez le four à 220 °C (th. 7-8). Faites chauffer 1 cuillerée à soupe de beurre et l'huile dans une cocotte, déposez le cœur et l'ail, et faites dorer 3 minutes. Couvrez, enfournez pour 15 minutes et retournez. Ajoutez les échalotes hachées et la moitié du vin blanc. Poursuivez la cuisson 15 minutes à couvert dans le four.

4. Égouttez sur une assiette, couvrez avec une feuille de papier d'aluminium et maintenez au chaud dans le four éteint.

5. Posez la cocotte sur le feu, versez le reste du vin blanc, grattez les sucs et faites réduire de moitié. Ajoutez le beurre restant, fouettez pour émulsionner et incorporez les fines herbes.

6. Découpez le cœur en tranches fines et nappez avec le jus. Servez avec une purée de pommes de terre, des champignons sautés, des carottes glacées.

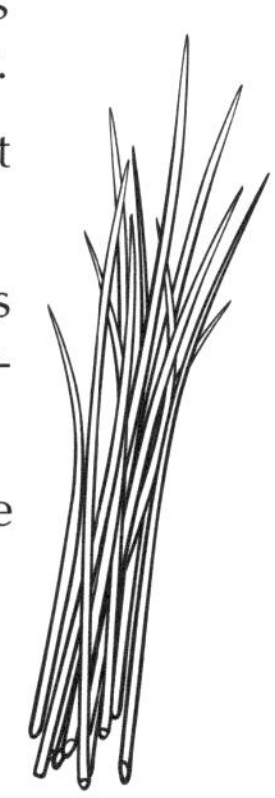

VOUS AVEZ DIT « JOUE DE BŒUF » ?

La joue de bœuf est un morceau légèrement gélatineux. Sa place est dans le pot-au-feu, braisée avec des carottes ou des navets, ou marinée dans du vin rouge tannique dans le bourguignon. Elle se cuisine aussi en blanquette ou elle y participe avec les morceaux habituels. Vous pouvez aussi la faire cuire comme une tête de veau, dans un « blanc », et la servir avec les mêmes sauces. Elle pèse entre 600 et 800 g. Comptez 25 % de perte de poids à la cuisson.

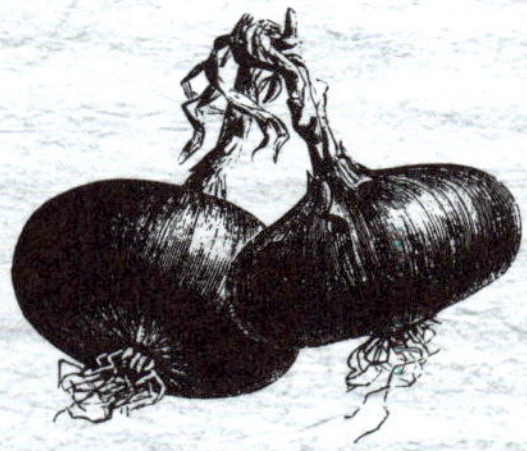

Joues de bœuf aux carottes

POUR 6 PERS. : 3 joues de bœuf • 1 pied de veau coupé en deux dans le sens de la longueur (ou une crosse de veau) • 2 kg de carottes émincées en rondelles fines • 3 beaux oignons émincés en rondelles fines • 10 échalotes • 2 gousses d'ail écrasées • 1 l de bouillon (celui du commerce convient très bien) • 2 cuill. à soupe de beurre • 2 cuill. à soupe d'huile • 2 cuill. à soupe de sucre en poudre • 1 bouquet garni • 2 cuill. à soupe de persil haché • 2 cuill. à café de sel • 10 tours de moulin à poivre

PRÉPARATION

1. Demandez à votre boucher de parer les joues. Salez et poivrez sur les deux faces.

2. Dans une poêle, faites chauffer le beurre et l'huile, et faites-y revenir les joues. L'extérieur des viandes doit être bien croûté.

3. Préchauffez le four à 180 °C (th. 6). Mélangez les carottes et les oignons, le reste de sel, le poivre et le sucre. Dans le fond d'une cocotte en fonte ou d'un plat à baeckeoffe, posez une couche de carottes et d'oignons, ajoutez la viande, le pied de veau (ou la crosse), le bouquet garni, les échalotes et l'ail. Couvrez avec le reste des carottes et des oignons.

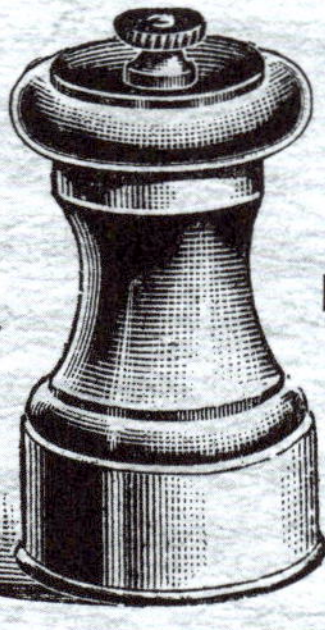

4. Ajoutez 50 cl de bouillon (conservez l'autre moitié dans le cas où il serait nécessaire d'en rajouter à mi-cuisson au moment où vous retournerez les joues). Couvrez et enfournez pour 2 h 30. À mi-cuisson, faites passer les carottes du dessous au-dessus et retournez la viande.

5. Servez les joues coupées en tranches un peu épaisses sur les carottes égouttées, saupoudrées de persil haché, le jus de cuisson réduit à l'état sirupeux. Le pot de moutarde sur la table n'est pas à négliger !

Joues de bœuf en bourguignon

POUR 8 PERS. : 3 joues de bœuf coupées en morceaux de 50 g chacun • 100 g de lard maigre demi-sel • 5 cuill. à soupe d'huile • 1 carotte • 1 oignon blanc • 1/2 branche de céleri • 1 belle échalote • 75 cl de vin rouge tannique • 2 cuill. à soupe de beurre + 60 g manié • 1 rasade de cognac • 50 cl de bouillon du commerce • 2 gousses d'ail • 1 cuill. à soupe rase de concentré de tomates • 1 bouquet garni • 20 petits oignons grelots • 2 cuill. à café de sel • 10 tours de moulin à poivre

PRÉPARATION

1. La veille, assaisonnez légèrement la viande de sel et de poivre, et déposez-la dans un saladier. Arrosez de 2 cuillerées à soupe d'huile et mélangez bien pour en imprégner les morceaux. Ajoutez la carotte, l'oignon, le céleri et l'échalote hachés grossièrement au mixeur. Recouvrez avec le vin et protégez avec du film alimentaire. Placez au réfrigérateur pour la nuit.

2. Le jour même, 1 heure avant de cuire le bourguignon, égouttez et séchez la viande. Coupez le lard en petits dés, mettez-les dans une cocotte et faites dorer 7 ou 8 minutes. Retirez-les avec une écumoire et réservez. Mettez le reste d'huile et le beurre dans la cocotte, ajoutez les morceaux de viande et laissez dorer pendant 10 minutes. Retirez-les, puis éliminez les graisses de cuisson.

3. Remettez les morceaux de viande, arrosez avec le cognac chaud et faites flamber. Après extinction, versez le vin de la marinade, laissez réduire de moitié, ajoutez le bouillon, les légumes de la marinade, les gousses d'ail, le concentré de tomates et le bouquet garni. Portez à ébullition et ramenez à bouillottements légers. Laissez cuire 1 h 30 à couvert.

4. Pendant ce temps, préparez les oignons grelots comme des navets glacés. À la fin de la cuisson du bourguignon, après avoir vérifié la cuisson de la viande avec une aiguille à brider, retirez les morceaux de viande. Passez la sauce à travers un chinois. Pressez pour récupérer les sucs et les parfums de la garniture aromatique. Remettez la sauce dans la cocotte. Si vous préparez ce plat 3 ou 4 jours à l'avance, placez-le, à ce stade, dans le réfrigérateur après refroidissement.

5. Ajoutez le beurre manié et mélangez. Ajoutez les oignons grelots, la poitrine fumée et donnez une bonne ébullition. Servez dans le plat de cuisson avec des pommes de terre à l'anglaise, de la purée de céleri-rave, des pâtes…

RÉHABILITONS LA TRIPE !

Qu'elles soient à la mode de Caen, de Coutances, de Vannes, de Saint-Malo, d'Angoulême ou d'ailleurs, les tripes ont donné lieu à de nombreuses spécialités régionales françaises. De bœuf ou de mouton, elles se servent très chaudes !

Tripes à la mode de Caen

POUR 8 PERS. : 1,5 kg de tripes de bœuf blanchies • 1/2 pied de bœuf cuit • 500 g de carottes • 1 poireau • 1 gros oignon piqué de 3 clous de girofle • 3 gousses d'ail coupées en lamelles • 1 bouquet garni (thym, laurier et queues de persil) • 50 cl de cidre brut • 1 petit verre de calvados • farine • sel • poivre du moulin

PRÉPARATION

1. Nettoyez et coupez les carottes et le poireau en rondelles. Placez tous les légumes et les aromates au fond du récipient, recouvrez avec le demi-pied de bœuf et les tripes, mouillez avec le cidre et le calvados. Salez et poivrez. Préparez une pâte avec de la farine et de l'eau, et lutez la cocotte.

2. Faites cuire 15 heures à four doux (100 °C, th. 3-4). Servez très chaud avec des pommes de terre et des carottes vapeur persillées.

Où sont passés LES BAS morceaux ?

QU'APPELLE-T-ON « bas morceaux » ?

On sait à peu près ce que sont les morceaux dits « nobles » : filet, faux-filet, rumsteck, entrecôte… Mais qu'en est-il des bas morceaux qu'on appelle aussi, dans le landerneau de la viande, la « basse » ou le « quartier avant ». Ils ont pour noms : plat de côtes, collier, poitrine, gîte, flanchet… Ils servent à la préparation des pot-au-feu, bourguignon, daube et autres délicieux plats bouillis ou mijotés.

• **Morceaux à blanquette de veau :** selon les goûts, on peut trouver du jarret, de l'épaule, du tendron, du flanchet. Je recommande de les mélanger.

• **Basse-côtes :** ce sont les 5 premières vertèbres dorsales du bœuf. Si l'animal a été bien élevé, on peut les utiliser en grillades, mais sa destination est avant tout pour le pot-au-feu, le bourguignon, le braisé.

• **Bavette :** dite « à pot-au-feu ». Il s'agit de la peau du ventre. Elle est quelquefois ficelée en rouleau, destinée à bouillir, à braiser.

• **Collier ou collet (de veau) et collier de bœuf :** ces deux morceaux sont utilisés pour le bourguignon, le pot-au-feu ou la blanquette.

• **Culotte :** la pointe du rumsteck chez le bœuf, souvent débitée en biftecks, destinée à être bouillie ou braisée.

• **Dessus de côtes :** situé sur une partie des côtes, vendu sans os, pour le pot-au-feu, la daube, le bourguignon où à braiser.

• **Flanchet :** partie inférieure des muscles abdominaux des animaux de boucherie. Le flanchet de bœuf est un morceau à pot-au-feu, celui du veau pour la blanquette. La bavette de flanchet fournit les biftecks.

• **Gîte à la noix :** région postérieure et externe de la cuisse des bovins. Exquis dans le pot-au-feu ou braisé, on en fait maintenant des rôtis ou des biftecks.

• **Gîte-gîte :** excellent en morceaux pour le pot-au-feu, la daube ou le bourguignon.

« Les professionnels de la filière manifestent un tel mépris pour le steak haché qu'ils l'appellent "le minerai". »

• **Griffe :** surnom donné à une membrane musculaire qui rattache le collier du bœuf à l'épaule. C'est la peau du cou. Dégraissée avant d'être vendue, elle participe au pot-au-feu.

• **Haut de côtelettes :** partie des côtes du mouton ou du veau entre les côtelettes proprement dites et la poitrine. Délicieux pour les navarins.

• **Jambe de bois ou savouret :** terme de cuisine employé pour un pot-au-feu dans lequel on ajoute une jambe de derrière de bœuf non désossée qui, après la cuisson, se présente en partie décharnée.

• **Joue de bœuf [3] :** officiellement, elle fait partie des abats. Moelleuse, légèrement gélatineuse, elle offre une saveur très particulière et se cuisine en pot-au-feu, en braisé et en daube.

• **Jumeau :** il y en a deux, comme des jumeaux, l'un est tendre et s'honore du bifteck, l'autre fait partie des morceaux à pot-au-feu.

• **Jumeau à pot-au-feu :** morceau gélatineux, excellent dans les préparations du type daube, bourguignon.

• **Macreuse :** se divise entre macreuse à pot-au-feu et macreuse à bifteck. La plus grosse partie de l'épaule, le petit rond, le deltoïde, le sous-scapulaire, le grand rond forment la macreuse à pot-au-feu pour les bouillis ou les braisés.

• **Paleron [1] :** il représente le cartilage de la palette. On peut le trouver sous les noms de « premier talon », « macreuse » ou « épaule » ; il est destiné à bouillir ou à braiser.

• **Plate côte ou plat de côtes [2] :** c'est l'ensemble des 13 côtes sur l'un des côtés de la cage thoracique. Les 5 premières sont dites « découvertes », les 8 autres sont nommées « couvertes ». Les plates côtes « découvertes » sont destinées à être bouillies. Désossées et coupées en morceaux, elles se préparent en daube ou en bourguignon. C'est un morceau de roi du bœuf à la ficelle.

• **Milieu de poitrine ou tendron :** partie formée de couches musculaires et du cartilage des côtes qui viennent s'attacher au sternum. Désossée et ficelée, destinée au pot-au-feu.

• **Queue [4]:** appendice caudal des bovins, des ovins et des porcins. Il est à nouveau à la mode. La queue de bœuf est employée pour faire le fameux potage anglais *oxtail*, indispensable dans le pot-au-feu, le ragoût, le hochepot.

• **Veine :** grasse et maigre, elle désigne le collier de bœuf qui réunit les deux veines. La veine grasse est indispensable dans un bouillon, un ragoût.

1

2
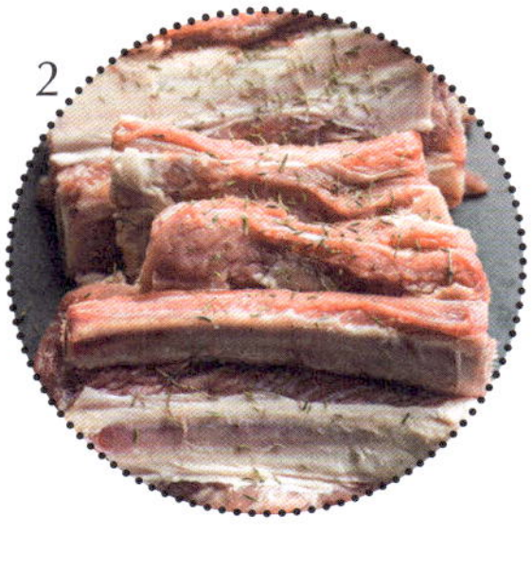

3
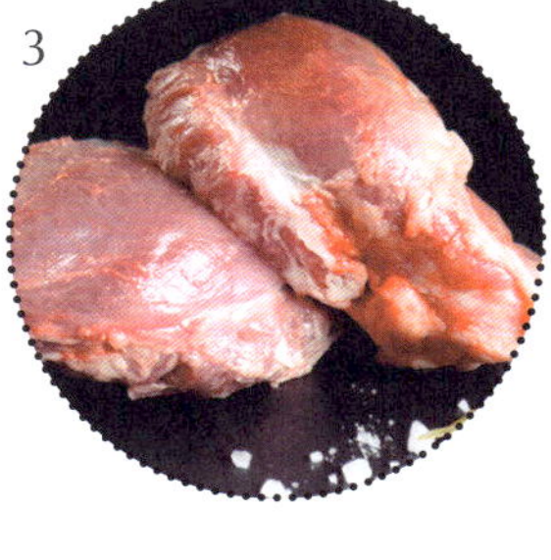

4
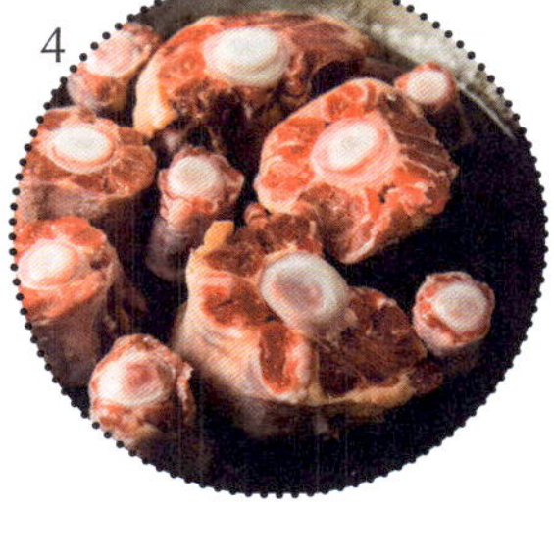

QUAND ON LES RÉDUIT en « bouillis »…

À la fortune du pot !

SEUL LE POT-AU-FEU AINSI QUE LA POULE AU POT FONT PARTIE INTÉGRANTE DE L'HISTOIRE DE FRANCE. HENRI IV NE SOUHAITAIT-IL PAS LA POULE AU POT POUR TOUS ? MIRABEAU, LUI FAISANT ÉCHO PLUS TARD, PROCLAMAIT : LE POT-AU-FEU, « BASE DES EMPIRES ».

LE « TROU-AU-FEU »

Le pot-au-feu existait avant même que l'ustensile « pot » fût inventé. Que faisaient donc nos ancêtres de l'âge de pierre lorsque, après avoir creusé un trou à même la terre, ils le garnissaient de racines, de baies, de plantes et d'eau ? Ils plongeaient dans le trou une pierre brûlante pour cuire ces ingrédients. Un pot-au-feu sans pot ! Appelaient-ils cette préparation culinaire un « trou-au-feu » ? Nous ne le saurons jamais. On peut penser qu'après avoir mangé crue la viande des animaux chassés, ils eurent d'abord l'idée de la faire griller, puis bouillir en mettant un morceau de viande dans le « trou-au-feu », dans le but d'améliorer leur potage rustique.

L'INVENTION DU POT

Dès que les premiers hommes surent modeler la terre et le fer apparut le pot. Jusqu'à l'invention de la casserole, liée à la trouvaille du potager (ancêtre du fourneau), c'était l'ustensile de base du cuisinier.

Ainsi, pendant des siècles, des millénaires, faire la cuisine, se nourrir consistait à mettre le pot sur le feu avec l'eau et divers ingrédients. On disait « mettre le pot au feu ».

DES PLATS À PARTAGER

La taille du récipient et la quantité d'ingrédients engendraient naturellement la convivialité. Vous imaginez, vous, l'homme de Cro-Magnon préparant pour lui seul un pot-au-feu à base de mammouth ? Moi, pas. La solitude, l'égoïsme n'étaient pas de mise. Pot-au-feu rime avec généreux. Il en est de même pour tous les membres de la famille pot-au-feu. Qu'il s'agisse de gigot de sept heures, de potée, d'irish stew, les plats bouillis évoquent les grandes tables joyeuses, la réunion fraternelle et amicale, l'abondance, la générosité, la gaieté.

De plus, les bas morceaux du bœuf, du porc, de l'agneau ne figurent pas au hit-parade des prix. L'éclatement des familles, la déferlante du célibat font monter le prix du bifteck et baisser encore celui des bouillis.

Savez-vous que vous en mangez régulièrement ?

Les bas morceaux sont devenus le casse-tête d'une partie de la filière bovine. En effet, comment valoriser une carcasse entière alors que le consommateur ne veut plus entendre parler ni de pot-au-feu ni de bourguignon. Tristement, la réponse est : le steak haché. Je rappelle qu'il fut inventé en 1958 pour alimenter en viande les troupes françaises sur le front algérien. Il ne s'appelait pas encore à l'époque « steak haché », mais « roty-steak », conditionné en bloc de 5 kg, à découper et à congeler, selon la nécessité. Tous ces bas morceaux que le consommateur snobe, on finit par les manger, mais en steak haché. Aujourd'hui, un quart de la viande de bœuf consommée en France l'est sous forme hachée.

MES RECETTES DE BOUILLIS

Le patron des bouillis : le pot-au-feu

Le pot-au-feu se compose d'un consommé, de viande de bœuf, de légumes et d'os à moelle.

Le consommé est de l'eau parfumée par la viande et les légumes ; les viandes sont de bœuf, que de bœuf et rien que de bœuf ; les légumes sont des carottes, navets, poireaux, éventuellement des pommes de terre qui ne devront jamais cuire dans le consommé sous peine de le troubler.

Il arrive que des hérétiques rajoutent qui une poularde, qui un saucisson de Lyon ou un jésus de Morteau. Non. Rien de méprisant ou de condescendant à l'égard de la poularde ou des saucisses à cuire, simplement leur place n'est pas dans le pot-au-feu.

Quelques iconoclastes s'autorisent un chou ou une tête de céleri. Abomination ! Les parfums entêtants de ces deux légumes domineront la subtilité des saveurs de la viande et des légumes classiques.

Seule une branche de céleri est tolérée, accompagnant la feuille de laurier, la branche de thym et le persil (c'est le bouquet garni), 1 ou 2 oignons cloutés de girofle, du sel, du poivre. Point.

La fantaisie pourra s'exprimer dans le choix varié des morceaux de bœuf et éventuellement dans l'accompagnement de condiments : cornichons, petits oignons, cerises au vinaigre, pickles, achards, piccalilli, chutney.

Ce pot-au-feu, bien mené, fera l'essentiel d'un repas, entrée et plat de résistance. Consommé, viandes et légumes. Mieux, le lendemain, avec les restes, il vous régalera encore de souvenirs et de hachis Parmentier.

Le pot-au-feu est un plat de ménage pauvre ou bourgeois, il doit le rester.

Du mammouth agrémenté de racines jusqu'à sa recette traditionnelle, ce plat a évolué au cours des siècles grâce à l'amour des ménagères accomplissant des miracles pour amener de la viande bouillie au sommet de la tradition gastronomique française.

Mon pot-au-feu

POUR 8 PERS. : 1 joue de bœuf parée • 1 queue de bœuf coupée en tronçons et dégorgée à l'eau fraîche • 1 kg de gîte-gîte, macreuse ou jumeau • 1 kg de plat de côtes couvertes ou découvertes • 800 g de veine grasse • 16 carottes moyennes et calibrées • 8 navets moyens • 16 petites pommes de terre (Belle de Fontenay ou Roseval) • 10 poireaux dont on utilisera seulement la partie blanche et vert pâle • 4 kg d'os à moelle

POUR LE BOUILLON D'ACCUEIL : 4 kg d'os, crosse, nourrice • 1 kg de viande de bœuf dans le jarret • 2 oignons piqués chacun de 3 clous de girofle • 1 bouquet garni (queues et bouquet de persil, 1 petite branche de céleri, 300 g de vert de poireaux, 2 brindilles de thym et 3 feuilles de laurier) • 3 pincées de quatre-épices • 1 poignée de gros sel de Guérande • poivre du moulin

PRÉPARATION

1. Préparez le bouillon d'accueil. Déposez les os et la viande du bouillon dans une marmite. Ajoutez 5 l d'eau froide et portez à ébullition à feu moyen.

2. Pendant ce temps, épluchez les oignons et piquez-les avec les clous de girofle. Lavez le bouquet et les queues de persil, la branche de céleri.

3. Lorsque l'eau bout, écumez soigneusement la surface. Après 45 minutes d'ébullition, ajoutez 50 cl d'eau froide pour faire remonter les graisses à la surface. À la reprise de l'ébullition, écumez.

4. Lorsque plus aucune écume ne remonte, ajoutez les oignons, le bouquet garni, le quatre-épices, le gros sel et du poivre du moulin. Laissez bouillotter 2 heures.

5. Sortez les viandes du pot-au-feu du réfrigérateur 1 heure avant de les plonger dans le bouillon d'accueil. Portez à ébullition à feu moyen. Après 45 minutes de bouillottements, écumez. Ajoutez 50 cl d'eau froide et écumez encore. Lorsqu'aucune écume ne remonte plus à la surface, réglez le feu pour maintenir un petit bouillottement continu. Laissez la marmite à découvert.

6. Après 2 heures de cuisson, sortez la viande à l'aide d'une écumoire. Séparez la viande du bouillon d'accueil des viandes du pot-au-feu. Laissez refroidir et enveloppez-les dans du papier d'aluminium. Mettez au réfrigérateur.

7. Passez le bouillon et mettez-le au frais. Après quelques heures de froid, il se formera à la surface du bouillon une galette de graisse bien compacte qu'on enlèvera facilement avec l'écumoire. Le bouillon ainsi obtenu est totalement maigre.

8. Environ 1 heure avant le service, mettez dans le bouillon la viande destinée au pot-au-feu, portez à ébullition à feu moyen et ajoutez les carottes et les navets épluchés et coupés en morceaux. La viande du bouillon d'accueil est destinée à un hachis Parmentier.

9. Après 30 minutes de cuisson des carottes et des navets, mettez les pommes de terre à cuire à la vapeur et ajoutez au bouillon les poireaux ficelés en deux bottillons.

10. Préparez les os à moelle. Après les avoir fait dégorger dans de l'eau froide pendant 1 heure, rangez-les dans un récipient creux, recouvrez-les de bouillon dégraissé et laissez-les cuire 20 minutes sans ébullition.

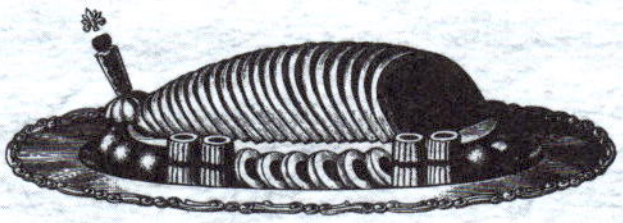

Bœuf à la ficelle

POUR 6 PERS. : 1 rôti de 1 kg (ou 6 pièces de 150 g chacune) • 1 ou 2 tranches de moelle (facultatif) • 12 petites carottes • 8 navets ronds ou longs • 8 blancs de beaux poireaux • 2 l de consommé de pot-au-feu (ou de volaille) • 1 cuill. à café de moutarde forte (facultatif) • persil haché • condiments • gros sel de Guérande • poivre du moulin

PRÉPARATION

1. Pensez à sortir la viande quelques heures avant la cuisson. Salez-la très légèrement si le bouillon manque de sel. Épluchez et lavez les légumes. Tronçonnez chaque variété en morceaux d'égale importance.

2. Faites réchauffer le consommé. Vous pouvez rajouter la moutarde au bouillon pour le corser. À ébullition, mettez les carottes et les navets, les poireaux 10 minutes plus tard. Ils sont cuits lorsque la lame du couteau les pénètre facilement. Égouttez les légumes et tenez-les au chaud.

3. Plongez la viande dans le consommé bouillonnant très fort. Si le boucher a oublié de laisser la bonne longueur de ficelle, on peut utiliser un panier à salade métallique. Pour une viande très saignante, comptez 15 à 20 minutes de cuisson pour une pièce de 1 kg, 7 ou 8 minutes pour les pièces individuelles.

4. Posez la viande immédiatement (contrairement à la viande rôtie, la viande bouillie n'a pas besoin de reposer avant le service) dans des assiettes creuses bien chaudes, entourée des légumes, avec un bon tour de moulin à poivre sur la viande et du persil haché grossièrement sur les légumes.

5. Servez avec une petite louche de bouillon dans le fond de l'assiette ou en tasse à côté de l'assiette de viande et de légumes, avec divers condiments.

6. Si vous avez obtenu de votre boucher quelques morceaux de moelle, pochez-les. Ajoutez une pincée de gros sel de Guérande.

Accompagnez d'une sauce gribiche (voir p. 101) ou d'une sauce tartare, en saucière.

Sauce tartare

POUR 6 PERS. : 3 œufs • 2 cuill. à soupe de vinaigre • 4 cuill. à soupe de ciboulette hachée et écrasée • 4 cuill. à soupe de mayonnaise • 30 cl d'huile d'olive • sel • poivre du moulin

PRÉPARATION

1. Faites cuire les œufs durs en prenant la précaution de les sortir du réfrigérateur à l'avance afin d'éviter que leur coquille ne se fêle quand on les plonge dans l'eau bouillante. Si le temps manque et qu'il faille utiliser les œufs à la sortie du réfrigérateur, il est impératif de démarrer la cuisson à l'eau froide. Un œuf est dur au bout de 10 minutes (à 7 minutes, le jaune est encore moelleux).

2. Écalez les œufs. Séparez les blancs des jaunes. Dans un saladier, pilez les jaunes pour obtenir une pâte lisse et onctueuse. Salez, poivrez et versez le vinaigre.

3. Mélangez la ciboulette à la mayonnaise. Incorporez la préparation précédente à la mayonnaise et montez cette sauce avec l'huile d'olive.

Gigot à l'anglaise

Comme son nom l'indique, le gigot « à l'anglaise » est une recette… anglaise. On procède pratiquement de la même façon que pour le bœuf à la ficelle, mais avec un gigot de mouton. L'agneau manque de maturité pour cette recette.

POUR 8 PERS. : 1 gigot de mouton de 2 kg • 1 cuill. à soupe de gingembre en poudre • 1 cuill. à soupe de laurier écrasé • 2 cuill. à soupe de thym émietté • 1 bouquet de menthe fraîche • 3 l de bouillon de volaille (ou de bœuf) • sel • poivre du moulin

PRÉPARATION

1. Mélangez le gingembre, le laurier, le thym, du sel et du poivre. Frottez énergiquement le gigot sur toutes les faces avec cette préparation. Répartissez les branches du bouquet de menthe sur le gigot.

2. Emballez le gigot dans 1 ou 2 torchons ficelés pour que le paquet soit bien hermétique. Laissez reposer à température ambiante pendant 2 ou 3 heures, de sorte que la viande s'imprègne des parfums des épices et des aromates.

3. Mettez le gigot dans une cocotte ou un faitout en le gardant emballé dans son torchon. Couvrez-le de consommé bouillonnant. Maintenez à ébullition pendant 1 heure (30 minutes de cuisson par kilo de viande).

4. Sortez le paquet et démaillotez la viande. Coupez le gigot en tranches. Il doit être saignant. Servez sur un plat bien chaud avec des légumes simplement bouillis.

Sur la table, disposez de la sauce anglaise (comme il se doit), des pickles, du chutney, du piccalilli et, bien évidemment, une sauce à la menthe.

Sauce à la menthe

Cette sauce se prépare 3 heures avant le service.

POUR 8 PERS. : 100 g de menthe fraîche • 50 g de sucre en poudre • 20 cl de vinaigre • sel • poivre du moulin

PRÉPARATION

1. Dans un bol, mélangez le sucre et les feuilles de menthe hachées menu. Ajoutez 8 cuill. à soupe d'eau, le vinaigre, du sel et du poivre.

2. Mélangez soigneusement et laissez reposer en prenant soin de remuer la sauce à plusieurs reprises avant de la servir.

Ma potée

Comme le pot-au-feu, la potée nous vient du fond des âges. Soupe-repas, elle se plaisait dans les pots de terre ou les chaudrons, au coin de la cheminée de la ferme. Campagnarde, rustique, elle est généreuse, conviviale, roborative.

Toutes les régions de France ont leur potée. Les formules peuvent varier, mais toutes ont en commun le porc du saloir et le chou. À partir de ces deux classiques, elle peut changer de nom, faire la coquette avec d'autres légumes, carottes, navets ou raves, faire une place à une volaille, une pièce de bœuf, un morceau de mouton, mais le porc, sous toutes ses formes, reste son indéfectible compagnon.

Comme le pot-au-feu (de bœuf), la potée n'est pas un plat de tête-à-tête. Il lui faut du monde pour assurer la parade. Elle donne sa pleine mesure quand 8 ou 10 personnes sont réunies autour de la table. La viande peut être abondante, qu'importe si elle ne l'est pas. Un morceau de lard de poitrine maigre ou de palette froid, le matin, assure un casse-croûte des plus festifs.

Selon la plus ancienne des traditions, la potée se fait avec des viandes demi-sel – palette ou pointe, travers et lard maigre – et avec du chou vert, des carottes et des pommes de terre. Il est toléré un ou deux saucissons frais, à cuire. Les viandes fumées n'ont pas accès à la potée si on tient aux usages paysans.

La potée des vendangeurs, ou potée champenoise, est composée de cinq viandes et de cinq légumes ; dans la creusoise, on met du jarret ; la franc-comtoise ne saurait se passer de jésus de Morteau ; la bretonne s'inspire de la corrida et veut la queue et les oreilles ; l'auvergnate, peut-être la plus connue, est la plus riche puisqu'on y adjoint une tête de porc, des saucisses sèches et des saucissons ; en Lorraine, pour les potées de printemps, ma grand-mère rajoutait quelques petits pois du jardin.

POUR 8 À 10 PERS. : 1 palette de porc fumée • 500 g de lard de poitrine demi-sel • 500 g de lard de poitrine fumé • 1 saucisson de Morteau • 1 cervelas de Lyon • 1 beau chou vert bien pommé de 1,5 kg • 800 g de carottes • 500 g de navets • 1 cuill. à café de bicarbonate de soude • 80 g de graisse d'oie (ou de saindoux) • 2 oignons piqués chacun de 2 ou 3 clous de girofle • 15 grains de poivre • 2 branches de thym • 2 feuilles de laurier • 50 cl de bouillon de volaille

PRÉPARATION

1. Épluchez le chou en éliminant les feuilles extérieures les plus vertes. Lavez les feuilles à plusieurs eaux. Blanchissez à l'eau bouillante en ayant pris soin d'ajouter le bicarbonate pour éviter les effets flatulents du chou. Rincez à l'eau froide et égouttez.

2. Préchauffez le four à 180 °C (th. 6). Dans une terrine en terre, mettez à fondre la graisse d'oie (ou le saindoux). Posez une couche de chou sur la matière grasse, répartissez la palette et les 2 morceaux de poitrine, les carottes et les navets épluchés et coupés en morceaux, les oignons, le poivre, le thym et le laurier. Recouvrez du reste de chou.

3. Mouillez avec la moitié du bouillon de volaille. Fermez la terrine avec son couvercle et mettez au four pour 1 heure.

4. Ajoutez les saucisses sur le chou. Vérifiez que le fond de la terrine n'attache pas, sinon arrosez avec le reste du bouillon. Laissez cuire au four à même température pendant une bonne heure encore, davantage si nécessaire.

5. Servez dans la terrine après avoir coupé les viandes et les saucisses.

Irish stew

L'irish stew est, à l'Irlande, ce que le pot-au-feu est à la France : un plat national modeste, fabriqué avec les ingrédients du pays, le mouton et la pomme de terre. Quand il s'agit de se nourrir, l'imagination fait souvent des miracles, surtout chez les gens modestes.

C'est un des plats « démonstration » pour confirmer que la simplicité peut procurer des plaisirs intenses.

POUR 8 PERS. : 1 kg de collier de mouton • 1 kg de poitrine de mouton • 1 kg de pommes de terre (Rosa ou Viola) • 500 g d'oignons • 4 gousses d'ail • 4 échalotes • 1 bouquet garni (thym, laurier et queues de persil) • 1,2 l de bouillon • sel • poivre du moulin

PRÉPARATION

1. Faites couper par votre boucher le collier et la poitrine en morceaux de 50 g environ. Salez et poivrez les morceaux sur chaque face.

2. Épluchez les pommes de terre et les oignons. Émincez-les au robot. Mélangez pommes de terre, oignons et viande ainsi que les gousses d'ail et les échalotes épluchées et entières.

3. Préchauffez le four à 180 °C (th. 6). Mettez le tout dans une cocotte en fonte ou dans une terrine en terre. Ajoutez le bouquet garni et mouillez avec le bouillon. Enfournez pour 2 heures. Environ 15 minutes avant la fin de la cuisson, retirez le bouquet garni.

4. Servez brûlant dans le plat de cuisson.

Traditionnellement, nos amis irlandais servent ce plat avec du chou mariné aux épices.

Jambonneau aux lentilles

Le jambonneau aux lentilles peut parfaitement faire partie de la famille des bouillis. On choisira des jambonneaux arrière « plus viandeux » que ceux du devant bien que, quelquefois, de bonnes surprises de prix et de qualité soient à attendre de ceux-ci.

POUR 6 À 8 PERS. : 2 jambonneaux demi-sel d'environ 1 kg chacun • 500 g de lentilles vertes du Puy • 50 g de saindoux • 100 g de beurre demi-sel ou doux • 15 petits oignons grelots • 2 belles carottes • 2 gousses d'ail • 2 l de bouillon de volaille (ou de bœuf) • 1 bouquet garni (thym, laurier et queues de persil) • persil ciselé • sel • poivre du moulin

PRÉPARATION

1. Faites dessaler les jambons 4 ou 5 heures dans l'eau claire.

2. Faites chauffer dans une cocotte le saindoux et la moitié du beurre. Mettez-y les oignons grelots épluchés et les carottes coupées en rondelles épaisses. Laissez mijoter environ 10 minutes à feu doux.

3. Ajoutez les lentilles, l'ail épluché et grossièrement écrasé. Remuez bien pour les laisser s'imprégner des arômes. Ajoutez les jambonneaux et le bouillon. Portez à ébullition doucement. Écumez si besoin.

4. Ajoutez le bouquet garni, du sel et du poivre. Faites cuire à feu doux 2 petites heures, cocotte couverte aux trois quarts.

5. Enlevez le bouquet garni, ajoutez le reste du beurre aux lentilles. Déposez les jambonneaux coupés en 3 ou 4 morceaux sur un plat de service bien chaud et parsemez les lentilles de persil grossièrement coupé aux ciseaux.

Le hochepot

Voilà un nom qui fait irrémédiablement penser au Moyen Âge, aux Flandres, aux truculentes scènes de mœurs paysannes de Bruegel l'Ancien. Ce plat est déjà décrit dans Le Viandier de Taillevent (1392), puis tout au long de la littérature gastronomique. Il évoque des nourritures solides, roboratives, servies généreusement.

L'origine de son nom est controversée. Sa signification viendrait de « hocher », secouer le pot que l'on installait dans les cheminées et dans lequel cuisait l'essentiel de la nourriture. Les Flamands, lorsqu'ils mettent les viandes à revenir, utilisent encore aujourd'hui le mot « hocher » quand ils agitent le récipient.

Bien qu'originaire du Nord, le hochepot est un peu l'auberge espagnole de la cuisine. On y met ce dont on dispose, « à la fortune du pot ». Sa définition est difficile à établir. C'est indiscutablement un membre de la famille des bouillis, que l'on considère à tort comme un ragoût, mais sans être une potée. Avant tout, c'est un plat de viande. On peut tout y mettre, de la queue de bœuf tronçonnée, de la saucisse, une tête de porc, une poule, un jambonneau, du plat de côtes de bœuf et de l'épaule de mouton. Un lapin, des cuisses de canard ou une langue de bœuf ne sont jamais ridicules dans un hochepot.

POUR 12 PERS. : 12 morceaux de queue de bœuf tronçonnée par votre boucher, d'environ 100 g chacun • 300 g de poitrine fumée • 1 épaule de mouton méticuleusement parée • 1 large couenne pour tapisser le fond de la marmite • 3 oreilles de porc fraîches ou dessalées • 1 beau saucisson à cuire • 6 gros oignons piqués de 3 clous de girofle • 5 gousses d'ail • 100 g de farine • 3 l de bouillon de bœuf ou de volaille (ou d'eau) • 1 beau bouquet garni • 6 baies de genièvre • 18 à 20 grains de poivre • 20 cl de madère (ou de xérès) • 6 poireaux bien blancs • 6 carottes • 12 petits navets (ou 6 gros) • 1 petit céleri-rave • 1 kg de gros haricots verts • 12 pommes de terre • 1 petit chou vert • saindoux

PRÉPARATION

1. La veille, faites dégorger la queue de bœuf à l'eau fraîche.

2. Le jour même, coupez le lard en gros dés et faites-le revenir dans une cocotte. Ajoutez la queue de bœuf et faites-la revenir. Elle doit être bien dorée. Retirez le lard et les tronçons de queue.

3. Faites revenir l'épaule bien croustillante. Retirez. Ajoutez les oignons émincés cloutés, l'ail écrasé. Saupoudrez de farine. Laissez dorer légèrement en remuant régulièrement. Ajoutez le bouillon (ou l'eau) et portez à ébullition.

4. Dans une vaste marmite, si possible en terre, posez la couenne au fond, gras contre le récipient, et répartissez les viandes et les oreilles de porc, le bouquet garni, le genièvre et le poivre en grains. Couvrez avec le bouillon et laissez cuire pendant 3 à 4 heures à petit feu et à couvert.

5. Préchauffez le four à 140 °C (th. 4-5). Versez le madère (ou le xérès) et mettez au four à couvert pour 3 h 30. Ajoutez le saucisson pour 30 minutes de cuisson.

6. Faites cuire les légumes séparément, à la vapeur ou à l'anglaise. Les pommes de terre seront cuites à la vapeur, le chou blanchi et braisé dans du saindoux avec un peu du bouillon de cuisson des viandes.

7. Servez sur un grand plat toutes les viandes tranchées et les oreilles coupées en lanières. Les légumes, sur un autre grand plat, seront disposés par tas.

Dans le Nord, on accompagne la présentation d'un grand bol de sauce blanche préparée à partir du jus de cuisson des viandes. Cette sauce est réellement facultative.

Ça mijote DANS LA COCOTTE !

Les plats mijotés ou braisés consistent à faire cuire lentement et longtemps les bas morceaux dans un bouillon, de la bière, du vin et avec des aromates, pour qu'ils deviennent tendres et moelleux.

PASSÉS DE MODE ?

Ragoût, daube, bourguignon, blanquette, carbonnade : tous ces plats roboratifs sont passés de mode, victimes de notre façon de vivre. Le pot-au-feu, le bourguignon ont été détrônés par le steak-frites ou les hamburgers. Sinistre constatation.

TROP GRAS ?

On imagine ces plats lourds et gras alors que ni l'un ni l'autre de ces adjectifs ne leur convient. Le gras de la viande se dissout dans le liquide de cuisson qu'il suffit de dégraisser pour le rendre digeste.

TROP LONGS ?

On croit ces plats longs à préparer alors qu'ils ne sont que longs à cuire.

RÉHABILITONS-LES !

Les plats, avec ces bas morceaux, n'exigent aucune compétence particulière, aucun tour de main. Leur réalisation est toujours un gage de réussite. Pourquoi s'en priver ? Chaque foyer possède bien un faitout ou une cocotte.

Paradoxe

Les connotations « bon marché », « simples », « paysannes » de ces plats les éloignent de nos tables, lors des fêtes, alors que leur évocation, quelle que soit la condition sociale des personnes devant lesquelles on y fait allusion, éveille immanquablement l'envie et le plaisir.

MES RECETTES DE MIJOTÉS OU BRAISÉS

Blanquette de veau

POUR 6 PERS. : 1,2 kg de veau, en mélange de morceaux : épaule, jarret, tendron (demandez quelques os de veau à votre boucher) • 50 g de beurre • 1 grosse carotte • 2 oignons • 30 g de farine • 1 l de bouillon de bœuf • 3 tomates pelées et épépinées • 1 bouquet garni (1 branche de thym, 1 feuille de laurier et 1 bouquet de persil) • 1 gousse d'ail • 5 clous de girofle • 1 cuill. à soupe de gros sel • quelques grains de poivre concassés

POUR LA GARNITURE : 200 g de champignons de Paris • 100 g d'oignons grelots • 40 g de beurre • le jus de 1/2 citron • 1 cuill. à café de sucre en poudre • sel • poivre du moulin

POUR LA SAUCE : 10 cl de crème liquide • 2 jaunes d'œufs • jus de citron selon le goût • 15 cl de crème fraîche double • sel • poivre du moulin

PRÉPARATION

1. Découpez la viande en morceaux de 50 à 80 g chacun. Dans une cocotte, faites-les revenir dans le beurre. Ils doivent être bien dorés, croûtés. Retirez les morceaux de veau, ajoutez les oignons émincés pour les faire revenir, puis réservez. Retirez la graisse de la cocotte.

2. Remettez les morceaux de veau dans la cocotte, saupoudrez de farine en mélangeant bien, laissez légèrement dorer, puis versez le bouillon, louche par louche, en remuant et en grattant les sucs de cuisson dans le fond. Couvrez la viande avec le reste de bouillon.

3. Ajoutez les os de veau, les tomates coupées en quatre, la carotte débitée en rondelles, le bouquet de garni, la gousse d'ail épluchée et écrasée, les clous de girofle, le gros sel et les grains de poivre. Remettez les oignons. Portez à ébullition, couvrez, puis laissez mijoter 1 h 30 à petits bouillottements.

4. Préparez la garniture. Lavez et coupez les champignons plus gros en quartiers, laissez les plus petits entiers. Dans une casserole, portez 1 l d'eau à ébullition avec la moitié du beurre, du sel, du poivre et le jus de citron. Plongez-y les champignons pour quelques minutes, puis égouttez.

5. Faites fondre le reste de beurre au fond d'une casserole, ajoutez les oignons grelots, le sucre et du sel, puis mouillez à mi-hauteur et couvrez d'un papier sulfurisé. Percez un trou au centre pour faire une cheminée. Laissez cuire à réduction.

6. Après 10 minutes, retirez le papier sulfurisé et poursuivez l'évaporation. Lorsque les oignons sont bien blancs et brillants, réservez-les.

7. Préparez la sauce. Passez au chinois la moitié du jus de cuisson de la blanquette, puis faites réduire de deux tiers. Ajoutez l'autre moitié du jus de cuisson et faites réduire de nouveau en ajoutant la crème liquide. Assaisonnez. Fouettez les jaunes d'œufs, mélangez-les à la crème fraîche, puis incorporez vivement une louche de sauce à la crème à ce mélange. Citronnez selon votre goût.

8. Hors du feu, ajoutez au contenu de la cocotte la sauce à la crème et les œufs liés, la garniture (champignons et oignons) et mélangez. Remettez doucement sur le feu.

Servez avec un riz pilaf ou des pommes vapeur.

Tendron de veau braisé aux légumes nouveaux

POUR 6 PERS. : 1 kg de tendron de veau dégraissé, coupé en 6 tranches ficelées ensemble par votre boucher • 1 botte de carottes nouvelles • 1 botte de navets nouveaux • 2 bottes d'oignons nouveaux • 2 poignées de fèves fraîches • 1 poignée de petits pois • 50 g de beurre • 3 cuill. à soupe d'huile de tournesol • 40 cl de fond de veau • 1 cuill. à soupe de sucre en poudre • sel • poivre du moulin

PRÉPARATION

1. Préchauffez le four à 220 °C (th. 7-8). Dans une cocotte, faites chauffer 25 g de beurre avec l'huile. Faites revenir le rôti de tendron. Une fois bien coloré et croustillant, mouillez avec le fond de veau et mettez au four pour 50 minutes.

2. Pendant ce temps, épluchez les carottes, navets et oignons. Plongez ces légumes avec les fèves et les petits pois dans une grande quantité d'eau bouillante salée pour 15 minutes. Plongez-les dans de l'eau glacée pendant quelques secondes pour les rafraîchir et fixer la couleur, puis égouttez.

3. Retirez la cocotte du four, dégraissez et rectifiez le jus.

4. Faites fondre le reste de beurre dans une sauteuse et faites-y revenir les légumes. Saupoudrez de sucre, ajoutez 3 petites louches de jus et laissez cuire jusqu'à ce qu'il soit complètement absorbé. Mélangez bien pour enrober les légumes. Salez et poivrez.

5. Retirez les ficelles du rôti de tendron et dressez les tranches sur un plat bien chaud, entourées des légumes. Servez le jus dans une saucière.

Bœuf braisé à la bourguignonne

POUR 4 PERS. : 1 kg de viande de bœuf à braiser (paleron, gîte, collier, poitrine, flanchet, macreuse, jumeau) • 100 g de lard maigre demi-sel • 1 carotte • 1 oignon • 1 branche de céleri • 1 belle échalote • 75 cl de vin rouge (tannique) • 3 cuill. à soupe d'huile d'olive • 24 oignons grelots • 1 cuill. à soupe de beurre + 50 g pour lier la sauce • 2 cuill. à soupe de farine + 40 g pour lier la sauce • 1 rasade de cognac • 50 cl de bouillon de bœuf • 2 gousses d'ail • 1 cuill. à soupe rase de concentré de tomates • 1 bouquet garni (thym, laurier et queues de persil) • sel • poivre du moulin

PRÉPARATION

1. La veille, découpez la viande en morceaux de 40 à 50 g chacun, puis déposez-la dans un saladier et assaisonnez-la légèrement de sel et de poivre. Hachez au mixeur la carotte, l'oignon, le céleri et l'échalote, puis ajoutez-les. Recouvrez avec le vin et 1 cuillerée à soupe d'huile d'olive. Laissez mariner à couvert une nuit au réfrigérateur.

2. Le jour même, sortez la viande 1 heure avant de la cuire. Égouttez-la. Découpez le lard en petits dés. Mettez-les dans une casserole d'eau froide, faites chauffer et comptez 1 minute d'ébullition. Égouttez.

3. Épluchez les petits oignons grelots. Faites chauffer dans une cocotte le reste d'huile d'olive et le beurre. Faites dorer les lardons et les petits oignons 7 ou 8 minutes. Retirez-les avec une écumoire. Réservez.

4. Remplacez les légumes par la viande. Laissez dorer environ 10 minutes jusqu'à évaporation complète du jus. Saupoudrez avec la farine et faites-la roussir. À feu vif, flambez avec le cognac, puis versez le vin de la marinade. Laissez réduire de moitié.

5. Ajoutez le bouillon et les légumes de la marinade, les gousses d'ail, le concentré de tomates, le bouquet garni. Faites cuire pendant 2 heures à petit frémissement, jusqu'à ce que la viande soit tendre.

6. Ajoutez les lardons et les petits oignons, et poursuivez la cuisson 30 minutes. Égouttez l'ensemble dans une passoire au-dessus d'un récipient. Reversez le bouillon dans la cocotte et faites un peu réduire.

7. Dans un bol, travaillez avec les doigts le beurre restant coupé en petits morceaux et la farine, puis versez dans la cocotte pour lier la sauce. Comptez 1 minute d'ébullition en remuant avec une cuillère en bois.

8. Après avoir retiré le bouquet garni, remettez le contenu de la passoire dans la sauce ainsi liée. Mélangez et servez tel quel, avec des pommes de terre à l'anglaise, une purée de céleri-rave, des carottes glacées.

On peut tenir le plat au chaud un moment, voire le réchauffer s'il est fait à l'avance ; il n'en sera que meilleur !

Daube de bœuf

POUR 6 PERS. : 1,5 kg de bœuf à braiser (paleron, gîte, collier, poitrine, flanchet, macreuse, jumeau) • 1 pied de veau • 200 g de poitrine fumée • 400 g de petits champignons de Paris • 2 oignons • 2 clous de girofle • 1 belle carotte • 1 bouteille de vin rouge ou blanc • 2 branches de thym • 1 feuille de laurier • 2 gousses d'ail • 1 pincée de gros sel • 1 cuill. à café de poivre concassé (mignonnette) • 50 g de beurre • 5 cl d'huile d'olive • 1 cuill. à soupe de farine • 1 bouquet garni • 1 branche de céleri • 1 morceau de zeste d'orange • sel • poivre du moulin

PRÉPARATION

1. La veille, épluchez les oignons, coupez-les en quatre et piquez-les de clous de girofle. Épluchez la carotte, puis coupez-la en rondelles grossières.

2. Dans une grande terrine, mettez à mariner les morceaux de viande coupés en morceaux de 60 à 80 g chacun dans le vin avec les oignons, la carotte, le thym, le laurier, les gousses d'ail écrasées, le gros sel et le poivre concassé. Recouvrez d'un film alimentaire et laissez mariner 24 heures dans le réfrigérateur en remuant deux ou trois fois.

3. Le jour même, préchauffez le four à 200 °C (th. 6-7). Sortez les morceaux de viande de la marinade et épongez-les sur du papier absorbant. Dans une grande cocotte en fonte, faites chauffer le beurre et l'huile d'olive, puis faites-y revenir la viande. Les morceaux doivent être bien dorés et bien croustillants.

4. Retirez-les, éliminez la graisse et remettez les morceaux dans la cocotte. Saupoudrez de farine. Faites cuire 5 minutes en remuant jusqu'à ce que la farine prenne couleur. Ajoutez le bouquet garni avec la branche de céleri, le zeste d'orange, le pied de veau coupé en trois et la marinade filtrée. Portez à ébullition. Couvrez et laissez cuire dans le four pendant au moins 3 heures.

5. Coupez la poitrine fumée en lardons. Éliminez le bout terreux des champignons. S'ils sont sales lavez-les rapidement sous un filet d'eau et séchez-les dans un torchon.

6. Faites sauter les lardons dans une poêle. Réservez. Dans la même poêle et dans la graisse libérée par les lardons, faites sauter les champignons coupés en deux ou en quatre selon leur taille. Environ 15 minutes avant de servir, ajoutez lardons et champignons dans la cocotte.

7. Sortez la cocotte du four, faites réduire la sauce si nécessaire, rectifiez l'assaisonnement en sel et poivre. Retirez le pied de veau.

8. Servez dans la cocotte avec des pommes vapeur ou des tagliatelles.

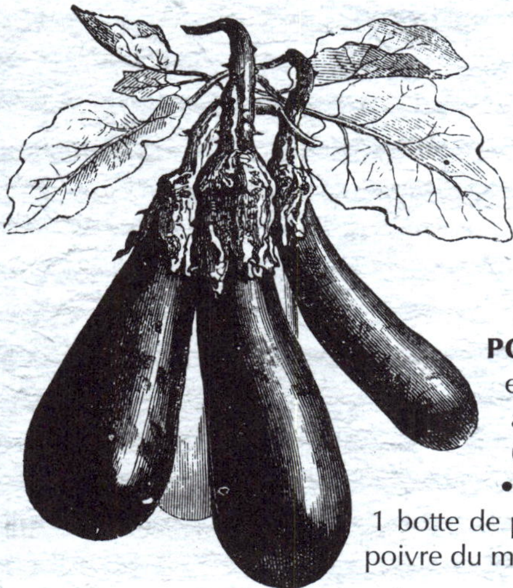

Agneau confit aux aubergines et olives noires

POUR 8 PERS. : 1,5 kg de collier d'agneau coupé en morceaux de 70 à 80 g chacun • 8 petites aubergines (ou 4 grosses) • 200 g d'olives noires • 6 oignons blancs • 4 cuill. à soupe d'huile d'olive • 8 gousses d'ail • 1/2 bouteille de vin blanc • 1 botte de persil • 1 bouquet garni (thym et laurier) • sel • poivre du moulin

PRÉPARATION

1. Préchauffez le four à 160 °C (th. 5-6). Dans une cocotte, faites revenir les aubergines lavées et coupées en gros dés dans 2 cuillerées à soupe d'huile d'olive.

2. Retirez les aubergines et faites subir le même traitement aux oignons émincés. Réservez. Rajoutez le reste d'huile et faites chauffer, puis revenir les morceaux de collier.

3. Remettez les aubergines et les oignons dans la cocotte, ajoutez les olives, l'ail épluché grossièrement écrasé avec le plat d'un gros couteau, le vin blanc, le persil et le bouquet garni, du sel et du poivre. Mélangez.

4. Fermez la cocotte et enfournez pour au moins 2 heures. Vérifiez la cuisson et ajoutez 1 verre de vin blanc (ou d'eau) si le fond du plat venait à attacher.

5. Servez dans la cocotte.

Ce plat se réchauffe sans difficulté.

Faites SA FÊTE *au chapon*

NUL BESOIN de *chaperon* pour le déguster !

PEUT-ON VOUS DONNER DU PLAISIR ALORS QU'ON VOUS A COUPÉ LES COUILLES ?

Oui, à condition d'être un chapon ! Choisi, châtré, rôti, être chapon est un destin. Et ce n'est pas donné à n'importe qui. On a beau raconter que les chaponneuses ont des doigts de masseuses, que l'opération se fait délicatement, prestement, sans douleur, mais être chapon ne veut pas dire être con. Et quand le moment arrive où, installé entre les cuisses de la fermière, on voit le bistouri, on est probablement marri de savoir qu'on ne pourra plus être, à vie, ni mari ni amant. Certes, on peut se consoler, gambader en plein air, manger, dormir, boire et grossir.

Tous les chapons présents sur les marchés ne sont pas traités avec la même sollicitude. Jusqu'au 26 juin 1990, date à laquelle fut signé le règlement de la Communauté européenne n° 1906/90 établissant des normes de commercialisation, toutes les dérives étaient permises. Que dit le règlement ? Les chapons sont définis comme « des poulets mâles castrés chirurgicalement avant d'avoir atteint la maturité sexuelle et abattus à un âge minimal de 140 jours ; après chaponnage, les chapons doivent avoir eu une période d'engraissement d'au moins 77 jours. »

LE PRINCIPE DU CHAPONNAGE

D'abord poulet

Insouciant, il occupe son temps à repérer les poulettes qui devraient faire son ordinaire. À 3 mois, on le choisit : il sera chapon…

La fin de mes haricots !

Comme il s'agit d'un honneur, le poulet est calme entre les cuisses de la fermière. Elle a l'habitude. Quelques plumes en moins sur l'abdomen – pas grave, elles repousseront –, un petit coup de bistouri rapide – ça cicatrice vite et bien quand on est jeune –, deux doigts qui s'introduisent subrepticement sous la peau jusqu'au niveau des ailes – mais qu'est-ce qu'elle me veut à la fin ? –, un pincement sec… J'aurais dû me méfier : elle m'a enlevé mes haricots. Tant pis, je serai chapon.

Une vie de chapon

Sans plus de regret, le chapon se console : il gambade en plein air, il boit, il dort, il mange, il grossit. Sa crête flétrit et disparaît. En général, vers la Toussaint, alors qu'il a passé l'été dehors à se nourrir de grains, d'air pur, de petits vermisseaux, on place le chapon dans une cage en bois, dans le noir. Cette cage est appelée « épinette ». Deux fois par jour, sans qu'il ait besoin de se déplacer, on lui donne de bonnes bouillies de maïs et de blé.

Six semaines vont s'écouler dans le confort, la béatitude et la paresse. Six semaines à ne rien faire, sinon du gras. Pas n'importe quel gras : une belle graisse, fine, blanche, harmonieusement répartie sous une peau mince et transparente. Six semaines à rêver. C'est la vie contemplative du chapon de luxe, du chapon de Bresse, le seul à bénéficier d'une AOP (appellation d'origine protégée).

CHAPON LABEL ROUGE : ATTENTION AUX ARNAQUES !

Il existe une centaine de labels rouges de poulets fermiers et presque autant de chapons fermiers. Or, tous ces labels rouges qui revendiquent haut et fort un terroir d'origine ont tous quasiment le même cahier des charges, à commencer par la souche du poulet qui n'est qu'une variante à croissance lente des poulets industriels. Cela donne à penser à ce que peut bien vouloir dire l'expression « terroir »…

- **Simulacre de castration**

On a vu, chez certains industriels, des simulations de l'opération de castration. On se contentait d'ouvrir et de recoudre. À partir de là, il n'est plus possible de vérifier la présence ou non des testicules, surtout si les « chapons » sont emballés, éviscérés et sans tête. N'oublions pas que, quelle que soit la souche du poulet, si le chaponnage est réussi, la crête disparaît en 3 semaines ; dans le cas contraire, elle continue de pousser. D'où l'absolue nécessité, si l'on veut être sûr d'une volaille chaponnée, de vérifier qu'elle a bien la tête sur les épaules. Traité normalement, c'est-à-dire chaponné, la durée d'élevage d'un chapon Label Rouge est de 140 jours alors qu'en Bresse, le minimum est de 240 jours. Ces deux chiffres permettent aux consommateurs de se rendre compte de la qualité de ce qu'ils auront dans leur assiette.

- **Castration chimique**

On a aussi tenté la castration chimique qui, finalement, a été interdite. Cette castration industrielle avait, entre autre l'inconvénient de ne pas réussir à tous les coups, ce qui représentait une perte pour l'éleveur. Elle doit se pratiquer encore de façon extrêmement discrète.

GARE À LA CRÊTE DE COQ COUPÉE !

Une autre arnaque consiste à couper les crêtes des coqs : je vous conseille donc de faire attention. Regardez votre volaille : s'il y a une sorte de boursouflure à la place de la crête, c'est peut-être un coq vierge.

8 000 ans ET DES POUSSIÈRES...

À L'ORIGINE

Les volailles sont domestiquées depuis des milliers d'années. Des fouilles archéologiques ont ainsi révélé qu'il y avait des poulets domestiques en Chine il y a 8 000 ans. Au VIIe siècle avant J.-C., le coq et la poule venant de Perse arrivent en Grèce. Ensuite, la pintade (l'oiseau de Numidie), le faisan, le coq, le paon, le pigeon, le canard, l'oie deviennent des animaux de basse-cour courants. L'oie est déjà engraissée pour son foie.

DANS LA ROME ANTIQUE...

Au Ier siècle, l'agronome Columelle affirme qu'on engraissait des poules avec des bouillies de farine additionnées de miel et de vin pendant 20 jours.

On peut trouver des traces de chapons sous le règne de Charles VI (1380-1422), mais était-ce vraiment des volailles chaponnées et engraissées ? Les textes ne le précisent pas.

SELON JOSEPH FAVRE...

À la fin du XIXe siècle, Joseph Favre, cuisinier suisse et théoricien de la cuisine, dans son *Dictionnaire universel de cuisine pratique*, donne une définition du mot « chapon » : « C'est aux Romains que nous devons l'art de chaponner, et voici comment : les habitants de l'île de Cos avaient appris aux Romains à engraisser les volailles dans des lieux sombres et clos, et lorsque la renommée des volailles grasses eut envahi Rome, la profusion était si grande que tout le monde voulut en posséder, ce qui obligea le consul Caïus Fanius à rendre un décret, par mesure d'hygiène, à élever les poules dans les rues et non plus dans l'intérieur des maisons. Les poules en plein air ne s'engraissaient pas ; pour satisfaire aux gourmets, un vétérinaire romain imagina la castration des poulets qu'il réussit à merveille. Les Gaulois avaient appris de bonne heure à engraisser les volailles ; ils choisirent le coq comme symbole de la vigilance et cet oiseau portait à Rome le même nom qu'eux, *Gallus*. Les fermiers du Mans, du Maine, de la Bresse, du Périgord et de la Normandie sont depuis longtemps en situation de fournir les chapons les plus estimés d'Europe ».

MONNAIE D'ÉCHANGE

Joseph Favre précise qu'au XVIIe siècle « les chapons servaient aux fermiers à payer leur redevance ; un bail de 1694 confirme que le fermier, au terme de son bail, doit fournir à son propriétaire deux chapons "paillés", traduisez d'une teinte jaune paille, c'est-à-dire bien gras ».

MES SECRETS DE CUISSON DU CHAPON !

Compte tenu de son prix élevé, le chapon ne supporte pas la médiocrité, pas plus à l'achat qu'à la cuisson. Au moment des fêtes, par ailleurs très occupé, vous pourriez être tenté de ne pas respecter le minimum de précaution que requiert sa préparation, raison pour laquelle je vous suggère la recette du chapon farci et rôti permettant de tout maîtriser à l'avance. J'indique également à la suite du chapon farci rôti deux autres modes de cuisson possibles : le chapon poché et rôti, et le chapon poché.

Le chapon farci et rôti

Préparez la farce, la volaille et le jus 48 heures à l'avance.

L'OPÉRATION SE DÉROULE EN 3 TEMPS :

- **ÉTAPE 1 :** La préparation de la farce (voir p. 167).
- **ÉTAPE 2 :** La fabrication du jus.
- **ÉTAPE 3 :** La cuisson de la volaille.

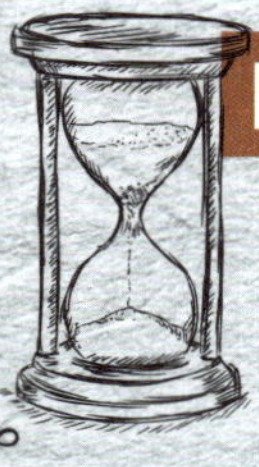

BON À SAVOIR

Pour 6 à 8 personnes, prévoyez 1 chapon de 2,5 à 3 kg (n'oubliez pas de récupérer les abattis !)

POUR LA FABRICATION DU JUS

Les abattis de la volaille (cou, gésier, pattes, ailerons) découpés en morceaux par votre volailler • 1 carotte • 1 oignon • 1 cuill. à soupe de beurre • 1 cuill. à soupe d'huile de tournesol • 1 cuill. à soupe de sucre en poudre • 1 cuill. à soupe de concentré de tomates délayé dans 1 l d'eau • 1 bouquet garni (thym, laurier et tiges de persil) • sel • poivre du moulin

PRÉPARATION

1. Épluchez la carotte et l'oignon, puis coupez-les en dés.

2. Dans une cocotte, faites chauffer le beurre et l'huile, ajoutez les abattis et laissez dorer en remuant avec une cuillère en bois. Complétez avec les légumes et le sucre. Faites suer à couvert 5 minutes.

3. Ajoutez l'eau tomatée et le bouquet garni, puis portez à ébullition pour 30 minutes à découvert.

4. Versez-y 1/2 verre d'eau froide et prolongez la cuisson en écumant, jusqu'à obtenir environ 50 cl de jus.

5. Filtrez à travers un chinois ou une passoire fine et assaisonnez à votre goût.

POUR LA CUISSON RÔTIE DE LA VOLAILLE

1 chapon de 2,5 à 3 kg • 100 g de beurre • 1 cuill. à soupe d'huile de tournesol • 1 branche de céleri + 1 botte de cresson pour servir • 1 cuill. à soupe de sel • 10 tours de moulin à poivre

PRÉPARATION

1. Deux jours avant, salez et poivrez l'intérieur et l'extérieur de la volaille, emballez-la dans un torchon ou un film alimentaire et réservez-la toute une nuit au réfrigérateur.

2. Le lendemain, sortez-la à température ambiante 2 heures avant de la cuire. Préchauffez le four à 180 °C (th. 6). Faites fondre le beurre dans l'huile. Posez la volaille sur la lèchefrite, badigeonnez-la avec le beurre fondu à l'aide d'un pinceau de cuisine et installez-la sur le côté. Enfournez. Au bout de 15 minutes, retournez-la et arrosez-la. Continuez à ce rythme pendant 1 h 30. Après 30 minutes, versez 10 cl d'eau. Après 1 h 30, placez la volaille sur le dos, versez encore 10 cl d'eau et arrosez-la. Augmentez la température du four à 200 °C (th. 6-7) et poursuivez la cuisson encore 30 minutes.

3. Sortez la volaille sur une large planche à découper et procédez comme pour un poulet, même si le chapon est beaucoup plus gros. Enveloppez les blancs et la carcasse dans une feuille de papier d'aluminium et réservez. Remettez les cuisses dans le four à 180 °C (th. 6) et faites-les cuire 15 minutes sur chaque face en arrosant. Réservez.

4. Déglacez la lèchefrite avec 1/2 verre d'eau chaude, grattez bien les sucs et portez à ébullition. Filtrez et ajoutez au jus déjà préparé. Laissez refroidir le chapon à température ambiante.

5. Séparez les pilons des hauts de cuisse, coupez-les en 2 ou 3 morceaux et posez-les au fond d'un plat creux allant au four.

6. Escalopez légèrement en biais chaque suprême (les blancs) en 6 portions et découpez la farce en tranches de 5 mm d'épaisseur. Disposez-les dans le plat creux, en intercalant un morceau de suprême et une tranche de farce. Arrosez avec 30 cl du jus préparé. Décorez de morceaux de 5 cm de céleri en branche ayant encore quelques feuilles, couvrez d'un film alimentaire et réservez au réfrigérateur.

7. Le jour même, sortez le plat 2 heures à l'avance et maintenez-le à température ambiante. Remplacez le film alimentaire qui recouvre le plat par une feuille de papier d'aluminium. Posez le plat sur la lèchefrite remplie de quelques verres d'eau et enfournez. Une heure avant de passer à table, allumez le four à 140 °C (th. 4-5). Après 40 minutes, réduisez la température du four à 100 °C (th. 3-4).

8. Servez avec le reste du jus brûlant, présenté en saucière, avec un bouquet de cresson. Servez les tranches de farce avec une salade verte.

Coup de chaud !

Malgré votre plus grande attention, la volaille a pris un coup de chaud dans le four, elle paraît sèche ? Avant de la découper, badigeonnez-la avec 3 cuillerées à soupe de beurre fondu et enveloppez-la dans un film d'aluminium. La chaleur de la volaille aidant, le film va faire office d'étuve et rendra la chair plus moelleuse.

Le chapon poché et rôti

POUR 6 À 8 PERS. : 1 chapon de 2,5 à 3 kg • 3 l de bouillon de volaille • 100 g de beurre • 1 cuill. à soupe d'huile de tournesol

PRÉPARATION

1. Déposez la volaille dans un faitout et recouvrez de bouillon de volaille froid. Portez à ébullition et maintenez à petits bouillottements pendant 1 h 15. Égouttez.

2. Préchauffez le four à 200 °C (th. 6-7). Faites fondre le beurre dans l'huile. Posez la volaille sur la lèchefrite et badigeonnez-la avec le beurre fondu à l'aide d'un pinceau de cuisine, puis installez-la sur le côté. Enfournez pour 1 heure, en prenant soin de la retourner et d'arroser toutes les 15 minutes.

3. Découpez la volaille et présentez-la dans un plat de service. Éliminez le gras de la lèchefrite, décollez les sucs avec 1/2 verre d'eau et portez à ébullition. Laissez réduire, puis filtrez. Ajoutez le jus obtenu au jus chauc préparé préalablement et servez dans une saucière.

ET POUR LE CHAPON JUSTE POCHÉ ?

COMPTEZ 2 HEURES DE CUISSON ET TRAITEZ LE CHAPON COMME LA POULE AU POT (RECETTE P. 136). RIEN NE S'OPPOSE À CE QU'IL SOIT SERVI AVEC LES MÊMES LÉGUMES.

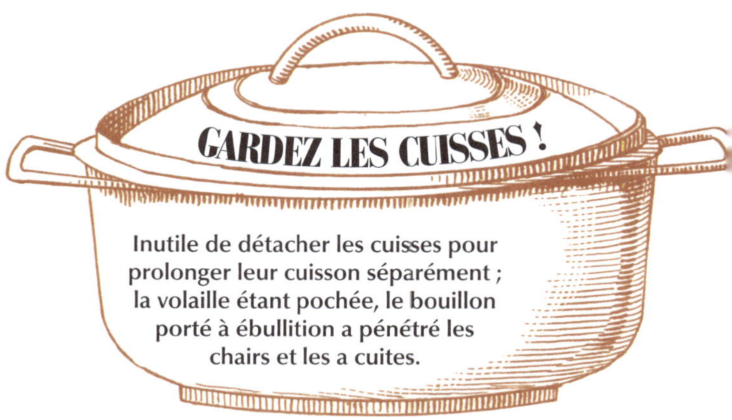

GARDEZ LES CUISSES !

Inutile de détacher les cuisses pour prolonger leur cuisson séparément ; la volaille étant pochée, le bouillon porté à ébullition a pénétré les chairs et les a cuites.

CHAPON
MA RECETTE PRÉFÉRÉE

Chapon à la meldusienne

Cette recette est typique de la région de Meaux.

POUR 6 À 8 PERS : 1 chapon de 3 à 3,5 kg et ses abattis (cou, ailerons, gésier, cœur, foie et pattes) • 1 l de bouillon de volaille (ou d'eau) • 3 oignons • 3 clous de girofle • 1 bouquet garni (thym, laurier et tiges de persil) • 1 kg de carottes de sable • 200 g de beurre • 1 louche de bouillon de légumes • 1 cuill. à soupe d'huile de tournesol • 1 bouteille de cidre brut • 50 cl de crème fraîche • 4 cuill. à soupe de moutarde de Meaux • persil • sel • poivre du moulin

PRÉPARATION

1. Demandez à votre volailler de couper la volaille en 8 ou 10 morceaux et de bien vouloir concasser la carcasse.

2. Dans le bouillon de volaille (ou l'eau), mettez 1 oignon épluché, coupé en quartiers et piqué de clous de girofle, le bouquet garni, les abattis et la carcasse. Laissez bouillotter à feu moyen.

3. Épluchez et lavez les carottes, coupez-les en gros bâtonnets et mettez-les dans une casserole avec 80 g de beurre et le bouillon de légumes. Couvrez et laissez étuver en remuant les carottes régulièrement (si elles semblent attacher, rajoutez quelques cuillerées de bouillon).

4. Dans une sauteuse, faites revenir dans l'huile et 1/2 cuillerée à soupe de beurre les 2 oignons restants hachés jusqu'à transparence. Ajoutez les morceaux de chapon jusqu'à très légère coloration. Versez le cidre et laissez cuire 10 minutes.

5. Passez le bouillon dans lequel ont cuit les abattis au chinois au-dessus de la sauteuse sur les morceaux de chapon. Salez et poivrez. Laissez cuire à couvert 40 minutes au moins, en prenant soin de retourner les morceaux. Retirez-les, ajoutez la crème et laissez réduire de moitié.

6. Hors du feu, incorporez la moutarde, le reste du beurre (110 g), ajoutez les carottes et rectifiez l'assaisonnement.

7. Remettez sur feu doux la sauteuse, laissez chauffer sans ébullition jusqu'à ce que tous les ingrédients soient à bonne température. Servez chaud, parsemé de persil haché.

MA POULE AU POT

Il n'y a pas photo !

Je préfère de loin une grosse poule bien moelleuse à une poule de batterie grasse sur l'os, mais sans viande.

Pour faire garder à la poule sa belle couleur blanche, frottez la chair avec 1 citron coupé en deux. Rien n'interdit de fourrer l'intérieur de la poule de 1 gros bouquet d'estragon frais.

La poule au pot est un plat classique de notre gastronomie. D'ailleurs, on prête à Henri IV les mots suivants « Je veux que chaque laboureur de mon royaume puisse mettre la poule au pot le dimanche. »

La recette se déroule en 3 temps. Elle pourrait être considérablement simplifiée : il suffirait de faire cuire en même temps les légumes de la garniture dans le bouillon de cuisson de la poule. Cette méthode ne me convient pas, car le bouillon n'est pas dégraissé et les légumes vont s'alourdir. Ma recette prend, certes, davantage de temps, mais le résultat est incomparable !

LA CUISSON DE LA VOLAILLE

POUR 4 PERS. : 1 poule de 2,5 kg et ses abattis (cou, pattes, gésier) • 1 pied de veau coupé en deux par le boucher • 1 os de bœuf • 2 carottes • 2 navets • 2 poireaux (le vert seulement) • 1 branche de céleri • 1 oignon piqué de 2 clous de girofle • 3 gousses d'ail en chemise légèrement écrasées • 1 bouquet garni (thym, laurier et tiges de persil) • 2 cuill. à café de sel • 10 tours de moulin à poivre

PRÉPARATION

1. La veille, salez, poivrez, emballez la volaille dans un film alimentaire et réservez au réfrigérateur pour la nuit.

2. Le lendemain, dans un faitout, placez la poule, les abattis, le pied de veau et l'os de bœuf, puis recouvrez de 3 l d'eau froide. Le bouillon va réduire et se concentrer, inutile donc de le charger en sel, préférez rectifier l'assaisonnement peu avant le service.

3. Portez à ébullition. Après 5 minutes, versez 1/2 verre d'eau froide pour faire remonter les impuretés. Écumez. Ajoutez les légumes épluchés, lavés, coupés en quatre, le bouquet garni, l'oignon clouté et l'ail.

À la reprise de l'ébullition, couvrez à moitié et laissez bouillotter à feu doux pendant 2 heures, en écumant toutes les 30 minutes.

4. Retirez la poule, égouttez-la et laissez refroidir. Emballez-la dans un film alimentaire ou un papier d'aluminium et réservez au réfrigérateur. Filtrez le bouillon à travers un chinois ou une passoire fine. Le pied de veau se mange accompagné d'une vinaigrette avec des oignons ou échalotes hachés.

CONSEIL D'AMI !

Refroidissez rapidement le bouillon pour éviter qu'il ne devienne aigre. Pour cela, versez-le tiède dans un récipient placé dans un bain d'eau froide additionnée de glaçons, remuez de temps en temps, couvrez et mettez au réfrigérateur. Il va se former en surface une pellicule de graisse. Prélevez-la délicatement et réservez cette graisse pour des usages ultérieurs : cuisiner des légumes, dorer une volaille, faire sauter des pommes de terre, poêler un poisson…

POUR ACCOMPAGNER LA POULE AU POT…

La poule au pot peut se servir avec une sauce crémée facile à réaliser. Faites réduire de moitié 40 cl de bouillon de cuisson, ajoutez 3 jaunes d'œufs et 6 cuillerées à soupe de crème mélangés, préalablement additionnés de 1 cuillerée de bouillon bouillant (pour éviter que la crème ne tourne). Laissez bouillotter à feu moyen jusqu'à épaississement. Cette sauce doit napper la cuillère comme une crème anglaise. Au moment du mélange œufs-crème, on peut ajouter 3 cuillerées à soupe de curry.

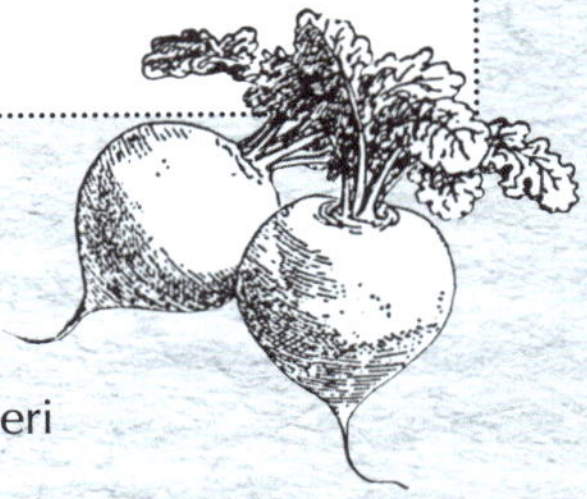

LA CUISSON DES LÉGUMES

POUR 4 PERS. : 4 carottes • 4 navets • 4 blancs de poireaux • 3 branches de céleri • 1 l de bouillon dégraissé

PRÉPARATION

1. Le jour même, pelez et lavez les carottes et les navets, puis coupez-les en quatre. Épluchez les poireaux, fendez-les aux deux tiers, lavez-les et ficelez-les en une seule botte. Ôtez les fibres des branches de céleri et coupez-les en tronçons de 6 à 7 cm.

2. Portez le bouillon dégraissé à ébullition et ajoutez les carottes et les navets. Après 15 minutes de cuisson, plongez la botte de poireaux et le céleri en branche. Poursuivez la cuisson encore 20 minutes.

LA FINITION

POUR 4 PERS. : 1 bocal de cornichons • gros sel • poivre du moulin

PRÉPARATION

1. Découpez la poule en morceaux (cuisses, suprêmes et filets), ajoutez-les à la cuisson des légumes et laissez cuire 15 minutes à feu doux.

2. Servez dans des assiettes creuses, avec 1 louche de bouillon. Accompagnez de gros sel, de poivre du moulin et de cornichons.

Le reste du bouillon sert à préparer une soupe, une sauce ou se congèle, de préférence en petites quantités, pour des utilisations ultérieures.

À PROPOS DE LA POULARDE

C'est une poule dont on a supprimé la grappe ovarienne. On la traite souvent comme un chapon ; finie en épinette, elle est un mets de choix pour les amateurs de volaille.

Coq vierge ou faux chapon, MAIS TRÈS BON !

Le coq vierge est un poulet mâle qui n'a pas été chaponné, ou dont l'opération aurait raté, et qui est élevé comme un chapon, en épinette. Il est rare, mais a une force et un goût de coq, et l'onctuosité de la femelle. On peut se le procurer chez un bon volailler. Il peut se traiter comme un chapon rôti ou comme un coq au vin.

Mon coq au vin

La réputation du coq au vin n'est plus à faire, encore faut-il respecter quelques règles simples ! Demandez à votre volailler de débiter le coq en une quinzaine de morceaux, puis faites-les mariner 48 heures afin que la chair s'imprègne du vin et du bouquet aromatique.

POUR 6 À 8 PERS. : 1 coq vierge de 3,5 à 4 kg et ses abattis (cou, ailerons, gésier, cœur, foie, pattes) • 1 carotte • 1 gros oignon • 3 échalotes • 3 gousses d'ail • 1 bouquet garni (thym, laurier et tiges de persil) • 2 bouteilles de vin rouge • 1 bouteille de vin blanc • 3 cuill. à soupe de graisse d'oie (ou de saindoux, ou 2 cuill. à soupe de beurre et 1 cuill. à soupe d'huile) • 3 cuill. à soupe de farine • 2 cuill. à soupe de cognac • 2 grosses tomates • 4 cuill. à café de sel • 10 à 15 tours de moulin à poivre

PRÉPARATION

1. Deux jours avant, épluchez les légumes (carotte, oignons, échalotes) et coupez-les en gros dés. Dans un récipient de belle taille, rassemblez les morceaux de coq, les abattis, les légumes, les gousses d'ail non épluchées légèrement écrasées et le bouquet garni. Salez et poivrez. Complétez avec le vin rouge et le vin blanc, couvrez et laissez mariner 48 heures au réfrigérateur.

2. Égouttez les morceaux et les abattis, essuyez, salez et poivrez. Dans une poêle, faites chauffer la moitié de la matière grasse et faites revenir la moitié des morceaux jusqu'à ce qu'ils soient bien dorés et croustillants, puis mettez-les dans une cocotte sur feu moyen.

Le choix du vin pour la recette

LE VIN BLANC (UN TIERS DE LA QUANTITÉ TOTALE DU VIN) APPORTE DE L'ACIDITÉ À LA SAUCE. CHOISISSEZ UN VIN ROUGE TANNIQUE (CAHORS, MADIRAN, VIN D'ALGÉRIE) ET UN VIN BLANC SEC, LÉGÈREMENT ACIDE (MUSCADET, SYLVANER, SAUMUR).

3. Renouvelez l'opération avec la matière grasse et les morceaux restants. Saupoudrez avec la farine (cela s'appelle « singer ») et mélangez avec une cuillère en bois.

4. Dans une casserole, portez la marinade avec sa garniture aromatique à ébullition. Écumez et laissez réduire 15 minutes.

5. Versez le cognac, flambez et complétez avec la marinade réduite et les tomates coupées en morceaux (les tomates en conserve sont préférables hors saison). Laissez repartir l'ébullition et réduisez à petits bouillottements et à couvert pendant 2 h 30. Vérifiez la cuisson avec la pointe d'un couteau.

6. Sortez les morceaux de la sauce et réservez au chaud dans le four. Éliminez le bouquet garni et passez la sauce et les légumes au mixeur ou au moulin grille moyenne. Si la sauce est trop liquide, liez-la au fouet avec du beurre manié et ajoutez 2 cuillerées à soupe de vin rouge pour masquer le goût de la farine. Ajoutez 4 barres de chocolat à cuire dans la sauce en ébullition, faites fondre et mélangez.

7. Versez la sauce sur les morceaux. Présentez en cocotte ou dans un plat creux, avec une garniture de croûtons frits au beurre, d'oignons grelots fondants et légèrement dorés, de lardons de poitrine demi-sel ou fumée, blanchis et sautés au beurre. Servez avec des pâtes fraîches ou des pommes vapeur.

VARIANTES : en Bourgogne, on incorpore à la sauce, avant d'en napper la viande, 3 cuillerées à soupe de crème fraîche et 1 cuillerée à soupe de moutarde forte.

Prenez un peu d'avance !

Le coq au vin peut se préparer à l'avance. Il est souhaitable de faire refroidir la sauce et les morceaux séparément pour réduire le temps de refroidissement. Lorsque l'un et l'autre sont refroidis, dégraissez la sauce et versez-la sur les morceaux, couvrez et réservez au réfrigérateur. Faites réchauffer à feu très doux dans une cocotte couverte en ajoutant 1 verre d'eau à la sauce légèrement figée pour la détendre.

On a mangé PINPIN le lapin !

CHAUD lapin !

Pas la peine de jouer les fausses ingénues et d'étouffer discrètement quelques rires gras. Oui, le lapin jouit d'une réputation sulfureuse et elle n'est en rien usurpée. Oui, le « chaud lapin » est bel et bien un reproducteur hors norme.

Il a fallu attendre 50 ans pour que les autorités australiennes s'en aperçoivent. Imaginez, en 1859, il a été introduit sciemment 12 couples de lapins dans ce pays. L'Australie est une île gigantesque, et pourtant, en 1907, les responsables sanitaires ont dû en abattre 25 millions afin de préserver l'équilibre écologique du pays. Ils avaient appris à nager et à grimper aux arbres.

UN LAPIN PEUT EN CACHER UN AUTRE...

Le lapin fait partie de l'ordre des lagomorphes qui comprend aussi le lièvre. Ils font également partie de la même famille, les léporidés. La différence avec les rongeurs tient essentiellement à l'existence d'une seconde paire d'incisives chez le lapin et le lièvre. Le lapin domestique ne descend pas du lièvre, mais du lapin de garenne.

POLYTOQUES...

La gestation chez une lapine ne dure que 31 jours. Elle peut entreprendre une nouvelle gestation dès la fin de la précédente et sans interruption. Cette particularité est propre aux espèces polytoques, autrement dit à ovulation provoquée par l'accouplement.

Reconnaissons quand même que, dans la nature, la lapine ne parvient jamais à 12 mises bas par an. Et pas seulement parce que le mois de février est plus court que les autres… Dans les élevages industriels, c'est une tout autre affaire puisqu'elle peut être en gestation alors qu'elle allaite.

Du latin cuniculus

Son nom a changé au XVIIe siècle. Avant on l'appelait « connin » ou « conin », ou même « connil » (du lapin *cuniculus*), mots éliminés à cause de la paronymie qui donnait lieu à des jeux de mots obscènes.
De ses origines latines, il est seulement resté le mot de « cuniculteur » ou « cuniculiculteur », « cunicultrice », « cuniculture » ou « cuniculiculture » pour signifier les éleveurs et l'élevage du lapin.

IL COURT IL COURT, LE LAPIN...

On a peu de traces du lapin dans l'Antiquité. On sait que, lorsque les Phéniciens abordent la péninsule Ibérique au Xe siècle avant J.-C., ils sont frappés par la pullulation de petits mammifères fouisseurs. Ensuite, très peu de choses, sinon que le savant latin Varron, au Ier siècle avant J.-C., préconise de garder les lapins dans des *leporaria*, parcs murés pour contenir les lièvres et autres espèces sauvages chassées pour la capture. Finalement, ces *leporaria* sont les ancêtres de nos garennes.

UN METS TRÈS APPRÉCIÉ

Pline l'Ancien (23-79), naturaliste, évoque les « laurices », que nous retrouverons beaucoup plus tard, qui désignent un mets adopté par les Romains : des fœtus ou lapereaux nouveau-nés consommés entiers. Le lapin n'arrive que tardivement en Grèce, à la fin du IIIe siècle avant J.-C. On peut imaginer que le lapin a envahi la France lorsque des passages ont été créés à travers les Pyrénées. Ensuite, silence complet pendant plusieurs siècles.

UNE ORIGINE AQUATIQUE ?

Grégoire de Tours (538-594) nous fait savoir, dans son *Histoire des Francs*, qu'il désapprouve formellement les moines qui mangent des laurices (comme les Romains du temps de Pline l'Ancien). Ils en mangeaient en temps de carême, car cette nourriture était considérée comme d'origine aquatique, le fœtus ou le nouveau-né étant tiré du liquide amniotique. Qu'est-ce qu'il ne faut pas inventer pour contourner les règles ecclésiastiques ! Or, pour pouvoir s'en régaler et obtenir une certaine quantité de laurices pour leurs banquets, les moines avaient imaginé, déjà, de maintenir en cages des lapines. Les cuniculteurs ignorent peut-être qu'ils doivent beaucoup à la gourmandise et à l'ingéniosité de ces moines.

Les garennes : la garantie d'une chair plus goûteuse

ON ÉLÈVE TOUJOURS EN GARENNES FORCÉES OU CLOSES DES LAPINS DE GARENNE, CAR LEUR CHAIR EST UNANIMEMENT PRÉFÉRÉE À CELLE DU LAPIN DE CLAPIER. C'EST OLIVIER DE SERRES (1539-1619), AGRONOME, QUI L'AFFIRME ET CETTE OPINION PERSISTE JUSQU'AU XIXE SIÈCLE. ON CAPTURE LES LAPINS AU FILET, À LA TRAPPE OU AU LACET POUR LES ENFERMER DANS LES GARENNES. IL PRÉCISE MÊME QUE, DANS UNE GARENNE DE 2,5 HECTARES, AVEC 100 LAPINES, ON PEUT FOURNIR 3 000 LAPINS PAR AN.

DES GARENNES SEIGNEURIALES

À partir de 1149, l'élevage du lapin est l'apanage des monastères. En dehors de ces lieux, les animaux sont maintenus dans des espaces plus ou moins clos, plus ou moins étendus, appelés « varennes » ou « garennes », dans lesquels n'ont le droit de chasser que les seigneurs. Le pouvoir royal a toujours lutté pour limiter ces garennes en raison des dégâts commis aussi bien par le gibier que par les chasseurs. Il fut même ordonné l'interdiction de nouvelles garennes ou même de les agrandir.

NOIR, BLANC OU GRIS

À la fin du XVe siècle, la domestication du lapin est avancée, les sélections aussi puisqu'on a connaissance de lapins de couleur. On évoque l'existence de lapins noirs, blancs, bis et gris cendré. Un siècle plus tard, l'élevage du lapin est répandu en Europe occidentale, en France, Italie, dans les Flandres et en Angleterre.

Le lapin de clapier :
AUSSITÔT PRÉLEVÉ AUSSITÔT CUISINÉ

Enfin, au XIXe siècle, c'est l'extension du clapier. La facilité d'élevage, le fourrage abondant et la prolificité de l'espèce – bien que les pertes dues à une mauvaise hygiène soient fréquentes – permettent le développement dans nos fermes de l'autoconsommation. Le clapier est comme un garde-manger : on peut y prélever ce qu'on veut et cuisiner aussitôt. Très vite, cet élevage très rentable conduit à la création d'élevages plus conséquents pour permettre l'approvisionnement des villes.

Poils de lapin

C'est aussi au XIXe siècle que se développe l'élevage du lapin Angora et que se créent les industries de la fourrure et des feutres de poils de lapin.

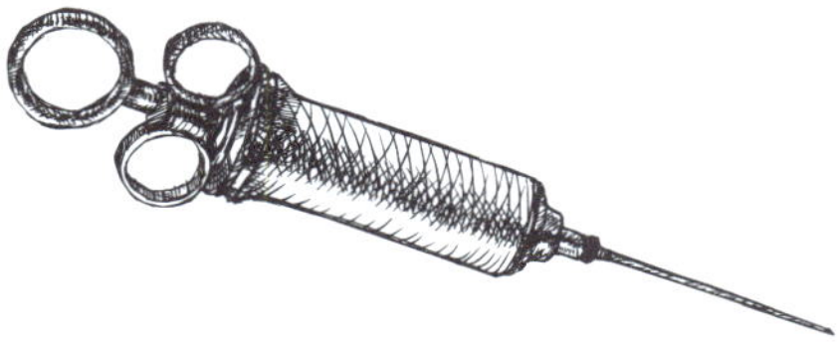

LA MYXOMATOSE OU L'HISTOIRE D'UNE EXTERMINATION

Au XXe siècle, le lapin s'est tellement développé en liberté dans nos campagnes qu'en 1952, le docteur Armand-Delille, en Eure-et-Loir, inocule la myxomatose pour la première fois à quelques sujets. Cette maladie virale se développe de manière exponentielle ; elle se termine par la quasi-extermination du lapin de garenne. Les lapins de clapier sont aussi touchés. Un vaccin sera mis au point pour lutter contre la maladie.

MÉPRISÉ PAR LES GRANDES TABLES

LE LAPIN N'A PAS TOUJOURS BONNE PRESSE CHEZ LES GASTRONOMES. ON LE VOIT PEU DANS LES RESTAURANTS ÉTOILÉS. IL Y A TOUJOURS EU UNE SORTE D'APPRÉHENSION AUTOUR DE LUI. DANS SON *REPAS RIDICULE* (1665), BOILEAU DÉNONCE LA BLANCHEUR ET LA MOLLESSE DE CETTE VIANDE, ET MÊME ROBERT COURTINE (1910-1998), JOURNALISTE GASTRONOMIQUE, ÉVOQUE, QUAND IL S'AGIT DE LAPIN, UN « PLAT DE CONCIERGE ».

Il ne passera plus à la casserole

Il y a une vingtaine d'années, l'arrivée du lapin comme animal de compagnie a dégoûté les enfants d'en manger. On ne mange pas Pinpin, le lapin qu'on a élevé, chéri.

LA VIANDE DES GENS MODESTES

Il est le régal des campagnards et des ouvriers, il est le gibier des petites gens, présent à toutes les fêtes. Dans le nord de la France et en Wallonie, il a longtemps été le plat de Noël des pauvres, car « qui n'a pas de lapins n'a rien ». À telle enseigne, dans les cas extrêmes de pauvreté, plutôt que d'affronter le déshonneur d'une table vide, les plus nécessiteux faisaient une chasse aux « lapins de gouttière ». Il valait mieux ne pas être chat la nuit de Noël dans les quartiers populaires. Aussi servait-on toujours la tête pour prouver qu'il s'agissait bien du lapin engraissé pour l'occasion pendant les mois précédant la fête.

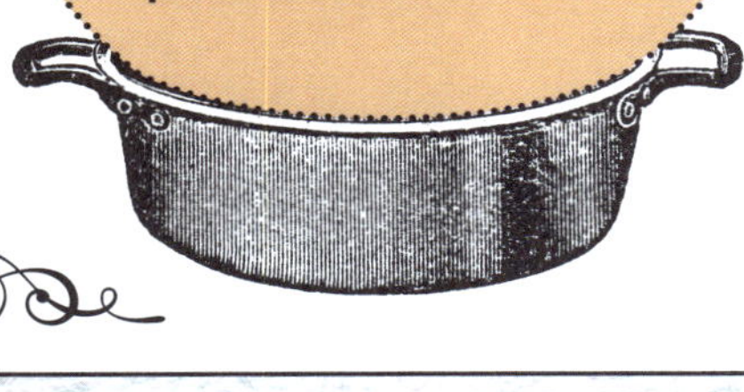

L'ère du lapin HORS-SOL

UN TRISTE CONSTAT

En moins de 25 ans, la consommation du lapin s'est effondrée, en chute libre. De 150 000 tonnes au début des années 1980, la production atteignait péniblement 60 000 en 2000 ; sa production ne remonte pas ou si peu. Le lapin a voulu jouer dans la cour des grands ; il a perdu une partie de son âme, son image et son goût. Le lapin est devenu la cinquième roue des rayons de volailles dans les grands magasins. En général, logé entre les découpes de dindes – mammouths – et les nouvelles préparations industrielles, le lapin attire de moins en moins les consommateurs. À qui la faute ? Aux habituels marchands du productivisme. Et pour le lapin, l'histoire est particulièrement rancunière.

LA NOSTALGIE DU CLAPIER

Les premiers élevages de lapins dits « rationnels » – terme utilisé par les professionnels pour ne pas dire « industriels » – ont à peine 30 ans. Faut-il le rappeler, quand le lapin n'était pas en cage dans des bâtiments industriels, il était élevé en clapier. On le nourrissait d'expédients : l'herbe fauchée dans les fossés, sur le bord de la route et des canaux, on l'appelait « l'herbe à lapin ». On lui donnait aussi des restes de la maison, des épluchures de carottes, de pommes de terre, des feuilles de salade. De temps en temps, une carotte. Mieux, quelques campagnards gardaient un bout de jardin pour faire pousser du trèfle blanc, des carottes jaunes (qui n'étaient pas encore à la mode pour nourrir les gogos) et 2 ou 3 betteraves sucrières. Il se régalait, il engraissait, il était heureux, tout allait bien dans le monde du lapin de clapier.

LA FOLIE DES GRANDEURS

Au début des années 1980, patatras ! Fini la verdure ; on entre dans l'ère du granulé. Les fabricants d'aliments pour bétail font leur marché en France et à l'étranger. Plus aucun aliment n'est produit sur la ferme, tout est acheté à des marchands de granulés. L'homme invente le lapin hors-sol. Fini le clapier, vive l'air confiné et saturé d'ammoniac des bâtiments industriels dans lesquels on entasse jusqu'à 2 000 lapereaux ou 400 mères lapines.

ATTENTION, FRAGILES

Les promoteurs des élevages industriels imaginaient que les lapins pouvaient s'élever comme des poulets ou des dindes – on pense d'abord au fric et après au bien-être de l'animal, si tant est qu'on y pense, ce qui est moins sûr. Le lapin est un animal très fragile, craintif, qui stresse très facilement, absolument pas destiné à ce mode d'élevage concentrationnaire. Résultat : les éleveurs connaissent des problèmes sanitaires à répétition ; ils soignent par des charges antibiotiques de plus en plus importantes. Et, fin 1993, une maladie foudroyante est apparue dans les élevages.

L'« ENTÉROCOLITE » : UNE MYSTÉRIEUSE MALADIE

On sait peu de chose sur cette infection qui frappe d'abord les lapins en engraissement, puis les mères. Elle tue en moins de 24 heures l'animal atteint. La dissémination de la maladie a d'abord été limitée à la Vendée, principale région de production, mais 6 mois plus tard, une première flambée embrase tous les bassins de production. Automne 1997, deuxième poussée de fièvre mortelle. La maladie sévit toujours. Combien de lapins touchés ? Nous ne le saurons jamais. Il n'y a eu aucune statistique. Une chose est certaine : des élevages entiers ont été rayés de la carte.

Granulés mystères

Les vétérinaires ne connaissent pas l'origine de cette maladie mortelle : virale, d'origine alimentaire… ? On peut simplement dire, sans se tromper, que les éleveurs ne maîtrisent pas l'alimentation de leurs animaux. Ils reçoivent des sacs de granulés dont la composition est un mystère jalousement gardé par les fabricants d'aliments. Toujours la même ritournelle sur la traçabilité des matières premières agricoles…

LA LAPINE TURBO

Qui dit élevage industriel dit inévitablement sélection génétique ! Et comme souvent, la sélection génétique n'est pas mise au service de la qualité, mais de la productivité. On a multiplié les croisements en tout genre pour obtenir une souche standard offrant une forte prolificité, une production de lait abondante et une aptitude à grossir vite, mais en mangeant le moins possible.

4 PORTÉES EN 5 MOIS

Pourquoi une forte prolificité ? On peut s'étonner, voire même sourire, quand on connaît les performances sexuelles de l'animal. Rappelons qu'il s'agit d'une espèce polytoque, à ovulation provoquée par l'accouplement. Cela permet donc à la lapine de commencer une gestation dès la fin de la précédente, sans interruption. Elle est à la fois gestante et allaitante. La vie reproductive commence dès l'âge de 16 à 18 semaines. En théorie donc, une lapine pourrait faire près de 12 mises bas par an. En fait, elle en a moins. Le plus souvent, la première saillie a lieu 10 à 12 jours après la mise bas, donc l'intervalle entre deux mises bas est de 42 jours si l'on tient compte des 31 jours de gestation. N'oublions pas que pendant cette période, la lapine allaite également. Dans un élevage industriel, une lapine entrant en production à 4 mois et étant réformée à 9 mois, on peut donc considérer qu'elle aura 3 ou 4 portées durant les 5 mois de sa vie de reproductrice.

TOUJOURS PLUS

Les généticiens ont aussi sélectionné des lapines capables de donner des portées de plus en plus nombreuses. On croit rêver. Ils y sont parvenus… En 1980, une lapine avait 8 ou 9 lapereaux par portée ; l'éleveur en vendait 7. Vingt ans plus tard, la lapine turbo donne 11 lapereaux, mais l'éleveur continue d'en vendre 7 ou 8.

Mais pourquoi donc ? Parce qu'il en meurt en moyenne 4… Bilan de l'opération : nul !

Me permettrais-je de vous rappeler pour faire contrepoint qu'en élevage traditionnel, une bonne mère lapine peut raisonnablement produire pendant 4 ans.

Où êtes-vous passés mes amis les « argenté de Champagne », « fauve de Bourgogne », « gros blanc du Bouscat », « géant des Flandres », « géant papillon », magnifique « rex du Poitou » ? Qui mange encore de vos chairs fines et délicates ?

EST-CE LA FIN DU LAPIN DE CLAPIER ?

Maintenant, il faut se contenter de souches néo-zélandaises ou chercher chez quelques éleveurs fous qui maintiennent les races anciennes. Un lapereau entre en engraissement à 4-5 semaines pour peser 1,4 kg en 8 semaines. Le pauvre, il grossit de plus en plus vite et mange de moins en moins. Il y a 20 ans, il aurait dû manger au moins 1 kg d'aliments en plus. Cela ressemble à du bénéfice pour l'éleveur, et en réalité, rien n'est moins sûr, car l'animal est de plus en plus sensible aux agressions de l'environnement. Le lapin de clapier était élevé doucement, lentement, avec une alimentation saine, à base d'herbes et de croûtons de pain, pour donner le meilleur de lui-même.

PANNE DE GOÛT

Les industriels n'ont jamais recherché du goût ; il fallait avant tout rendre la production compétitive avec les viandes blanches industrielles – la volaille, le porc – qui connaissent un succès grandissant auprès des consommateurs. Tout est perdu ; l'image fermière recherchée par les gourmets et, par là même, la clientèle qui appréciait cette viande. En réalité, la maturité « organoleptique » commence à l'âge de 14-15 semaines avec l'apparition de persillé dans le muscle. Vous n'imaginez tout de même pas trouver le moindre filet de gras dans la viande d'un lapin abattu à 12-13 semaines !

LE LAPIN EST-IL ENCORE POPULAIRE ?

C'était une volonté des industriels, mais elle n'a pas fait long feu, car le lapin, même issu d'un élevage industriel, reste cher comparé au poulet ou à l'escalope de dinde, et même à la côte de porc. Conséquence : le consommateur modeste ne choisit pas le lapin. On peut évidemment expliquer cette différence de coût : les lapins sont engraissés en 7 semaines après 5 semaines d'allaitement sous la mère, même chose à peu près qu'avec le poulet standard, mais où le bât blesse, c'est que le lapin a besoin de 3,5 kg d'aliments pour fabriquer 1 kg de poids vif alors que le poulet est en passe de battre des records : 1 kg d'aliments pour 1 kg de poids vif. N'oublions pas qu'il s'agit d'un cocktail de céréales, PSC (produits de substitution aux céréales) et autres minéraux et cochonneries, dont des farines animales et des antibiotiques maintenant interdits pour les mâles. Les producteurs sont les dindons de la farce, car dans cette course au productivisme, ils sont devenus les soutiers d'une poignée d'industriels de l'abattage à la transformation et qui ramassent la plus grosse part de la valeur ajoutée de la filière.

Comment reconnaît-on UN LAPIN CONSOMMABLE ?

LE DRAME : IL N'A PAS DE NATIONALITÉ

Cru ou transformé, il n'est pas certain de trouver du lapin français, sauf s'il a la chance d'être vendu sous une marque – Le Malicieux, Le Gaulois, Chantereine… Normalement, il doit y avoir le logo Bleu-Blanc-Rouge qui indique sa nationalité. Sinon, on peut manger des lapins belges, espagnols, hollandais ou chinois sans le savoir. Le lapin chinois arrive en France à des prix défiant toute concurrence et fait les choux gras des économes de cantines et des restaurateurs peu regardants sur la qualité. Nous ne savons pas comment ils sont élevés là-bas, dans quelles conditions sanitaires, ni comment ils sont surgelés. La chaîne du froid est-elle respectée ? Mystère… Ce dont on est certain, c'est qu'en Chine, il est surtout élevé pour son poil et non pas pour sa chair, et qu'on ignore son âge d'abattage.

Quelques chiffres

La France est le 3e pays producteur européen de lapins élevés pour leur viande, après l'Italie et l'Espagne. Avec la Chine, ces 4 pays assurent l'essentiel de la production mondiale.

La production en Label Rouge est très marginale et représente moins de 1 % des ventes. L'élevage cunicole biologique reste confidentiel, avec moins de 10 000 lapins produits par an. L'âge d'abattage est de 91 jours en Label Rouge et de 100 jours au minimum en bio.

Comment le choisir ?

– Si vous faites le choix de manger du lapin, achetez responsable malgré la très faible offre : sélectionnez les labels bio ou Label Rouge.

– Sur un étal, le lapin chinois est généralement vendu sans tête, sans pattes, sans foie ni rognon.

– Un conseil : le lapin de clapier lui (si on en trouve) doit être vendu dépouillé avec foie et rognons, avec ou sans tête.

– Pour manger copieusement pour 6 personnes, comptez 1,4 à 1,8 kg. Plus petit, il porte le nom de « lapereau », mais il manque de goût.

– On trouve quelquefois sur les marchés de gros lapins, ce sont des mâles. Ils sont d'un rendement épatant pour les pâtés et terrines ou les préparations en sauce. On les appelle des « lapins terrine ».

– Choisissez un lapin plutôt court, avec les pattes arrière et le râble bien charnus. Dans tous les cas, la chair doit être rose, transparente, le foie d'un beau rouge franc et brillant, éclatant, les rognons enrobés d'une belle épaisseur de graisse bien blanche.

LE LAPIN MIS À TOUTES LES SAUCES

« **Poser un lapin** » : ne pas venir à un rendez-vous ou ne pas payer une prostituée.

« **Voyager en lapin** » : voyager sans payer sa place.

« **Mon petit lapin** », « **mon lapin** » : termes affectueux, valables pour les deux sexes.

« **Un lapin ferré** » : un gendarme.

« **Chaud lapin** » : chaud de la pince, homme porté sur les plaisirs sexuels.

« **Sentir le lapin** » : forte et mauvaise odeur corporelle.

« **Un vrai lapin** », « **un fameux lapin** » : un homme actif, rusé, un bon vieillard.

« **Courir comme un lapin** », « **filer comme un lapin** » : se sauver.

« **Le coup du lapin** » : c'est avant tout donner un coup violent du tranchant de la main sur les vertèbres cervicales d'un lapin pour le tuer. On parle aussi du coup du lapin lors d'un accident de voiture, lorsque la tête bascule en avant, puis violemment en arrière, ou lorsqu'un coup est reçu au niveau du cou ou à la base du crâne.

« **Le lapinisme** » : fécondité excessive d'un couple.

« **Pattes de lapin** » : les favoris courts.

« **Ne pas valoir un pet de lapin** » : un objet qui ne vaut rien.

ATTENTION, ÇA COUPE...

Que vous le fassiez découper par votre boucher où que vous le fassiez vous-même, ce travail doit être fait au couteau et non pas au hachoir (la feuille). Les petites esquilles peuvent être dangereuses pour le palais et les dents, les os du lapin étant très coupants. N'hésitez pas : si le boucher ou le volailler refuse de s'exécuter, quittez-le.

MES RECETTES

Lapin à la moutarde

À préparer la veille. La crépine de porc s'achète chez le charcutier.

POUR 4 PERS. : 1 lapin de 1,2 à 1,3 kg coupé en morceaux au couteau • 100 g de crépine de porc fraîche • 3 cuill. à soupe de moutarde forte + 1 cuill. à café • 1 brindille de thym • 1 gros oignon • 3 gousses d'ail • 1 filet d'huile de tournesol • 20 cl de crème liquide • sel • poivre du moulin

PRÉPARATION

1. La veille, salez et poivrez les morceaux de lapin. À l'aide d'un pinceau de cuisine, badigeonnez-les de moutarde avant de les envelopper séparément dans des lambeaux de crépine. Saupoudrez légèrement de fleur de thym et mettez au réfrigérateur.

2. Le lendemain, préchauffez le four à 180 °C (th. 6). Épluchez, émincez l'oignon et répandez-le dans la lèchefrite. Ajoutez les gousses d'ail coupées en deux, mais non pelées. Posez dessus, à même la lèchefrite, les morceaux de lapin arrosés de quelques gouttes d'huile. Mettez 40 minutes au four. À mi-cuisson, retournez les morceaux. Vérifiez la cuisson à l'aide d'une pointe de couteau.

3. Sortez les morceaux de lapin et rangez-les dans une cocotte fermée, tenue au chaud dans le four à 90 °C (th. 3).

4. Versez 20 cl d'eau dans la lèchefrite et grattez pour décoller les sucs. Filtrez le jus obtenu à travers un chinois au-dessus d'une petite casserole en pressant avec le dos d'une écumoire et faites réduire jusqu'à évaporation de l'eau. Ajoutez la crème liquide et la cuillerée à café de moutarde, remuez. Vérifiez l'assaisonnement.

5. Sortez la cocotte du four, arrosez le lapin avec la sauce à la moutarde bien chaude. Servez avec des pommes de terre sautées croustillantes ou de la purée.

Lapin sauté

POUR 4 PERS. : 1 lapin de 1,2 à 1,3 kg coupé en morceaux au couteau • 1 tranche de poitrine de porc fraîche (150 g environ) • 300 g de champignons de Paris • 1 oignon • 20 cl de vin blanc • 1 brindille de thym • 1/2 feuille de laurier • 1 branche d'estragon • sel • poivre du moulin

PRÉPARATION

1. Épluchez et hachez grossièrement l'oignon. Coupez la poitrine de porc en lardons. Dans une cocotte sur feu doux, faites rissoler les lardons sans ajout de matière grasse. Retirez-les avec une écumoire et réservez. Mettez l'oignon haché dans la cocotte et faites-le dorer doucement dans la graisse des lardons. Retirez-le et réservez.

2. Ajoutez dans la cocotte les champignons coupés en quartiers et faites-les dorer 1 minute en remuant. Retirez-les et réservez.

3. Salez, poivrez les morceaux de lapin et déposez-les dans la cocotte. Faites dorer la viande sur toutes les faces en remuant. Ajoutez les lardons et l'oignon, le vin blanc, le thym, le laurier et l'estragon.

4. Couvrez et maintenez la cuisson à petits bouillonnements pendant 40 minutes environ en retournant les morceaux régulièrement. Ajoutez les champignons 10 minutes avant la fin de la cuisson.

5. Retirez thym, laurier et estragon, puis transvasez les morceaux de lapin et la garniture (lardons, oignon, champignons) dans un plat de service.

6. Versez 10 cl d'eau dans le fond de la cocotte et grattez les sucs. Portez à ébullition, faites réduire de moitié et arrosez le lapin de cette sauce. Servez bien chaud avec des pommes de terre en purée, sautées ou à la vapeur.

Lapin en gibelotte

Suivez la recette du lapin sauté en remplaçant le vin blanc par du vin rouge et les champignons par des pruneaux, et mélangez 2 cuillerées à soupe de gelée de groseille à la sauce.

Blanquette de lapin aux légumes primeurs

POUR 6 PERS. : 1 beau lapin de 1,8 kg • 1 l de bouillon de volaille (frais ou en cube) • 1 carotte • 1 gros oignon • 1 clou de girofle • 1 petit bouquet garni (queues de persil et thym) • 5 cuill. à soupe de crème fraîche • 3 jaunes d'œufs • le jus de 1 citron • 4 belles cuill. à soupe de beurre • 1 branche de céleri • vert de poireau • sel • poivre du moulin

Pour la garniture : 1 botte de petites carottes fanes • 1 botte de navets nouveaux • 100 g de haricots verts • 1 tête de brocoli bien verte • 20 petits oignons nouveaux ou grelots • 200 g de champignons de Paris • 1 pincée de sucre en poudre • beurre • quelques gouttes de jus de citron

PRÉPARATION

1. Faites découper au couteau le lapin par votre volailler. Mettez les morceaux dans une cocotte (gardez le foie à part) et recouvrez d'eau froide. Portez à frémissement 3 minutes. Enlevez les morceaux avec une écumoire et plongez-les dans de l'eau froide.

2. Videz la cocotte et remettez-y les morceaux de lapin. Ajoutez le bouillon froid, la carotte émincée finement, l'oignon coupé en morceaux, le clou de girofle, le bouquet garni, du sel et du poivre. Laissez cuire à petit feu pendant 1 heure.

3. Pendant ce temps, préparez la garniture. Épluchez les carottes et les navets, éboutez les haricots verts, séparez les petits bouquets de brocoli. Faites cuire les légumes séparément dans de l'eau bouillante salée. Rafraîchissez-les à l'eau glacée.

4. Épluchez les oignons et mettez-les dans une casserole avec le sucre, une noix de beurre, 10 cl d'eau et du sel. Laissez cuire doucement, à couvert, pendant 25 minutes environ, jusqu'à ce qu'ils soient fondants.

5. Passez les champignons de Paris sous un filet d'eau fraîche et coupez la partie terreuse. Mettez-les dans une casserole, entiers ou coupés en quartiers selon leur taille, avec une noix de beurre, quelques gouttes de jus de citron, du sel et du poivre. Laissez cuire 6 ou 7 minutes, puis versez le jus de cuisson dans la blanquette. Gardez les champignons.

6. Après la cuisson du lapin, retirez les morceaux et réservez-les au chaud. Passez le bouillon de cuisson dans une passoire fine. Mettez sur le feu et laissez réduire d'une bonne moitié. Ajoutez 2 cuillerées à soupe de crème fraîche et laissez bouillotter 6 ou 7 minutes pour une bonne liaison.

7. Délayez les jaunes d'œufs avec le reste de la crème et le jus du citron. Versez 1 ou 2 louches de la sauce chaude sur ce mélange, remuez et reversez l'ensemble dans la sauce. Veillez à ce qu'il n'y ait aucune ébullition.

8. Ajoutez le lapin, les champignons, les oignons et laissez à couvert au chaud. Faites fondre le beurre dans une poêle, ajoutez les légumes et le foie du lapin. Vérifiez l'assaisonnement. Mettez le lapin et la sauce dans un plat creux. Ajoutez les légumes et le foie du lapin coupé en gros dés ou en tranches fines. Décorez avec les feuilles de la branche de céleri. Servez très chaud.

Lapin en gelée, aux aromates

Se prépare 2 jours avant de le consommer.

POUR 6 PERS. : 1 beau lapin d'environ 2 kg coupé en morceaux moyens au couteau • 200 g de poitrine fumée • 1 l de vin blanc sec et fruité • 4 belles échalotes • 1 brindille de thym • 1 petite feuille de laurier • 1 cuill. à café de sucre en poudre • 2 cuill. à soupe d'armagnac (ou de cognac) • 1 cuill. à café de coriandre moulue • 1 pincée de quatre-épices • 2 cuill. à soupe de persil et de coriandre hachés • sel • poivre du moulin

PRÉPARATION

1. Deux jours avant, coupez la poitrine fumée en lardons de 2 cm sur 1 cm environ. Dans une casserole, mettez le vin blanc et les lardons. Portez à frémissement. Ajoutez les échalotes émincées, le thym, le laurier, le sucre, du sel et du poivre. Laissez refroidir à couvert.

2. Salez et poivrez tous les morceaux du lapin et rangez-les dans une terrine. Versez le jus de cuisson au vin blanc avec les lardons et tous les aromates. Fermez la terrine et laissez une nuit au réfrigérateur.

3. Le lendemain, préchauffez le four à 180 °C (th. 6). Placez la terrine dans la lèchefrite et remplissez celle-ci d'eau chaude. Mettez au four pour 3 heures. Après 2 h 30, vérifiez avec un couteau le degré de cuisson.

4. Sortez la terrine du four. Ajoutez l'armagnac (ou le cognac) avec la coriandre et le quatre-épices.

5. Lorsque le contenu de la terrine est tiède, ajoutez le persil et la coriandre hachés finement. Refermez la terrine et mettez au réfrigérateur pour une nuit. Servez avec une salade.

Lapin à la tomate

POUR 4 PERS. : 1 lapin de 1,2 à 1,3 kg coupé en morceaux au couteau • 3 belles tomates • 1 oignon • 4 gousses d'ail • 3 cuill. à soupe d'huile d'olive • 1 cuill. à café de concentré de tomates • 1 verre de vin blanc sec • 1 bouquet garni (laurier, thym et marjolaine) • sel • poivre du moulin

PRÉPARATION

1. Pelez l'oignon et l'ail, hachez le tout. Lavez, coupez, épépinez et hachez grossièrement les tomates. Versez l'huile d'olive dans une cocotte sur feu vif et faites-y revenir les morceaux de lapin, avec la tête si vous l'avez. Laissez dorer.

2. Remuez bien avec une écumoire, ajoutez l'oignonet l'ail, et laissez revenir. Lorsque tout est doré, ajoutez le hachis de tomate, le concentré et mélangez bien.

3. Versez le vin blanc. Ajoutez le bouquet garni, salez, poivrez et versez 40 cl d'eau. Remuez et couvrez. Laissez mijoter 45 minutes à petit feu. Découvrez sur la fin de la cuisson. La sauce doit être bien réduite et onctueuse.

4. Servez chaud, accompagné de pommes de terre sautées ou d'une purée.

Lapin en sauce aux légumes, sauce citron et persil

POUR 4 PERS. : 4 cuisses de lapin • 30 g de beurre • 5 cl de vin blanc sec • 30 cl de bouillon de volaille • 3 tomates • sel • poivre du moulin.

POUR LA SAUCE : 3 tranches de jambon cru • 2 carottes • 1 oignon • 2 branches de céleri • 3 cuill. à soupe de beurre • 2 cuill. à soupe de persil haché • le zeste de 1/2 citron râpé

PRÉPARATION

1. Dans une cocotte, faites grésiller le beurre et déposez-y les cuisses de lapin préalablement salées et poivrées. Faites-les dorer de chaque côté pendant quelques minutes. Retirez-les et tenez-les au chaud.

2. Préchauffez le four à 180 °C (th. 6). Retirez et gardez à part le gras de cuisson du lapin. Déglacez avec le vin blanc, faites réduire de moitié et ajoutez le bouillon chaud. Remettez le lapin dans la cocotte avec la chair des tomates et enfournez pour 40 minutes.

3. Pendant ce temps, préparez la sauce. Coupez le jambon en lamelles. Pelez les carottes, l'oignon et le céleri. Coupez-les en une julienne grossière. Dans une sauteuse, faites fondre le beurre, ajoutez le jambon et faites revenir. Ajoutez les carottes, l'oignon et le céleri, et faites suer à couvert pendant 5 à 7 bonnes minutes en remuant régulièrement.

4. Retirez le lapin de la cocotte, passez la sauce au chinois et, si elle est trop liquide, faites-la légèrement réduire. Ajoutez le jambon et les légumes à la sauce, puis le persil et le zeste de citron. Remettez le lapin dans la cocotte et portez l'ensemble à ébullition. Servez chaud.

Lapin aux olives

POUR 4 PERS. : 1 lapin de 1,2 à 1,3 kg coupé en morceaux au couteau • 250 g d'olives noires dénoyautées • 3 tomates mûres • 3 gousses d'ail • 5 cuill. à soupe d'huile d'olive • 1 brin de romarin • 1/2 bouteille de vin rouge tannique • sel • poivre du moulin

PRÉPARATION

1. Plongez les tomates quelques secondes dans de l'eau bouillante, puis rafraîchissez-les et pelez-les. Coupez-les ensuite en quatre, retirez les graines et écrasez la chair à la fourchette. Pelez et hachez l'ail.

2. Dans une cocotte, faites chauffer l'huile d'olive et ajoutez les morceaux de lapin salés et poivrés, l'ail et le romarin. Faites dorer les morceaux sur toutes les faces. Versez le vin, couvrez et laissez mijoter pendant 40 minutes en arrosant régulièrement.

3. Ajoutez ensuite les tomates et les olives coupées en deux. Laissez mijoter pendant encore 15 minutes. Retirez le romarin. Servez chaud.

Lapin mariné aux aromates

À préparer la veille.

POUR 4 PERS. : 1 lapin de 1,2 à 1,3 kg coupé en morceaux au couteau • 2 gousses d'ail • 1 branche de romarin • quelques branches de thym (serpolet ou thym citron) • 4 feuilles de sauge • 8 à 10 baies de genièvre • 4 cuill. à soupe de vinaigre • 8 cuill. à soupe d'huile d'olive • 25 cl de bouillon de volaille • sel • poivre du moulin

PRÉPARATION

1. La veille, pelez et écrasez l'ail. Effeuillez les plantes aromatiques et émiettez les brindilles. Passez les feuilles de sauge sous l'eau et déchirez-les en morceaux.

2. Mettez les morceaux de lapin dans un saladier et parsemez-les avec les aromates et les baies de genièvre. Saupoudrez ensuite de sel et de poivre et arrosez avec le vinaigre et la moitié de l'huile d'olive. Couvrez et laissez mariner au frais pendant une nuit en retournant régulièrement la viande.

3. Le lendemain, retirez les morceaux de lapin. Mettez le reste de l'huile d'olive dans une cocotte et faites chauffer. Ajoutez le lapin. Faites-le dorer sur toutes les faces, puis ajoutez la marinade. Couvrez et laissez mijoter 40 minutes en arrosant les morceaux si nécessaire.

4. Retirez-les. Filtrez la sauce à travers un chinois, ajoutez un peu de bouillon et faites réduire la sauce. Arrosez le lapin et servez bien chaud.

Lapin au fenouil

POUR 4 PERS. : 1 lapin de 1,2 à 1,3 kg avec le foie et les rognons • 2 bulbes de fenouil • 3 gousses d'ail • 100 g de mie de pain • 10 cl de lait • 150 g de jambon cru • 7 ou 8 cuill. à soupe d'huile d'olive • sel • poivre du moulin.

PRÉPARATION

1. Mettez à bouillir une casserole d'eau salée. Parez les bulbes de fenouil en coupant la base dure et les tiges vertes, puis lavez-les et fendez 1 fenouil en quatre. Réservez le second pour la décoration. Pelez les gousses d'ail. Lorsque l'eau bout, plongez-y les quartiers de fenouil et 2 gousses d'ail (l'eau doit juste couvrir le fenouil), et faites cuire pendant 15 minutes.

2. Pendant ce temps, faites tremper la mie de pain dans le lait. Retirez le fiel du foie de lapin et passez-le au hachoir grille moyenne avec le jambon, les rognons et la dernière gousse d'ail.

3. Après la cuisson du fenouil, égouttez-le dans une passoire au-dessus d'un saladier en réservant le liquide de cuisson. Hachez finement le fenouil.

4. Dans une poêle ou une sauteuse, faites chauffer 2 cuillerées à soupe d'huile d'olive et faites revenir les hachis de viande et de fenouil pendant 10 minutes. Remuez bien et ajoutez la mie de pain bien pressée entre vos doigts pour éliminer le lait. Mélangez.

5. Préchauffez le four à 170 °C (th. 5-6). Garnissez le lapin avec le hachis et cousez grossièrement avec du fil de cuisine et une aiguille à brider. Placez sur la lèchefrite, enduisez du reste d'huile d'olive, salez et poivrez. Couvrez avec une feuille de papier sulfurisé et faites cuire au four pendant 1 h 30 en arrosant régulièrement avec l'eau de cuisson du fenouil.

6. Lorsque le lapin est cuit, retirez le fil de cuisine. Émincez le second bulbe de fenouil et répandez-le autour du lapin avec les tiges vertes réservées. Présentez-le, puis découpez-le en cuisine.

Lapin sauté aux poivrons

POUR 4 PERS. : 1 lapin de 1,2 à 1,3 kg coupé en morceaux au couteau • 4 poivrons verts • 1 gousse d'ail • 1 brin de romarin • 75 g de pancetta • 50 g de beurre • 1 feuille de laurier • 10 cl de bouillon de volaille • 4 filets d'anchois à l'huile • 2 cuill. à soupe d'huile d'olive • 4 cuill. à soupe de vinaigre de vin blanc • sel • poivre du moulin

PRÉPARATION

1. Coupez les poivrons en quatre, retirez le pédoncule, les graines et les filaments blancs, puis lavez-les et découpez-les en fines lanières. Pelez et émincez l'ail. Effeuillez le romarin. Coupez la pancetta en petits dés.

2. Faites fondre la moitié du beurre dans une cocotte et faites-y revenir la pancetta et le romarin, puis ajoutez la feuille de laurier et les morceaux de lapin préalablement salés et poivrés. Faites colorer les morceaux pendant 10 minutes sur toutes les faces.

3. Couvrez et laissez mijoter, cocotte couverte, pendant 20 minutes, en retournant régulièrement les morceaux de lapin et en les arrosant chaque fois d'un peu de bouillon. Grattez bien le fond de la cocotte pour que les sucs se mélangent et parfument agréablement le bouillon.

4. Égouttez les filets d'anchois et écrasez-les à la fourchette. Faites chauffer l'huile d'olive dans une sauteuse. Ajoutez-y le reste du beurre et faites revenir les anchois, l'ail et les poivrons, puis laissez cuire à couvert pendant 20 minutes en ajoutant le vinaigre en plusieurs fois.

5. Versez ensuite le contenu de la sauteuse dans la cocotte et laissez cuire encore 20 minutes. Retirez la feuille de laurier et servez dans la cocotte ou dans un grand plat chaud.

Lapin à la bière

POUR 4 PERS. : 1 lapin de 1,2 à 1,3 kg coupé en morceaux au couteau • 25 cl de bière blonde • 2 ou 3 oignons • 1 cuill. à soupe de beurre • 1 cuill. à soupe d'huile d'olive • 1 bonne pincée de cannelle en poudre • 10 grains de genièvre • 2 feuilles de laurier • sel • poivre du moulin

PRÉPARATION

1. Préchauffez le four à 160 °C (th. 5-6). Pelez et coupez les oignons en rondelles.

2. Dans une cocotte, faites fondre le beurre et l'huile. Salez, poivrez les morceaux de lapin et faites-les dorer. Retirez les morceaux et ajoutez les oignons. Remuez pour bien les imprégner de la matière grasse et couvrez pour les laisser suer quelques minutes.

3. Rajoutez les morceaux de lapin. Saupoudrez de cannelle, arrosez à la bière, ajoutez les grains de genièvre, le laurier et remuez. Enfournez la cocotte pour 1 heure.

4. Retirez la cocotte du four et vérifiez si la sauce est réduite. Si ce n'est pas le cas, faites bouillotter pour arriver à une sauce sirupeuse et peu abondante.

Variantes : faites tremper une poignée de raisins secs dans un peu de bière et versez-les en même temps que le restant de bière. On peut également ajouter au dernier moment 3 cuillerées à soupe de crème fraîche dans la sauce et servir après avoir remué soigneusement et rectifié l'assaisonnement.

Lapin aux noix

Cette recette se réalise en octobre-novembre, à la saison des noix fraîches.

POUR 4 PERS. : 1 lapin de 1,2 à 1,3 kg • 200 g de cerneaux de noix • 4 cuill. à soupe d'huile d'olive • 1 bon verre de vin blanc sec • 2 gousses d'ail • 1 bouquet de persil • 1 branche de romarin • 50 g de pignons de pin • sel • poivre du moulin.

PRÉPARATION

1. Coupez le lapin en morceaux au couteau et réservez le foie. Pelez les cerneaux de noix et écrasez-en grossièrement la moitié au mortier.

2. Dans une cocotte, faites chauffer l'huile d'olive et faites-y colorer les morceaux de lapin sur toutes les faces à feu vif. Réduisez le feu, ajoutez les noix pilées, le vin blanc et couvrez.

3. Pendant ce temps, épluchez les gousses d'ail et hachez-les avec le persil et le foie, les feuilles de romarin et le reste des cerneaux de noix. Versez dans la cocotte, salez, poivrez et laissez cuire à couvert et à feu doux pendant 40 minutes.

4. Dans une poêle, faites dorer les pignons à sec. Rectifiez l'assaisonnement du contenu de la cocotte, versez dans un plat, parsemez de pignons grillés et servez.

Mes amis les farcis

L'UNIVERS de toutes Les audaces !

QU'EST-CE QU'UNE FARCE ?

La variété des farces est infinie, tant la nature des ingrédients de base, des liants, des aromates et des épices est multiple. Quels que soient les aliments qui composent une farce, coûteux comme le foie gras ou la truffe, simples comme le porc ou le poulet, les farces doivent être homogènes, savoureuses et préserver les arômes de leurs différents composants.

Le secret de la réussite d'une farce dépend essentiellement de la qualité et de la fraîcheur des produits utilisés. La farce est toujours composée d'un ou de plusieurs éléments dominants – viande, poisson, volaille, gibier, abats, légumes – et d'un liant, essentiel pour la réussite du résultat final. Ce liant peut être de la matière grasse, des œufs entiers, ou jaunes et blancs séparés, de la mie de pain, de la farine, de la fécule, de la gelée ou du riz.

Les liants interviennent, comme leurs noms l'indiquent, pour assurer la liaison entre les éléments dominants de la farce. Ils ne doivent donc jamais les supplanter ou les altérer, mais au contraire, les conforter, les exacerber, les mettre en valeur et participer à toute la palette de leurs parfums.

« La farce autorise toutes les libertés, tous les mélanges, toutes les audaces et tous les mariages ! »

UN PEU D'HISTOIRE...

• **Chez les Grecs, lors des banquets,** la farce au miel était la plus appréciée. Une des premières recettes de hachis consistait en un hachis de fromage, de viscères, de vinaigre d'oignon et divers menus autres ingrédients, pétris au miel.

• **Avec ce cher Apicius...** Au Ier siècle après J.-C., Apicius, un riche Romain qui aimait les plaisirs de la table, farcissait doublement le cochon de lait. Il conseillait d'introduire, dans l'oreille du porc, une farce térentine (variété d'amande) tenue dans une vessie de bœuf et, à l'aide d'un chalumeau d'oiselier, il faisait pénétrer le plus de farce possible, du poivre broyé, de la livèche, de l'origan, avec un peu de racine de silphium, mouillé avec du garum, puis ajoutait des cervelles cuites, des œufs crus, de l'épeautre cuit, des petits oiseaux, des pignons de pin et du poivre en grains, le tout amalgamé avec du garum.

Garum : quèsaco ?

La recette : dans un tonnelet ou un pot en grès, on alternait une couche de gros sel gris de mer, une couche d'herbes aromatiques mélangées, une couche de poisson, une couche de sel, et ainsi de suite. Lorsque tout cela était fondu, on déversait la préparation à travers un tamis, on réduisait la macération en purée et on remettait en pot sous une épaisseur de sel. On obtenait ainsi une sorte de nuoc-mâm déjà présent dans le Sud-Est asiatique.

PETITE DEVINETTE

Quel mélange en cuisine permet d'utiliser légumes, œufs, pâtes, poisson, volaille, gibier en toute liberté ?

Réponse : la farce, bien sûr !

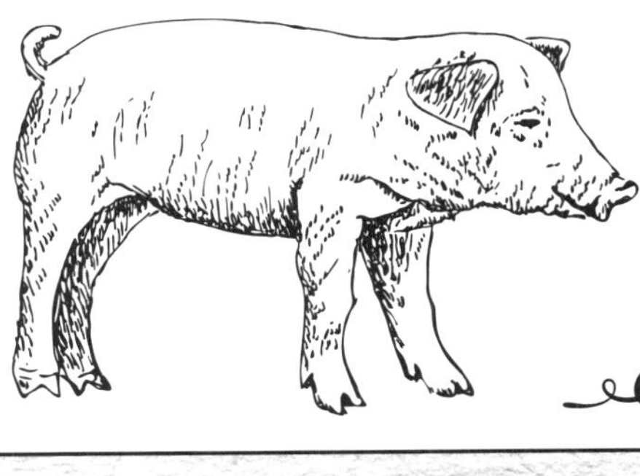

LE DÉFILÉ *des farces !*

Les farces s'utilisent dans les pâtés, terrines et autres ballottines. On peut aussi farcir des légumes : petits farcis provençaux, tomates, pommes de terre, aubergines… On peut même farcir un poisson. N'oublions pas que le saucisson et la saucisse utilisent depuis toujours une farce à base de viande de porc. Vous pouvez aussi garnir des croûtons, des tartelettes et des friands. Dans la cuisine populaire, la farce permet d'accommoder des restes, le hachis Parmentier en est le parfait exemple.

On distingue :

- **Les farces grasses**
L'exemple le plus simple est la chair à saucisse. Il existe aussi les farces à gratin, essentiellement utilisées pour les croûtons ; la farce de foie, utilisée pour les pains de cuisine, le pâté et les terrines.

- **Les farces maigres**
Citons la farce aux champignons pour les gibiers, légumes, volailles ; la farce pour les terrines de légumes.

- **Les farces de poissons, de crevettes.**

- **La farce mousseline**
Elle est à base de chair de viande blanche ou de poisson.

Le bon MATÉRIEL

Pour faire une farce, on a besoin de peu de matériel.

- **Le hachoir**
Il existe des hachoirs électriques, bon marché, efficaces. Vous pouvez vous dispenser de les acheter si vous entretenez de bonnes relations avec votre charcutier ou votre boucher. Autorisez-vous à lui demander de bien vouloir hacher les viandes selon le diamètre de la grille du hachoir qui conviendra aux différents types de farces à obtenir.

- **Un petit couteau à désosser.**

- **Une cuillère**
On peut utiliser une cuillère pour pétrir la farce, mais je préfère de beaucoup les doigts, car son contact avec la peau a quelque chose d'excitant !

Le mixeur ? N'y pensez pas !

N'utilisez jamais le mixeur pour hacher, il n'est pas équipé pour ce travail. Il a tendance à chauffer et à détériorer les viandes.

MES BONNES FARCES POUR NE PAS ÊTRE LE DINDON !

Farce pour une dinde, un chapon ou autre volaille

POUR 1 VOLAILLE : 200 g de noix de veau • 200 g de poitrine de porc fraîche • 200 g de gorge de porc fraîche • le foie de la volaille (ou 50 g de foie de volaille) • 300 g de pain rassis • 20 cl de lait • 5 échalotes • 2 gousses d'ail • 1 pomme Granny Smith • 2 cuill. à soupe de beurre • 2 cuill. à soupe d'herbes hachées (persil, estragon, ciboulette…) • 100 g de raisins secs • 6 œufs • 2 cuill. à café de sel • 10 tours de moulin à poivre

PRÉPARATION

1. Hachez les viandes à grille moyenne.

2. Préchauffez le four à 180 °C (th. 6). Trempez le pain dans le lait chaud. Épluchez et hachez finement les échalotes et l'ail. Pelez la pomme et coupez-la en dés.

3. Dans une poêle, faites fondre le beurre, puis le hachis d'échalotes et d'ail. Ajoutez la pomme, laissez dorer et réservez.

4. Coupez le foie de volaille en petits dés. Dans un saladier, mélangez les viandes hachées, le hachis d'échalotes et d'ail, la pomme, les herbes, les raisins secs, le pain trempé, les œufs et le foie. Salez, poivrez et malaxez bien.

5. Remplissez de cette farce un moule à cake préalablement beurré (sauf s'il est antiadhésif), couvrez d'une feuille de papier d'aluminium et faites cuire 45 minutes au bain-marie, au four ou sur le feu.

6. Laissez refroidir à température ambiante, couvrez d'un film alimentaire et réservez au réfrigérateur.

VARIANTE : remplacez les raisins et la pomme par 250 g de marrons cuits ou 30 pruneaux dénoyautés trempés dans 1 l de thé bien fort, puis égouttés.

Farce au veau

POUR 8 TOMATES À FARCIR : 750 g de poitrine ou de tendron de veau • bouillon (ou eau) • 1 bouquet garni (thym, laurier et tiges de persil) • 1 carotte • 1 oignon • 2 œufs • 2 cuill. à soupe de crème fraîche • 50 g de chapelure • 1/2 bouquet de persil haché • 2 cuill. à café de sel • 5 tours de moulin à poivre

PRÉPARATION

1. Faites couper le veau en gros cubes comme pour une blanquette. Mettez-les dans une casserole, recouvrez de bouillon froid (ou d'eau) et portez à ébullition.

2. Ajoutez le petit bouquet garni, la carotte et l'oignon épluchés, salez et faites cuire 1 h 30. Égouttez et laissez refroidir.

3. Désossez et retirez les peaux. Hachez grossièrement au hachoir, grille moyenne, avec la carotte et l'oignon. Ajoutez les œufs, la crème, la chapelure, le persil, le sel et le poivre.

BON À SAVOIR

Plutôt que de farcir une volaille en introduisant la farce par l'ouverture du cou ou du croupion, il est beaucoup plus simple de cuire la farce dans un moule et de la réchauffer au dernier moment, puis de la découper en tranches régulières. La farce s'en trouve aussi plus présentable.

Farce classique pour les petits farcis

POUR 4 LÉGUMES : 250 g de chair à saucisse • 100 g de mie de pain • 10 cl de lait entier • 1 oignon • 1 gousse d'ail • 4 cuill. à soupe de persil haché • 2 cuill. à soupe d'huile • 2 jaunes d'œufs • sel • poivre du moulin

PRÉPARATION

1. Émiettez la mie de pain dans le lait. Épluchez l'oignon et l'ail, et hachez-les menu. Même chose avec le persil.

2. Faites chauffer l'huile dans une poêle et mettez-y l'ail à fondre et à dorer. Ajoutez la chair à saucisse et faites cuire quelques minutes.

3. Hors du feu, mélangez le contenu de la poêle avec la mie de pain pressée, les jaunes d'œuf et le persil haché. Salez, poivrez et mélangez à la main pour obtenir une farce homogène prête à être utilisée pour farcir des légumes.

QUELS LÉGUMES CHOISIR ?

Choisissez 4 tomates, 4 courgettes rondes, 4 poivrons ou 4 aubergines. Pour ces dernières, vous pouvez ajouter dans la farce, selon vos goûts, 3 filets d'anchois à l'huile hachés menu.

FARCE D'APICIUS *pour un pâté*

« Prenez des tétines de truie cuites et coupées en morceaux, de la chair de poisson, de la chair de poulet, des becfigues, ou des ventres de grives et toutes choses excellentes. Hachez le tout excepté les becfigues ; mélangez les chairs avec des œufs crus et de l'huile. D'autre part, broyez du poivre et de la livèche, mouillez de garum, de vin et de vin de raisins secs ; faites chauffer dans une marmite en terre et liez avec de l'amidon. Jetez-y votre hachis et portez à ébullition. Quand ce sera cuit, vous enlèverez la marmite du feu avec son jus ; et, vous servant d'une louche, vous transporterez la farce par couche sur une lèchefrite après y avoir incorporé des grains de poivre en grains entiers et des pignons de pommes de pin. Sur le fond, tapissez une abaisse assez épaisse, versez une louche de farce, puis faites alterner de minces abaisses et des couches de farce d'une valeur d'une louche. Recouvrez le tout d'une abaisse amincie au rouleau, faites cuire le pâté, puis saupoudrez-le de poivre. »

FAITES PARLER LES CRÉPINETTES

J'aime beaucoup les crépinettes ! Vous en trouverez toutes prêtes chez le charcutier, mais vous pouvez aussi les faire vous-même. Elles prennent parfois le nom de « saucisse plate ». Au Québec, on les appelle « saucisses en coiffe ».

Mes crépinettes de porc à la campagnarde

POUR 24 CRÉPINETTES : 1,2 kg d'échine de porc • 700 g de lard gras de bardière • 300 g de foie de porc • 80 g d'oignon • 12 branches de persil • 25 cl de vin rouge tannique (madiran ou cahors) • 450 g de crépine de porc fraîche • 1 kg de saindoux • sel • poivre du moulin

PRÉPARATION

1. Enlevez la fine peau enveloppant le foie et coupez celui-ci en lanières en retirant les vaisseaux. Coupez également l'échine et le lard en bandes d'environ 2 cm de large. Passez le tout au hachoir, grille à gros trous. Ajoutez l'oignon et le persil finement hachés, salez et poivrez. Versez le vin, mélangez soigneusement et couvrez la farce pour la mettre 12 heures au réfrigérateur.

2. Trempez les crépines dans de l'eau tiède pour les assouplir. Dans une cocotte en fonte large, faites fondre la moitié du saindoux sur feu très doux. Étirez les crépines. Coupez-en de grands morceaux de 20 cm de côté.

3. Divisez la farce en 24 parts égales et formez des galettes d'environ 2 cm d'épaisseur. Enveloppez chacune dans un morceau de crépine et posez les crépinettes dans le saindoux fondu, côte à côte. Elles ne doivent pas se superposer et la graisse doit arriver à niveau. Laissez confire pendant 20 minutes, puis sortez les crépinettes.

4. Lorsqu'elles sont toutes cuites, laissez tiédir le saindoux et passez-le au chinois dans une casserole. Ajoutez le reste de saindoux et laissez fondre.

5. Dans une terrine à couvercle, versez 1 louche de saindoux et remuez la terrine pour en couvrir toutes les parois. Laissez figer, mettez une couche de crépinettes, une couche de saindoux, puis une autre couche de crépinettes et enfin une couche de saindoux qui doit recouvrir le tout. Laissez refroidir et rangez au réfrigérateur.

6. Pour les servir, sortez-les de la graisse et faites-les croustiller à la poêle. Servez avec des frites, des pommes sautées, une salade légèrement aillée selon votre goût.

VARIANTE : Pour des crépinettes express, comptez environ 80 g de chair à saucisse salée et poivrée, aplatie et enveloppée d'un morceau de crépine. Poêlez-les pendant 5 à 8 minutes de chaque côté dans du beurre ou du saindoux.

BON À SAVOIR

Les crépinettes dans le saindoux se conservent 10 jours dans le réfrigérateur.

CRÉPINETTES *façon Apicius*

Apicius, encore lui, proposait sa recette de crépinettes :

« Faites rôtir un foie de porc, puis dénervez-le. Préalablement, vous aurez broyé ensemble du poivre, de la rue, du garum et vous mélangez comme l'on fait pour la viande. Vous confectionnerez alors vos crépinettes ; vous enroulez chacune d'elle dans une feuille de laurier, les suspendez à la fumée où vous les laisserez aussi longtemps que vous voulez. Quand vous voudrez les manger, vous les enlèverez de la fumée et les ferez rôtir. »

La rue est une plante herbacée vivace à petites feuilles gris bleuté, à la saveur amère. Elle jouait un rôle important dans la pharmacopée à l'époque de l'Antiquité. Au Moyen Âge, elle entrait dans la composition de nombreuses recettes, avec des viandes en sauces ou dans les salades. En Italie, elle entre dans la fabrication de la grappa. Attention, cette plante peut être toxique.

ZOOM SUR LA CRÉPINE

LA CRÉPINE EST LE REPLI DU PÉRITOINE QUI RELIE LE GROS INTESTIN À LA RATE ; ON L'APPELLE AUSSI LA « COIFFE » ET MÊME LA « TOILETTE ». SI ON LA TREMPE QUELQUES HEURES DANS DE L'EAU FROIDE, ELLE BLANCHIT ; DANS DE L'EAU TIÈDE, ELLE S'ASSOUPLIT. ON PEUT ALORS L'ÉTIRER SANS LA DÉCHIRER ET LA FARCIR.

LES INDÉTRÔNABLES TOMATES FARCIES

Tomates farcies aux concombres

POUR 4 PERS. : 6 à 8 tomates rondes • 2 concombres moyens • 1 cuill. à soupe d'estragon haché • 1 vinaigrette classique • sel • poivre du moulin

PRÉPARATION

1. Épluchez les concombres, retirez les pépins, coupez-les en petits dés et laissez-les dégorger le temps d'évider les tomates avec une petite cuillère. Salez-les et retournez-les sur une grille pour laisser l'eau de végétation s'égoutter.

2. Effeuillez l'estragon et hachez-le finement. Mélangez-le à la vinaigrette. Assaisonnez-en les concombres et farcissez généreusement chaque tomate avec la salade de concombres.

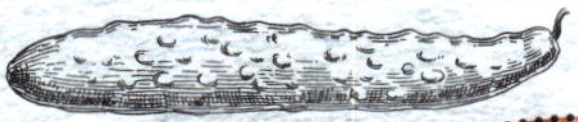

Tomates farcies à la viande

POUR 4 PERS. : 8 grosses tomates fermes • 1 filet mignon de porc (350 g) • 2 tranches de jambon maison ou supérieur • 1 gros oignon blanc • 1 gousse d'ail • 1 petit bouquet garni (ajoutez-y les tiges de persil) • 1 cuill. à soupe de beurre • 1 cuill. à soupe d'huile • 2 œufs • 1 petite poignée de persil haché • 2 cuill. à café de sel • 3 tours de moulin à poivre

PRÉPARATION

1. Dans une petite cocotte, faites revenir le filet mignon avec l'oignon émincé, l'ail écrasé et le bouquet garni dans le beurre et l'huile. Faites suer 15 minutes à couvert.

2. Décalottez les tomates, creusez l'intérieur avec une cuillère en prenant soin de ne pas les percer, éliminez les graines et conservez les chairs. Salez l'intérieur et retournez-les afin qu'elles perdent une partie de leur eau de végétation.

3. Préchauffez le four à 180 °C (th. 6). Sortez le filet mignon de la cocotte. Ajoutez à l'oignon et au bouquet garni la chair des tomates récupérée. Laissez cuire à petit feu jusqu'à évaporation du liquide. Enlevez le bouquet garni. Versez le contenu de la cocotte sur le filet mignon et laissez refroidir.

4. Passez le filet mignon et le jambon au hachoir, à grille moyenne. Dans un récipient, mélangez le porc, le jambon, l'oignon, la chair des tomates, le persil haché avec les œufs. Assaisonnez de sel et de poivre et remplissez les tomates avec la farce obtenue.

5. Recouvrez les tomates de leur calotte et rangez-les dans un plat à gratin. Ajoutez 2 ou 3 cuillerées à soupe d'eau dans le fond du plat avec un peu de beurre. Enfournez pour 1 heure environ, pas plus.

6. Récupérez le jus de cuisson dans une casserole et faites-le réduire à feu très vif 3 ou 4 minutes. Arrosez les tomates et servez.

Tomates farcies aux champignons

POUR 4 PERS. : 5 grosses tomates (Cœur de bœuf ou Marmande) • 400 g de champignons de Paris • 100 g de beurre • 1 cuill. à café de concentré de tomates • sel • poivre du moulin

PRÉPARATION

1. Plongez 1 tomate dans de l'eau bouillante, puis pelez-la, coupez-la en deux et retirez les graines et l'eau de végétation. Coupez la pulpe et réservez-la dans un bol.

2. Coupez le chapeau des 4 tomates restantes. Retirez les graines et l'eau de végétation de chaque alvéole, creusez dans chaque alvéole à l'aide d'une petite cuillère et retirez la pulpe. Concassez celle-ci et ajoutez-la à celle de la première tomate. Retirez éventuellement le reste des graines. Salez légèrement l'intérieur des tomates et retournez-les sur une grille pour qu'elles continuent à rendre leur eau.

3. Retirez la partie terreuse des champignons (cette partie est le signe de leur fraîcheur ; n'achetez jamais de champignons sans pieds terreux). Lavez-les à l'eau courante fraîche et hachez-les en petits morceaux.

4. Dans une poêle sur feu moyen, mettez une noix de beurre à blondir. Ajoutez la pulpe des tomates et laissez-la fondre jusqu'à ce que toute l'eau soit évaporée. Salez et poivrez.

5. Dans une autre poêle, procédez de même avec les champignons pour les faire suer et éliminer l'eau de végétation.

6. Préchauffez le four à four chaud 250 °C (th. 8-9). Dans un bol, mélangez la fondue de tomate, les champignons et le concentré de tomates. Remplissez chaque tomate avec ce mélange, placez-les dans un plat et recouvrez-les avec les chapeaux. Faites fondre le restant de beurre et arrosez les tomates. Enfournez pour 20 minutes.

7. Retirez du four et placez les tomates sur une assiette ou sur un plat. Récupérez le jus dans une casserole et faites-le réduire. Versez ce jus réduit sur les tomates.

BON À SAVOIR

Si vous le souhaitez, il est possible de farcir les tomates à l'avance et de les cuire au dernier moment. Cette recette peut se réaliser avec des girolles ou des cèpes en procédant à l'identique.

Tomates farcies aux œufs durs

POUR 4 PERS. : 6 ou 8 tomates moyennes • 5 à 7 œufs • 1 poignée de cerfeuil et de ciboulette • 1 bol de rémoulade

PRÉPARATION

1. Faites cuire les œufs durs (10 minutes environ à l'eau bouillante), puis mettez-les à rafraîchir dans de l'eau froide pour les écaler plus rapidement.

2. Creusez les tomates (gardez la pulpe pour un éventuel coulis). Hachez les feuilles de cerfeuil et les tiges de ciboulette.

3. Écalez les œufs et hachez-les grossièrement. Ajoutez les œufs durs et les herbes hachées à la rémoulade et mélangez très délicatement. Farcissez-en chaque tomate et saupoudrez avec le reste des fines herbes.

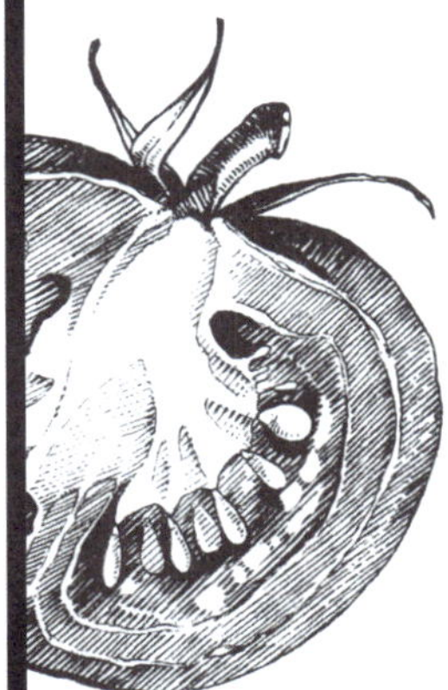

LA RÉMOULADE FACILE

Dans un bol, délayez de la moutarde et du vinaigre, salez et poivrez. Versez de l'huile en filet comme pour monter une mayonnaise et fouettez avec énergie. On obtient une sauce comme une mayonnaise, mais plus légère, plus moutardée et vinaigrée. Utilisez-la rapidement, car elle se décompose assez vite.

CHEZ LES FARCIS, IL Y A AUSSI...

Œufs mimosa

POUR 4 PERS. : 6 œufs • 1 cuill. à café de moutarde de Dijon • 2 cuill. à café de vinaigre • huile d'olive • 1 cuill. à soupe de persil haché • sel • poivre du moulin

PRÉPARATION

1. Faites durcir les œufs dans de l'eau bouillante pendant 10 minutes, puis plongez-les dans de l'eau glacée. Hachez le persil.

2. Écalez les œufs et coupez-les en deux dans le sens de la longueur. Retirez les jaunes et écrasez-les dans un saladier. Salez et poivrez, puis incorporez la moutarde et le vinaigre. Travaillez le mélange en versant l'huile d'olive en filet. Vérifiez l'assaisonnement en sel et poivre.

3. Garnissez chaque moitié de blanc d'œuf avec cette préparation en formant un petit monticule. Saupoudrez de persil haché.

Pommes de terre farcies au beurre

POUR 8 PERS. : 16 pommes de terre moyennes, de même taille, à chair ferme • 1 kg de chair à saucisse • 300 g d'oignons • 1 échalote • 2 bouquets de persil • 4 œufs • 50 g de beurre • 40 cl de vin blanc du Jura • sel • poivre du moulin

PRÉPARATION

1. Préchauffez le four à 180 °C (th. 6). Hachez finement les oignons et l'échalote, le persil. Battez les œufs et mélangez le tout dans un saladier avec la chair à saucisse. Salez et poivrez.

2. Lavez, épluchez et coupez les pommes de terre en deux, puis videz-les de moitié avec une petite cuillère ou une cuillère parisienne. Remplissez de farce les moitiés, puis refermez-les afin de reconstituer des pommes de terre.

3. Beurrez un plat, posez les pommes de terre dedans, arrosez-les de vin blanc et mettez le reste de beurre. Répandez le restant de farce autour des pommes de terre. Couvrez le plat d'une feuille de papier d'aluminium et faites cuire pendant 45 minutes.

Vous pouvez accompagner ce plat d'une salade croquante, échalotée ou aillée.

Moussaka

Vous pouvez la préparer à l'avance puis la réchauffer à four doux.

POUR 4 PERS. : 6 aubergines longues et sans graines • 500 g d'épaule d'agneau (ou de noix pâtissière bien maigre) • 2 oignons • 50 g de beurre • 1 bol de coulis de tomates • 1 brindille de thym • chapelure • sel • poivre du moulin

PRÉPARATION

1. Demandez à votre boucher de hacher l'épaule d'agneau (ou la noix pâtissière). Épluchez et hachez finement les oignons. Ôtez les pédoncules des aubergines, pelez-les et coupez-les dans le sens de la longueur en tranches épaisses de 1 cm au moins.

2. Dans une poêle assez grande, mettez du beurre à blondir et posez des tranches les unes à côté des autres. Faites-les cuire et dorer en les retournant avec une spatule. Au fur et à mesure de leur cuisson, réservez-les dans un plat sur une feuille de papier absorbant. Ajoutez du beurre dans la poêle si nécessaire et terminez la cuisson de toutes les tranches d'aubergine.

3. Simultanément, dans une autre poêle, faites blondir du beurre. Ajoutez les oignons hachés et couvrez. Ils doivent être transparents. Relevez le feu et ajoutez la viande hachée. Faites dorer, baissez le feu et ajoutez le coulis de tomates, le thym, du sel et du poivre. Mélangez bien et laissez mijoter le tout à couvert 15 minutes.

4. Préchauffez le four à 220-230 °C (th. 7-8). Beurrez un plat et tapissez-le avec une couche de tranches d'aubergine posées côte à côte. Étalez ensuite une couche de farce, une couche d'aubergines et ainsi de suite pour terminer par une couche d'aubergines. Saupoudrez de chapelure.

5. Faites fondre une noix de beurre dans la poêle où ont cuit les aubergines. Arrosez-en les aubergines. Mettez au four pour 25 minutes. Pour les cinq dernières minutes de cuisson, passez en position gril jusqu'à obtenir une belle couleur dorée.

Chou farci

POUR 4 PERS. : 1 gros chou vert de 1,2 à 1,4 kg • 300 g de petit salé • 300 g de poitrine demi-sel • 300 g de flanchet de veau (ou de macreuse de bœuf) • 1 bouillon du commerce (ou des os de veau ou de bœuf) • 1 bouquet garni (thym, laurier et tiges de persil) • 1 branche de thym • 2 feuilles de laurier • poivre en grains • gros sel • bicarbonate de soude • 3 oignons • 1 bouquet de persil • 2 gousses d'ail • 3 œufs • 1 beau morceau de barde • sel • poivre du moulin

PRÉPARATION

1. Dans une marmite contenant 3 l d'eau, mettez le bouillon du commerce (ou les os), le bouquet garni, le petit salé, la poitrine et le veau (ou le bœuf). Ajoutez le thym supplémentaire, le laurier et du poivre en grains. Portez à ébullition et laissez bouillotter 1 heure.

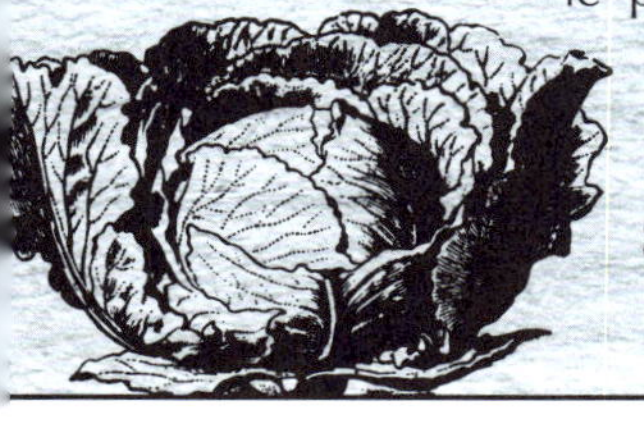

2. Pendant ce temps, faites blanchir le chou (après l'avoir soigneusement lavé) dans un faitout d'eau bouillante avec le gros sel pendant 7 minutes (n'oubliez pas de mettre du bicarbonate pour éviter les flatulences). Égouttez et rincez le chou à l'eau froide.

3. Épluchez les oignons. Hachez les viandes (petit salé, poitrine et flanchet), les oignons, le bouquet de persil et les gousses d'ail. Ajoutez les œufs, mélangez et rectifiez l'assaisonnement.

4. Tapissez le fond d'une cocotte avec la barde, étalez une couche de chou, puis de hachis, renouvelez plusieurs fois l'opération et terminez par une couche de chou. Arrosez le tout avec 3 louches de bouillon de cuisson des viandes.

5. Faites cuire sur feu doux, cocotte ouverte, pendant 1 h 30. Le chou doit dorer. Servez dans la cocotte sur la table ou démoulez dans un plat creux, avec un coulis de tomates.

Les cocos, ROIS des haricots

LE FAYOT, *le péteux,* *le flatulent...*

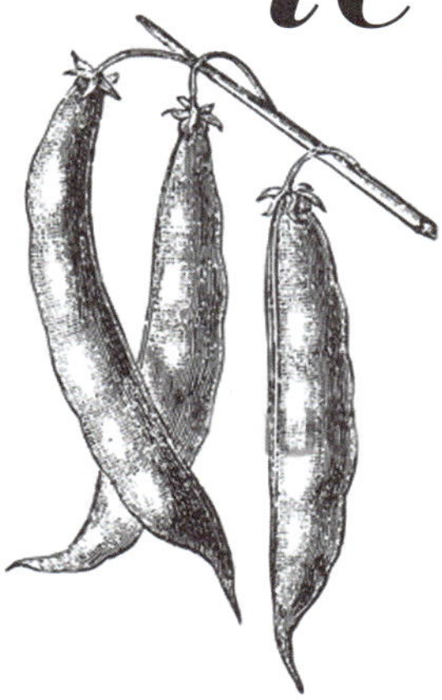

COMMENT VOULEZ-VOUS VOUS FAIRE UNE RÉPUTATION GASTRONOMIQUE AVEC DES SURNOMS PAREILS ?

Et pourtant, le **haricot sec** a réussi à s'imposer dans le monde culinaire ! Il reste un problème, et pas des moindres : imposer son ou ses vrais noms. En 1904, le *Catalogue des plantes potagères* de Vilmorin-Andrieux recense **89 variétés** en France et à l'étranger de haricots, comprenant aussi les **haricots nains** et les **haricots à rames**.

Qui peut prétendre cultiver encore le haricot de Prague marbré nain qui se fait appeler haricot Baudin, haricot boulot nain ou haricot girafe nain pour les seuls synonymes français ? En Amérique, il a d'ailleurs trois surnoms et son nom en Allemagne est le *Rotscheckige niedrige Prager Zucker-Bohne* !

À titre anecdotique, dans ce même ouvrage des plantes potagères, il y a beaucoup de variétés de haricots à filets, ceux qui ont des gousses vertes, un peu moins de haricots mangetout... Ici, je n'évoquerai que les **haricots à écosser**, ceux dont on ne consomme que les grains, **à l'état demi-sec** (haricots à écosser frais) ou **à l'état sec.** On ne distingue que deux spécialités françaises : les « **cocos** » et les « **flageolets** ».

LE HARICOT À SES DÉBUTS...

Fausse piste

On a longtemps cru que les haricots étaient connus des Grecs et des Romains, et même des auteurs du Moyen Âge. En réalité, il s'agissait de la féverole ou de la gesse (connue aussi sous le nom de « jarosse »), provenant d'une plante d'origine asiatique, la dolique, que l'on cultive encore de nos jours. C'est en tout cas ce qu'ont trouvé à dire les archéologues qui ont fouillé les villes de Troie et de Pompéi !

Merci Christophe Colomb

C'est lui qui découvrit le haricot en Amérique centrale et qui en fit parvenir quelques graines au pape Clément VII. Celui-ci les confia au chanoine Piero Valeriano qui cultiva, dans quelques pots de terre, les grosses graines en forme de rognons. Le religieux s'émerveilla de la productivité de la plante et fit savoir qu'il s'était régalé des grains de sa récolte. Il les baptisa *fagioli*.

Haricot en grande pompe

Le chanoine persuada Alexandre de Médicis d'ajouter un sac de ces *fagioli* dans la corbeille des noces de Catherine de Médicis qui devait épouser le Dauphin de France.

En France

Les Provençaux furent les premiers à le préparer pour garnir l'aïoli. C'est d'ailleurs dans le sud de la France que ses effets aérophagiques furent découverts après une indigestion ! Le haricot arriva à Paris, commença à se répandre sans faire l'unanimité.

Et le nom de « haricot » ?

Le haricot a mis plusieurs siècles pour trouver son nom définitif. Les Provençaux lui donnèrent d'abord le sobriquet de *gounflo-gus,* « gonfle panse ». Nicolas de Bonnefons, agronome et valet de chambre de Louis XIV, cite en 1651 la « fève de haricot », ou féverole. Petit à petit, on lui rendit son identité première avec le nom *ayacotl,* quand on en découvrit en Équateur, en Bolivie et au Pérou. Et c'est dans la *Physiologie des substances alimentaires, ouvrage* publié en 1853 par Stanislas Martin, que l'on trouve pour la première fois le terme de « haricot » : « HARICOT (*pron.* a-ri-ko). *Phaseolus vulgaris.* Le haricot est un herbacé originaire de l'Asie. On le cultive en Europe depuis un temps immémorial. » Un nouveau mot définitif et une définition fausse !

UN PEU DE CULTURE POTAGÈRE…

Les variétés des haricots qui nous intéressent se distinguent par la taille des plantes :

• **les variétés naines**, qui ne dépassent pas 60 cm de hauteur et demandent moins de travail à l'installation, car il n'y a pas de tuteurage ;

• **les variétés à rames**, qui peuvent atteindre 2 à 2,50 m de hauteur doivent être conduites nécessairement sur des tuteurs ou des rames autour desquelles les tiges vont s'enrouler. Guidez vos plants dès le début ; après, ils se débrouilleront seuls. Permettez-moi d'attirer votre attention sur ces haricots : ils ont un rendement plus important pour une même surface au sol, mais ils présentent un inconvénient relativement important : les variétés traditionnelles sont moins résistantes aux maladies !

LES HARICOTS AIMENT :

• les températures entre 15 et 18 °C au moment du semis. Il est donc préférable d'attendre avril pour les régions situées dans le Midi, sinon mai et juillet ;

• des apports de fumure à l'automne avec un engrais riche en acide phosphorique et en potasse ;

• des expositions ensoleillées ;

• des arrosages réguliers en période chaude.

LES HARICOTS N'AIMENT PAS :

• les sols trop froids au moment des semis ;

• les sols trop acides ou trop calcaires ;

• une fertilisation juste avant la culture.

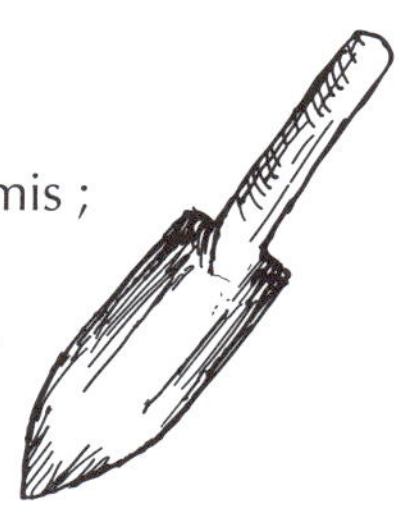

Attention aux limaces !

Petit conseil : pensez à protéger vos plantations des limaces dès les premiers jours de pousse. Pour cela, répandez autour de la cendre de bois qui fera office de barrière. Ce traitement doit être renouvelé après chaque pluie. Vous pouvez aussi pulvériser des décoctions d'armoise ou de prêle pour les éloigner.

Semis et plantation. Prévoyez un espacement de 40 à 50 cm entre les lignes pour les variétés naines et de 70 à 80 cm pour les variétés à rames. On peut planter jusqu'en août pour des récoltes qui s'échelonneront jusqu'en octobre. Dès la levée, il est bon de prévoir un premier binage, puis un second lorsque les plants atteignent 10 à 12 cm de hauteur. Ce sera alors l'occasion de remonter la terre autour des pieds. Ce buttage améliore l'enracinement et facilite l'entretien des cultures et l'arrosage. Je recommande fortement de ne jamais arroser le feuillage, sinon gare au développement des maladies !

Quelle quantité planter ? Pour une famille de 4 personnes :
- 1 rang de 8 à 10 m de haricots pendant l'été, tous les 15 jours pour les haricots frais à écosser ;
- 1 rang de 8 à 10 m de haricots à écosser secs pour l'hiver.

Leurs copains de jardin et les autres... Les haricots nains ou à rames n'éprouvent aucune sympathie pour l'ail, l'échalote, le fenouil et le poireau. Inutile de les fâcher et de tenter une réconciliation. En revanche, carottes, choux, concombres, fraisiers, persil, pommes de terre et tomates sont avec le haricot comme larrons en foire !

Quand récolter ? Les cocos se cueillent en grains frais. Pour les flageolets, n'attendez pas qu'ils soient matures, récoltez-les demi-secs. Quant aux lingots, il faut les cueillir en grains secs.

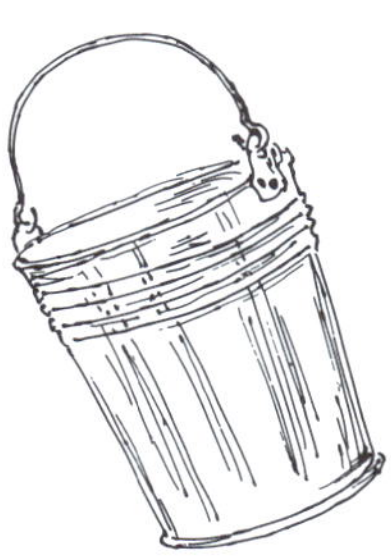

Mes variétés favorites

Flageolet de Touraine

CHEZ LES NAINS

- **Flageolet de Touraine :** grain vert clair, chair onctueuse et beurrée.
- **Nombril de bonne sœur :** une rareté, pratiquement pas de peau, un goût de purée de châtaigne.
- **Frijol freolese :** un petit haricot rouge.

Nombril de bonne sœur

CHEZ LES HARICOTS À RAMES

- **Coco blanc Sophie :** grain blanc rond à consommer à sec ;
- **Flageolet Soissons vert :** gros grain vert clair, chair épaisse et onctueuse, très productif ;
- **Haricot Soissons blanc :** grain sec, très fin, peau fine et tendre ;
- **Haricot Tarbais :** longue gousse plate, grain blanc, peau très fine. C'est le roi pour le cassoulet ! Délicat, onctueux, fondant, inoubliable, il se consomme frais et sec.

Haricot Soissons blanc

Outre les variétés que je préconise, d'autres sont disponibles à la plantation : le **coco de Paimpol** (AOP) et le **lingot du Nord** (qui bénéficie d'une IGP, tout comme le **haricot Tarbais**). Et aussi le **flageolet,** le **haricot de Pamiers** (autres haricots pour les amateurs de cassoulet avec le **haricot de Soissons**), le **lingot du pays ariégeois,** la **mogette de Vendée** (IGP), le **haricot Cornille** (idéal pour la cuisine indienne), le **haricot noir du Brésil** (idéal pour préparer la recette brésilienne de la *feijoada*), le **haricot mungo** (très utilisé dans les pays d'Asie, et à la mode, cru, dans des salades ; on en utilise souvent le germe dit « pousse de soja ») et le haricot rouge.

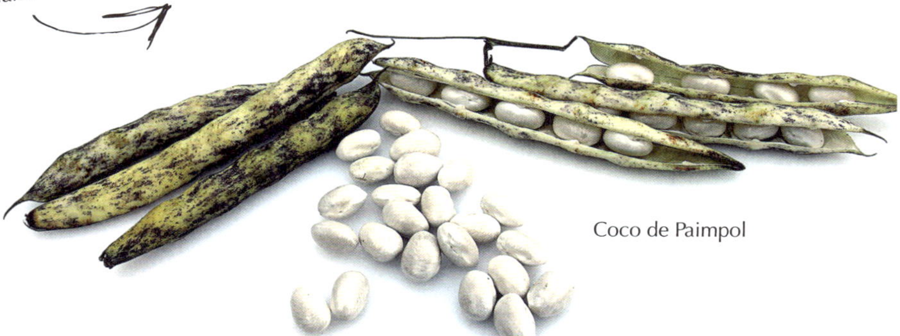

Coco de Paimpol

MES RECETTES PRÉFÉRÉES

Haricots blancs au beurre

POUR 4 PERS. : 2 kg de haricots blancs non écossés • 2 oignons • 2 gousses d'ail • 1 branche de thym • 1/2 feuille de laurier • 1 grosse cuill. à soupe de beurre • sel • poivre du moulin

PRÉPARATION

1. Écossez les haricots, épluchez les oignons et coupez-les finement, épluchez l'ail. Remplissez une casserole avec 2 l d'eau, ajoutez les oignons, l'ail, le thym, le laurier, salez. Portez à ébullition. Lorsque l'eau bout, ajoutez les haricots.

2. À la reprise de l'ébullition, écumez, baissez le feu, couvrez et laissez bouillotter 1 heure environ. Les haricots doivent être tendres et non éclatés. Égouttez en conservant le jus de cuisson qui pourra servir pour un potage.

3. Retirez le thym et le laurier, puis ajoutez le beurre aux haricots. Faites tourner la casserole pour faciliter la fonte et la pénétration du beurre. Rectifiez l'assaisonnement.

VARIANTES

• Ajoutez 1 belle botte de cerfeuil que vous hacherez et mélangerez avec le beurre dans la casserole.

• Pour des haricots blancs à la tomate, ajoutez à mi-cuisson 3 belles tomates pelées, épépinées et coupées en quatre.

• Dans de l'eau froide, avec les oignons, l'ail, le thym et le laurier, ajoutez 1 saucisse de Morteau et 1 morceau de poitrine demi-sel. Retirez la saucisse au bout de 30 minutes et maintenez la poitrine.

• Pour une crème de haricots, procédez comme pour les haricots blancs au beurre, puis passez-les au mixeur selon que vous désirez une mousse fine ou non. Remettez les haricots dans la casserole et faites chauffer à feu moyen ; faites sécher pour en retirer l'humidité. Ajoutez le beurre en travaillant la purée pour le faire fondre. Incorporez 1 belle cuillerée à soupe de crème fraîche et vérifiez l'assaisonnement.

LE HARICOT TARBAIS *revient de loin*

En Bigorre, pendant de nombreuses années, on associait une graine de haricot à une graine de maïs, la tige de maïs lui servant de tuteur. Les deux plantes se développaient ainsi ensemble jusqu'à la récolte. L'arrivée des herbicides pour maïs sonnèrent le glas de la culture du haricot Tarbais ! En 1881, sa culture couvrait 18 500 hectares ; en 1980, plus que 500 hectares. En 1986, la Chambre départementale d'agriculture testa des techniques culturales différentes (culture sur tuteur filet). En mai 1988, j'ai pu tourner avec Alain Brumont, grand producteur de vin de Madiran, et Alain Dutournier, cuisinier génial, la première récolte du haricot. Le marché du haricot Tarbais représente aujourd'hui environ 150 tonnes par an.

MES RECETTES PRÉFÉRÉES

Purée de haricots secs

POUR 4 PERS. : 500 g de haricots secs • 1 carotte • 1 oignon piqué de 1 clou de girofle • 1 bouquet garni • 2 cuill. à soupe de beurre • 10 cl de lait • 1 pointe de couteau de noix de muscade • sel • poivre du moulin

PRÉPARATION

1. La veille, faites tremper les haricots dans de l'eau froide. Le jour même, rincez plusieurs fois et égouttez.

2. Mettez les haricots dans trois fois leur volume en eau et portez à ébullition. Ajoutez la carotte coupée en morceaux, l'oignon piqué du clou de girofle et le bouquet garni. Laissez cuire pendant 2 heures à 2 h 30.

3. Égouttez en conservant le jus de cuisson (pour faire un excellent potage s'il reste de la purée, ou avec des légumes frais). Ôtez le bouquet garni et le clou de girofle.

4. Versez 2 petites louches de jus de cuisson dans le fond de la casserole. Passez au moulin à légumes (à grille fine) les haricots pour éliminer la peau, avec la carotte et l'oignon. Ajoutez le beurre, remuez, puis versez le lait. Salez, poivrez et muscadez.

Variante : dans de l'eau froide, ajoutez avec les haricots une palette de porc demi-sel ou fumée, ou des jambonneaux.

Salade tiède de morue au céleri et aux haricots Tarbais frais

POUR 4 PERS. : 1 kg de haricots Tarbais frais • 600 g de filet de morue dessalée sans peau ni arêtes • 1 cœur de céleri avec ses feuilles • 3 cuill. à soupe d'huile d'olive fruitée • 2 cuill. à soupe de vinaigre d'Orléans • 1 pincée de cumin en poudre • sel • poivre du moulin

PRÉPARATION

1. Écossez les haricots, mettez-les dans une casserole et couvrez très largement d'eau froide. Faites-les cuire à petits bouillons pendant 40 minutes. Salez-les à mi-cuisson. Environ 10 minutes avant la fin de la cuisson, coupez la morue en médaillons de 5 mm d'épaisseur. Faites-les cuire 2 minutes à la vapeur.

2. Lavez le cœur et les feuilles du céleri, puis coupez-les en très fines rondelles. Versez l'huile et le vinaigre dans un petit bol. Ajoutez-y du sel, du poivre et le cumin. Émulsionnez le contenu du bol à l'aide d'une fourchette.

3. Égouttez les haricots et mettez-les dans un saladier. Ajoutez-y le céleri et la moitié de la vinaigrette. Mélangez. Disposez les médaillons de morue sur les haricots et nappez-les du reste de la vinaigrette. Servez aussitôt.

Pour éviter les déconvenues...

Plus les haricots seront secs, plus ils seront digestes. Pour éviter que le mot « péteux » prenne tout son sens, laissez-les tremper préalablement une nuit. Vous pouvez aussi les faire cuire durant 10 minutes, les rincer, puis poursuivre la cuisson.

Garbure à ma façon

POUR 6 PERS. : 2 cuisses d'oie ou 3 cuisses de canard confites • 100 g de couenne de porc • 1 crosse de jambon séché • 400 g de très bonnes saucisses de Toulouse • 250 g de haricots Tarbais (secs) • 250 g de fèves fraîches écossées et dérobées • 2 carottes • 200 g de navets • 6 pommes de terre (Belle de Fontenay ou BF 15) • 2 blancs de poireaux • 1 branche de céleri • 20 feuilles de chou bleu (appelé « garbure » dans le Sud-Ouest) ou, à défaut, de beau chou vert • 2 échalotes • 2 gousses d'ail • 2,5 l de bouillon de volaille (ou d'eau) • 1 bouquet garni avec 1 clou de girofle • 20 cl de vin blanc sec • 6 tranches de pain de campagne frottées à l'ail • persil haché • sel • poivre du moulin

PRÉPARATION

1. La veille, mettez la crosse de jambon à tremper dans de l'eau froide avec les haricots.

2. Le jour même, faites blanchir le jambon. Épluchez et lavez les légumes. Taillez les carottes, les navets et les pommes de terre en petits dés. Émincez finement le poireau et le céleri. Découpez en lanières les feuilles de chou. Hachez l'échalote et l'ail.

3. Faites dorer au four les saucisses et le confit. Dégraissez et débitez respectivement en 6 portions.

4. Dans une marmite, mettez le jambon blanchi, le bouillon de volaille (ou l'eau), le bouquet garni et les haricots. Faites cuire 45 minutes. Déglacez le plat à rôtir du confit et des saucisses avec le vin blanc, puis versez dans la marmite.

5. Dans une sauteuse, faites suer pendant 5 minutes les échalotes, les carottes, les navets, les poireaux et le céleri avec un peu de graisse de confit, puis ajoutez dans la marmite. Laissez cuire 30 minutes lentement. Faites blanchir le chou en lanières et ajoutez-le à la préparation, avec les pommes de terre. Laissez cuire encore 30 minutes à petits frémissements. Ajoutez les fèves fraîches et laissez cuire 5 minutes. Rectifiez l'assaisonnement et retirez le bouquet garni.

6. Dans une soupière résistante au feu, disposez les tranches de pain de campagne frottées à l'ail. Découpez la crosse de jambon en tranches de 1 cm d'épaisseur et déposez-les dans la soupière. Versez par-dessus le bouillon très chaud avec les légumes, saupoudrez de persil ciselé et portez à ébullition. Poivrez et servez aussitôt avec les saucisses et le confit.

MES RECETTES PRÉFÉRÉES

Cassoulet : ma recette de base

POUR 6 PERS. : 1 jambonneau demi-sel de 800 g • 150 g de couenne • 6 morceaux d'épaule d'agneau d'environ 90 g chacun • 2 cuisses d'oie confites avec la graisse • 6 saucisses de Toulouse • 1 kg de haricots blancs • 1 oignon blanc piqué de 2 clous de girofle + 2 gros oignons • 1 bouquet garni (thym, laurier, queues de persil et vert de poireau) • 2 cuill. à soupe de graisse d'oie • 5 gousses d'ail • 150 g de chapelure • sel • poivre du moulin

PRÉPARATION

1. La veille, placez le jambonneau dans un faitout rempli d'eau froide avec la couenne et portez à ébullition. Maintenez environ 10 minutes. Ajoutez 20 d'eau fraîche. Écumez, ajoutez l'oignon piqué de clous de girofle et le bouquet garni. Comptez 2 heures de cuisson à frémissement. Laissez refroidir dans la cuisson. Retirez le bouquet garni et l'oignon. Filtrez le jus dans une passoire fine. Réservez la couenne et le jambonneau.

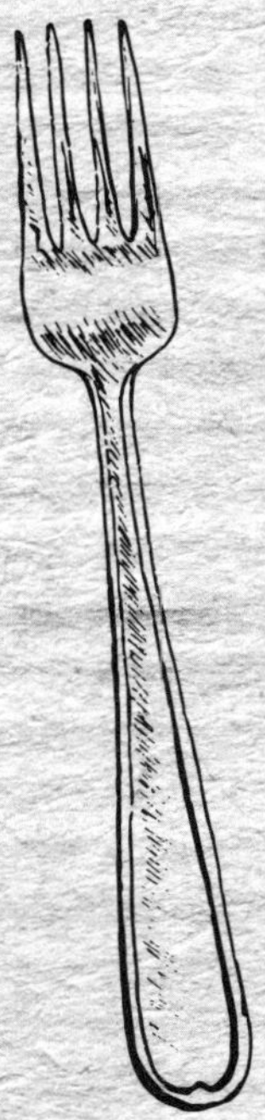

2. Le jour même, rincez les haricots à l'eau froide et mettez-les dans une casserole avec le jus filtré. Laissez cuire à frémissement pendant 1 h 30. Faites revenir les morceaux d'agneau à la poêle sur chaque face avec 1 cuillerée à soupe de graisse d'oie, puis laissez cuire environ 15 minutes. Placez-les dans une cocotte ou dans une terrine en terre.

3. Préchauffez le four à 180 °C (th. 6). Faites cuire doucement les 2 oignons émincés dans la graisse de cuisson de l'agneau. Ajoutez-les à la cocotte ou la terrine ainsi que la couenne du jambonneau cuit, coupée en petits morceaux de 2 cm, les gousses d'ail épluchées et les haricots avec les deux tiers de leur jus de cuisson. Couvrez et mettez au four pour 1 heure.

4. Faites dorer à la poêle les saucisses de Toulouse avec 1 cuillerée à soupe de graisse d'oie. Ajoutez le jambonneau cuit la veille et les cuisses confites à la cocotte ou à la terrine. Saupoudrez de chapelure, salez, poivrez et remettez au four pour 30 minutes, à découvert. Servez en l'état sur la table.

La guerre sainte du cassoulet !

Carcassonne, Castelnaudary, Toulouse, Villefranche-du-Lauragais, Arfons… Chaque ville ou village revendique la spécificité de son cassoulet. Les uns ne veulent pas de porc mais de l'agneau, les autres utilisent de l'oie ou du canard confit, certains font leur cassoulet simplement au lièvre ou, mieux, à la perdrix. Et s'il est un sujet à ne pas aborder, c'est bien le cassoulet dans le Sud-Ouest ! Reconnaissons toutefois, pour en avoir personnellement goûté beaucoup, que chacun d'entre eux est toujours à base de haricots, de préférence de la région. Certains préfèrent des fèves, mais dans tous les cas, ils sont tous surprenants et roboratifs !

Cassoulet, conserve et bocaux : la fin des haricots ?

On trouve des conserves de cassoulet dans des bocaux en verre ou dans des boîtes en fer-blanc. Elles sont très difficiles à réussir, car les viandes qui y sont incorporées sont plus longues à cuire au moment de la pasteurisation que les haricots. On se retrouve souvent avec une grossière purée de haricots, une saucisse de Toulouse délitée (pour des raisons d'économie, on ne la fait pas rôtir), quelquefois avec une tranche de saucisson à l'ail bien mince et un manchon de canard qui ne ressemble évidemment ni à une cuisse ni à un haut de cuisse. Malgré cela, les ventes sont encore très importantes, la praticité du métal permettant un réchauffage facile à la pause déjeuner sur les chantiers ou autres. Le haricot français est rarement utilisé pour les conserves (sauf artisanales et régionales) ; on utilise du haricot en provenance d'Argentine, du Canada, d'Australie, voire même de Chine. Il y a encore de l'avenir pour le haricot sec français…

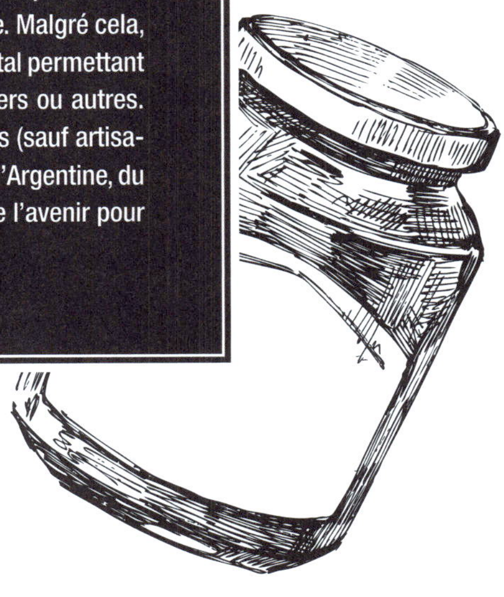

Le who's WHO des patates

Et dire qu'on a failli passer à côté...

Comme d'un mouchoir dans sa poche, on ne peut se passer de pomme de terre à sa table. Bien sûr, on peut se moucher dans une feuille de bananier, mais c'est intransportable. Dans un mouchoir en papier ? Quelle tristesse ! Dans ses doigts ? Horreur et dégoûtation. C'est bien ce que je dis, on ne peut se passer de la pomme de terre. Sans elle, la vie ne serait qu'un long chemin de croix. Pourtant… Pendant plus de 250 ans, la France la connaît, puis l'ignore.

EN 1524, LES ESPAGNOLS DÉBARQUENT AU PÉROU

Ils ne viennent pas chercher la pomme de terre, ils ne savent même pas qu'elle existe. Ils viennent tout bonnement massacrer les Incas et leur voler leurs richesses. À l'instar des auberges de leur pays natal, ils mangeront ce qu'ils apportent : de la canne à sucre, du blé, des plants de vigne et d'olivier, bref, la panoplie complète du parfait colonisateur.

LES « PAPAS » DES INCAS

De leur côté, les Incas cultivent une plante verte à fleurs violettes qui donne des fruits enterrés, rougeâtres, gros comme des noix. On mange ces *papas* bouillies, rôties, séchées, pilées ou sous forme de pain. Les Incas savent aussi les congeler : ils les plongent plusieurs nuits de suite dans les eaux glacées du lac Titicaca, puis les font sécher au soleil. Ils obtiennent ainsi une sorte de pierre ponce, poreuse et légère, qui se conserve longtemps, déshydratée, le *chuño*. Ils le retrempent dans l'eau pour le consommer. La pomme de terre inspirait déjà les artistes des civilisations pré-incas, ils en décoraient leurs poteries !

EN MANGER DONNERAIT LA PATATE ?

Les Espagnols ne mangent pas de ce pain-là. En revanche, les humanistes et les savants de l'expédition remarquent cette plante si curieuse et l'expédient vers l'Europe.

Plus tard, dans les soutes d'un galion, de pauvres moines sévillans récupèrent quelques-uns de ces tubercules et les mettent en terre. Ils nourrissent les malades et les pauvres avec la récolte. Ces derniers engraissent, plusieurs malades guérissent. Apprenant la chose, le roi Philippe II envoie quelques échantillons de ces *papas* au pape Pie IV qu'il sait de santé délicate. Le pape s'en moque et ne guérit pas.

ON SE LA RENVOIE COMME UNE PATATE CHAUDE

Du Vatican, la *papa* passe sous nos latitudes, grâce à un prélat belge à qui le pape en fait cadeau. Notre homme la plante, la récolte, c'est un prélat heureux. Mais son pays aussi la boude. Il faudra attendre un siècle et demi, plusieurs guerres et quelques famines pour que les Belges l'adoptent.

Pomme de terre, poivron, tomate, aubergine : c'est la même famille !

La pomme de terre appartient à la grande famille des Solanacées et au genre *Solanum*, comme au moins 1 000 autres espèces, mais à la différence de quelques cousins et cousines – poivrons, tomates ou aubergines –, ses tubercules comestibles sont souterrains. *Solanum* du latin *solari* signifie « soulager ».

« J'ai goûté à ces tubercules dépouillés de leur épiderme qui se détache facilement, rôtis entre deux plats et cuits dans du bouillon gras, je leur ai trouvé une saveur aussi agréable que celle du navet. » Charles de l'Écluse.

Charles de l'Écluse

CHARLES DE L'ÉCLUSE : BIENFAITEUR DE LA POMME DE TERRE

Notre prélat belge offre auparavant quelques plants à Charles de l'Écluse (1526-1609), l'immense botaniste, alors jardinier en chef des jardins impériaux à Vienne. Et cet homme de goût est conquis. Il procède à une description botanique méticuleuse de la plante dans son ouvrage *Rariorum plantarum historia* publié en 1601.

Il en cultive, en offre à ses camarades jardiniers de la cour. C'est un véritable bienfaiteur de la pomme de terre. Quand il quitte Vienne pour Francfort, qu'y a-t-il dans ses bagages ? Des *papas*. Quand il enseigne la botanique à Leyde, de quoi fait-il l'éloge ? Des *papas*.

UNE PETITE TRUFFE ?

Charles de l'Écluse baptise les tubercules *tartuffi*, ou petite truffe. De ce nom sont nés, suivant les pays : *tartufoli* en Italie, *Kartoffel* en Allemagne, *kartofel* en Russie...

On la cultive, MAIS ON LA BOUDE

Olivier de Serres

Ensuite, la *papa* passe en Suisse, où Gaspard Bauhin (1560-1624) fait la description de la pomme de terre et lui donne son nom botanique : *Solanum tuberosum*. C'est par la Suisse qu'elle passe en France, par les Vosges et la Franche-Comté. Son succès est nul. Sous l'effet du vin, sans aucun doute, les Bourguignons pensent que la *papa* donne la lèpre. Olivier de Serres (1539-1619), dans son *Théâtre d'agriculture et mesnage des champs* (1600), l'appelle « cartoufle » et la présente comme nouvelle espèce cultivable.

L'Espagne, l'Italie, l'Allemagne, la Prusse cultivent mollement des pommes de terre du Pérou, sans éprouver vraiment l'envie d'en manger.

LA « PATATE DE VIRGINIE »

Cette pomme de terre est pourtant bien têtue. Décidée à conquérir l'Europe, elle va circonvenir l'Angleterre et la Hollande… via l'Amérique. En 1584, Élizabeth Ire envoie ses sujets lui tailler un empire dans le Nouveau Monde. Ils accostent en Virginie et s'en trouvent fort mal : il n'y a rien à manger. Par miracle, un bateau de retour des Indes occidentales accoste et donne charitablement à ces Anglais affamés quelques sacs de pommes de terre. Ils en mangent et la cultivent avec succès.

Deux ans plus tard, les conquérants rentrent au bercail, les soutes pleines de pommes de terre : on les appelle « patates de Virginie ». On en plante en Angleterre, on en mange… sans grand succès. Pourtant, quelques Anglais s'aperçoivent que les patates rôties sous la cendre ou bouillies, avec de l'huile, du vinaigre ou du poivre… c'est plutôt bon. Rien n'a changé sous le soleil gastronomique.

LES IRLANDAIS L'ADORENT

Ce sont eux qui réintroduiront la pomme de terre en Amérique, tout comme les Anglais venus guerroyer contre Louis XIV en Flandre la redonneront aux Belges. Ainsi, du Pérou à l'Espagne, puis à l'Italie, la Belgique, l'Autriche, la Suisse, la France, la Virginie, l'Angleterre, l'Irlande, l'Amérique encore, et de nouveau la Belgique, la boucle est bouclée. La patate est partout.

NOURRITURE DE PAUVRE, PITANCE DE SOLDAT

Les XVIe et XVIIe siècles l'ignorent superbement. Louis XIV n'en mange pas. Son jardinier, le grand La Quintinie, n'en parle même pas dans ses fameux traités. Plus tard, Diderot la trouvera « venteuse. Mais qu'est-ce que des vents pour les organes vigoureux des paysans et des manœuvres ? » ajoute-t-il. Encore une fois, c'est par les pauvres, la famine et les guerres que notre légume national va gagner la partie.

L'HISTOIRE D'UN SUCCÈS

PARMENTIER, AMBASSADEUR DE LA POMME DE TERRE

Auguste Antoine Parmentier

1770 : en France, c'est la disette. Pas de céréales, donc pas de pain. Dans son coin, Auguste Antoine Parmentier (1737-1813), apothicaire-major de l'Hôtel royal des Invalides, rédige un mémoire, commande de l'Académie des sciences de Besançon : « Indiquer les végétaux qui pourraient suppléer, en temps de disette, à ceux qu'on emploie communément à la nourriture des hommes, et quelle en devrait être la préparation. » Il y gagne surtout des encouragements… Mais Parmentier se prend de passion pour notre tubercule, il en devient quasiment l'attaché de presse. Il sollicite une audience auprès de Louis XVI et lui en fait goûter.

LE REMÈDE ANTI-DISETTE

Le roi trouve la fleur charmante, il la met à sa boutonnière et dans la coiffure de sa femme. Surtout, il donne à Parmentier un terrain pour cultiver la plante : l'horrible plaine des Sablons, à Neuilly, un vilain terrain de manœuvre pour les régiments du roi. Le sol est indigent, le temps n'est pas propice, mais ça pousse. L'endroit est mal gardé (à dessein, dit la légende), des maraudeurs affamés en récoltent. 1789 : la Révolution arrive, le peuple a faim, la disette s'installe et confirme l'intérêt nutritionnel de la pomme de terre. Par arrêté du 21 Ventôse An III (11 mars 1795), la Commune de Paris ordonna de transformer le jardin des Tuileries en champs de pommes de terre.

LA FRITE A LA PATATE !

En 1940, la pomme de terre devient la reine des snacks aux États-Unis. En 1950, l'Américain John Richard Simplot, puis les Canadiens Harrisson et Wallace McCain lancent la production de frites surgelées, la grande consommation peut commencer et même le doryphore n'y pourra rien…

Dans les années 1960, la culture de la pomme de terre s'étend aux pays en voie de développement (Inde et Chine). Après l'avoir pourtant ignorée pendant deux siècles, les Français ne peuvent plus s'en passer, elle est devenue leur légume préféré.

TOUTES LES POMMES DE TERRE *ne se ressemblent pas...*

Grenaille

De nos jours, selon la date de récolte, leur maturité et leurs aptitudes, on classe les pommes de terre en 3 catégories.

• LES POMMES DE TERRE PRIMEURS OU NOUVELLES ET DE CONSERVATION

Selon la réglementation française, les pommes de terre « primeurs » ou « nouvelles » ont droit à ces deux appellations jusqu'au 31 juillet. Après cette date, elles deviennent de conservation.

Ça se conserve...

La pomme de terre de conservation est la plus cultivée en France avec 6,2 millions de tonnes (campagne 2014-2015) pour 160 000 tonnes de pommes de terre primeurs.

• LES POMMES DE TERRE À FÉCULE

Elles sont ainsi dénommées parce que l'amidon qu'on en extrait est utilisé dans la fabrication de la fécule. Elles sont particulièrement riches en matière sèche. La fécule, espèce de poudre blanche qui ressemble à de la farine, entrait à l'origine dans la composition des potages, sauces, conserves et charcuteries. Aujourd'hui, la fécule et ses dérivés ont trouvé d'autres débouchés, plutôt inattendus : les papiers et cartons utilisent 76 % de la production, colles, rouges à lèvres, textiles, couches-culottes se partagent le reste. Elle constitue aussi l'excipient de cachets et comprimés médicamenteux.

La grenaille

La « grenaille » désigne les pommes de terre de calibre inférieur à 2,8 cm, qu'elles soient primeurs, nouvelles ou de conservation.

• LES POMMES DE TERRE DE PLANTS

Elles sont destinées aux professionnels et jardiniers amateurs. En général, toutes les variétés connues et disponibles sur les marchés sont concernées. Les plants certifiés répondent à des normes officielles en matière de qualité germinative et d'état sanitaire.

LES POMMES DE TERRE *primeurs et nouvelles*

PRIMEUR OU NOUVELLE ?

– **La pomme de terre « primeur »**, précoce, se récolte au bout de 90 jours.
Cette appellation s'applique à des tubercules frais, arrachés avant maturité et « peleux », c'est-à-dire dont la peau se détache facilement par grattage. Elles sont fragiles, ne les conservez pas plus de 3 jours.
Elles sont cultivées principalement dans les régions littorales, seules les pommes de terre de l'île de Ré et du Roussillon (Béa du Roussillon) bénéficient d'une AOP (appellation d'origine protégée).
– **La pomme de terre « nouvelle »** se récolte au bout de 120 jours.

La concurrence est rude...

Dès janvier arrivent sur les marchés les étrangères, pommes de terre nouvelles en provenance du Maroc ou de Tunisie. En février, elles viennent d'Israël et d'Égypte, fin mars d'Espagne et surtout d'Italie. Dès avril, les premières pommes de terre nouvelles françaises sont sur les étals. Les nouvelles des îles, cultivées dans les terres sablonneuses enrichies au goémon, engrais naturel, des îles de Ré ou de Noirmoutier, ont un goût très particulier.

D'AVRIL À FIN JUILLET

Dans l'ordre, la Sirtema est la première sur les étals, suivie de la Bonnotte de Noirmoutier, de la Lady Christl, puis de l'admirable Charlotte.
Du 20 mai au 15 juillet débarquent en quantité les pommes de terre du Sud et de Bretagne. La Sirtema de Provence a beaucoup de fermeté et de tenue. N'oublions pas l'Ostara de Paimpol et de Saint-Pol-de-Léon, allongée, régulière, jaune clair, au grain si fin, ou encore la Resy, rosée, exquise en salade. Dès juin arrive la Belle de Fontenay, aussi appelée « la boulangère », à chair ferme.

La Bonnotte est petite, ronde, ferme, arrosée d'embruns. Elle sent la mer. Sautée, rissolée, cuite à la vapeur avec du beurre salé, c'est une coûteuse merveille... Mais tant pis : ce serait un péché que de s'en priver !

CHOIX ET PRÉPARATION

Dans tous les cas, sa peau devra être fine, son toucher dur et ferme. On pourra éviter de l'éplucher en la lavant à l'eau fraîche et en la brossant avec énergie. Autre méthode : frottez les pommes de terre l'une contre l'autre dans un torchon avec du gros sel.

MODES DE CUISSON

Quelle que soit son origine, la pomme de terre nouvelle contient beaucoup d'eau et peu d'amidon. La frite sera donc molle et peu engageante, la purée aqueuse et granuleuse. Cependant, rôtie, sautée, ou en robe des champs, elle exprimera au mieux toutes ses saveurs.

Les pommes de terre DE CONSERVATION

Après les pommes de terre primeur, qu'il faut consommer rapidement après la récolte, parlons des pommes de terre de conservation. Bien qu'elles apparaissent en juillet-août, elles vous aideront à passer l'hiver.

QUELQUES VARIÉTÉS

La BF 15 a une chair jaune foncé. Elle se tient très bien en frite et s'épanouit en purée. Jaune rosé, la Rosa supporte bien la cuisson, elle vous donnera toute satisfaction à la vapeur ou dans un ragoût. Rouge dehors, jaune rosé dedans, la Roseval a un goût particulier, mais exquis. Que dire de la Bintje, sinon qu'elle est hollandaise – et ordinaire. C'est la patate dont on fait les chips ou les frites industrielles. Elle a en commun avec la Claustar et la Spunta une chair plutôt fade.

LA RATTE : LA REINE DES POMMES DE TERRE

J'ai gardé la Ratte pour la bonne bouche. On l'appelle également, de par sa forme allongée et courbée, « corne de bélier ». De 1918 à 1962, la Ratte disparaît des catalogues, elle demande trop de soins et ne produit pas assez. En 1977, cette petite merveille découvre le climat enchanteur et la terre légère de la Côte d'Opale.

Par l'amoureuse volonté d'industriels de la région, elle devient « Ratte du Touquet ». Elle est longue, légèrement incurvée, ses fleurs sont rouges, sa chair est claire. Reconnaissable entre toutes, elle a du goût, elle est ferme, sa texture est fine. C'est la reine, la grande dame de la pomme de terre. Et comme toute reine, elle est rare.

VALEURS nutritionnelles

Contrairement aux rumeurs qui courent à son sujet, consommée avec modération, la pomme de terre ne vous fera pas grossir. Du point de vue botanique, c'est un légume, mais elle est considérée comme un féculent en raison de sa richesse en amidon.

RICHE EN SUCRES LENTS

Une pomme de terre de 100 g contient environ 16 g de glucides complexes, encore appelés « sucres lents », dont notre corps a besoin en quantités importantes pour nous apporter de l'énergie. Ce sont quasi essentiellement de l'amidon. La pomme de terre apporte en moyenne 85 kcal pour 100 g, lorsqu'elle est cuite à l'eau.

MINÉRAUX ET VITAMINES

La pomme de terre contient environ 80 % d'eau, 16 % de glucides, 2 % de protéines, 2 % de fibres, 0,20 % de lipides, des vitamines C, B3, B5 et B6. Elle est aussi source de minéraux (potassium, magnésium, phosphore) et d'oligoéléments (fer). Minéraux et vitamines se concentrent sous la peau du tubercule, c'est pourquoi il est conseillé de cuire les pommes de terre avant de les éplucher.

Petit ou gros calibre ?

UNE POMME DE TERRE PÈSE EN MOYENNE 80 G LORSQU'ELLE EST DE PETIT CALIBRE, 160 G LORSQU'ELLE EST DE CALIBRE MOYEN ET 320 G LORSQU'ELLE EST DE GROS CALIBRE.

CONSEILS D'ACHAT ET DE CONSERVATION

Vous les achèterez en vrac, en filets ou en sacs papier. Si elles ont été traitées par irradiation, la mention « irradiées en vue d'empêcher la germination » est obligatoire. La pomme de terre n'est pas un produit normalisé, mais toutefois soumis à une réglementation définie par l'arrêté du 31 octobre 1961 : l'étiquetage indique, entre autres, l'origine, la variété et le calibre.

LA PEAU LISSE ET PROPRE...

Vous choisirez des pommes de terre saines, qui ont la peau lisse et propre, des « yeux » superficiels, une forme régulière, sans étranglement. Parce que les primeurs ont une peau très fine qui se détache facilement, elles sont sensibles à la dessiccation et à la lumière ; aussi, vous privilégierez les emballages papier avec fenêtre et vous assurerez que la peau est brillante, les tubercules fermes et sans défaut.

ET LES AUTRES ?

Certains sujets, moins chanceux, ont été blessés lors de l'arrachage mécanique ou montrent des taches vertes – présence de solanine, un alcaloïde qui peut, à très haute dose, être toxique –, une peau fripée, un manque de fermeté au toucher ; des primeurs peuvent avoir la peau sèche, terne, marquée de coups de croc. Abandonnez-les à leur triste sort.

DU FRAIS, DU SEC ET DE L'OBSCURITÉ

Les pommes de terre se conservent au frais (entre 6 et 10 °C), sinon elles germent. Gardez-les dans un endroit sec, pas trop aéré et surtout obscur. Elles supportent éventuellement le bac à légumes du réfrigérateur mais, en règle générale, elles n'aiment pas le froid.

Les primeurs n'attendent pas !

Les pommes de terre primeurs ne se conservent pas. Achetez-les en petites quantités, consommez-les dans les 24 heures qui suivent leur achat si vous voulez en apprécier le goût et la saveur.

LES RÈGLES ESSENTIELLES *pour une bonne préparation*

☛ *RÈGLE N° 1*

Lavez les pommes de terre, avec ou sans leur peau, entières ou coupées, et séchez-les dans un linge avant de les faire cuire. Il faut les peler au dernier moment, sinon elles s'oxydent vite. Quand vous épluchez des pommes de terre, ayez la main légère, prélevez la peau la plus fine possible, car elle contient l'essentiel des vitamines et sels minéraux. Ce serait dommage d'en priver votre famille. En revanche, n'épluchez pas les pommes de terre primeurs ou nouvelles ; grattez-les, frottez-les dans du gros sel ou essuyez-les énergiquement.

☛ *RÈGLE N° 2*

Quelle que soit leur découpe, faites cuire ensemble des pommes de terre de même calibre, afin que leur degré de cuisson soit identique.

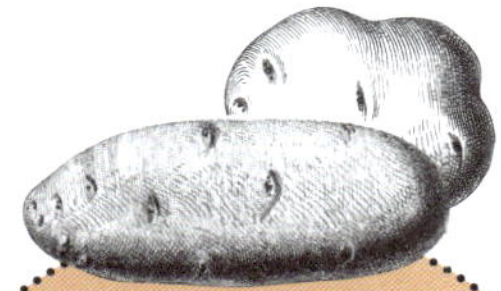

Aide-ménagère bio

La pomme de terre est une alliée pour le ménage ! Elle redonne de l'éclat et sert de détachant. Coupez une pomme de terre crue en deux et frottez !

L'ÉCONOME

C'est après la Première Guerre mondiale que Victor Pouzet, spécialisé dans la fabrication de sabres, invente cet ustensile de cuisine à usage spécifique. Lame en acier montée sur un manche en bois, le brevet de l'Économe est déposé en 1929 à Thiers, capitale de la coutellerie française. Une affiche publicitaire des années 1930 vente ses mérites : « 30 % de temps et de pomme de terre en plus ». Fabriqué main, il nécessitait une quarantaine d'opérations pour réaliser lame, manche et assemblage. Le brevet tombé dans le domaine public, l'épluche-légumes prit diverses formes. Si la marque est devenue un terme générique, l'Économe restera à jamais un couteau mythique !

À CHAQUE POMME DE TERRE *son mode de préparation*

Les pommes de terre accompagnent agréablement toutes les viandes et volailles, tous les poissons. Seule leur préparation fait la différence. Peu de légumes se satisfont d'autant de modes de cuisson, mais souvenez-vous – c'est important – que chaque pomme de terre a un usage privilégié.

• **Variétés à chair ferme,** à consommer en salades, sautées, vapeur et gratin :
Annabelle, BF 15, Belle de Fontenay, Charlotte, Chérie, Francine, Lady Christl, Nicola, Pompadour, Ratte, Roseval

• **Variétés à chair farineuse,** pour les purées, frites, soupes et potages :
Bintje, Caesar, Daisy, Manon, Monalisa, Samba

• **Pommes de terre nouvelles,** en salades, sautées et vapeur (idéalement en robe des champs) :
Belle de Fontenay, Bonnotte de Noirmoutier, Lady Christl, Ostara, Sirtema

À LA VAPEUR, EN ROBE DES CHAMPS

Vous les dégusterez telles quelles avec du beurre, en salade avec une viande froide ; sautées avec des viandes rôties ou poêlées, des volailles ; à l'anglaise, avec du persil et une noix de beurre.

SAUTÉES

Vous les ferez sauter crues ou précuites, seules ou avec des lardons, des champignons.

EN PURÉE

Réduites en purée, vous vous en régalerez nature, mélangée avec du persil, gratinée ou en croquettes. Vous confectionnerez aussi des gratins dauphinois ou à la lyonnaise puisqu'elles raffolent de la crème, du lard, du beurre, du lait et du fromage. Et pourquoi ne pas les farcir avec ces ingrédients ?

AU FOUR OU DANS LA BRAISE

Emballées ou non dans du papier d'aluminium, vous les couperez en deux une fois cuites, vous les accompagnerez de beurre frais ou d'une sauce.

FRITES

Choisissez des pommes de terre à chair farineuse. Vous les cuirez en deux fois alors qu'émincées en chips, vous les plongerez 3 ou 4 minutes seulement dans un bain de friture.

Pour les frire, la découpe est importante :

- **Pour des pommes « Pont-Neuf » :** vous taillerez les pommes de terre en bâtonnets de 7 à 8 cm de longueur sur 1 cm de large.
- **Pour des pommes « allumettes » :** elles seront moitié moins grosses.
- **Pour des pommes « paille » :** vous les couperez en julienne.

MES RECETTES PRÉFÉRÉES

Hachis Parmentier

POUR 6 PERS. : 500 g de pommes de terre à chair farineuse • 500 g de restes de viande de pot-au-feu • 1 tranche de foie de veau de 150 g • 200 g de beurre • 2 beaux oignons • 1/2 botte de persil • 20 cl de lait • gros sel • sel fin • poivre du moulin

PRÉPARATION

1. Débarrassez la viande de la peau, du gras et des parties nerveuses, puis passez-la au hachoir avec le foie de veau.

2. Épluchez les pommes de terre et faites-les cuire à l'eau froide salée avec du gros sel.

3. Dans une cocotte, faites chauffer 50 g de beurre, ajoutez les oignons pelés et hachés, et laissez-les fondre très doucement. Lorsqu'ils sont colorés, ajoutez le hachis de bœuf et de foie de veau, et le persil haché. Vérifiez l'assaisonnement en sel et poivre.

4. Étalez le hachis dans le fond d'un plat à gratin beurré et préchauffez le four à 210 °C (th. 7).

5. Préparez la purée avec le restant du beurre et le lait. Étalez la purée sur le hachis. Mettez au four pour 25 ou 30 minutes. Servez accompagné d'une salade croquante d'endives ou de scarole.

Gâteau de pommes de terre Anna

POUR 6 PERS. : 8 à 10 belles pommes de terre (Belle de Fontenay de préférence) • 200 g de beurre • sel • poivre du moulin

PRÉPARATION

1. Sortez le beurre du réfrigérateur pour qu'il soit à température ambiante.

2. Épluchez, lavez et coupez les pommes de terre en rondelles fines de 3 mm d'épaisseur environ. Faites-les dégorger dans de l'eau froide pendant 1 heure pour retirer l'amidon.

3. Préchauffez le four à 210 °C (th. 7). Égouttez les pommes de terre dans une passoire et séchez-les dans un torchon. Enduisez de beurre un moule à manqué, puis rangez les rondelles de pomme de terre dans le fond du moule en les faisant se chevaucher légèrement. Appliquez-vous pour la première rangée, c'est elle qui apparaîtra lorsque vous retournerez le moule. Salez, poivrez la première couche et ajoutez quelques morceaux de beurre, puis continuez ainsi jusqu'à épuisement des ingrédients.

4. Posez le moule pendant quelques minutes sur feu vif. Il faut entendre les pommes de terre frire dans le beurre. Enfournez ensuite pour 1 h 15. Vérifiez la cuisson avec la pointe d'un couteau. Retournez et démoulez le gâteau de pommes de terre sur un plat de service.

Variante : entre chaque couche de pommes de terre, vous pouvez ajouter du fromage râpé. Dans ce cas, salez moins.

Pommes de terre sautées

POUR 6 PERS. : 800 g de pommes de terre à chair ferme • 2 grosses cuill. à soupe de beurre demi-sel • 2 cuill. à soupe d'huile • 2 cuill. à soupe de persil finement haché • 2 cuill. à soupe de gros sel • 1 ou 2 tours de moulin à poivre

PRÉPARATION

1. Lavez les pommes de terre sans les éplucher.

2. Faites-les cuire à l'eau additionnée de gros sel, sans couvercle. Vérifiez qu'elles restent fermes.

Égouttez et épluchez-les, puis coupez-les en rondelles de 5 mm d'épaisseur.

3. Faites chauffer le beurre et l'huile dans une poêle antiadhésive. Déposez les pommes de terre et faites-les dorer vivement sur les deux faces. Poivrez et ajoutez le persil ciselé avant de servir sans attendre.

Variante : au printemps, utilisez des pommes de terre primeurs ou nouvelles. Frottez-les au gros sel dans un torchon. Coupez-les aussi en lamelles de 5 mm d'épaisseur, puis rincez, égouttez et séchez-les soigneusement. Dans une grande sauteuse, faites-les sauter au beurre sans les peler. Remuez régulièrement. Lorsqu'elles sont bien dorées et que la pointe d'un couteau s'enfonce facilement à cœur, versez-les dans un légumier avec 1 noix de beurre salé et 1 poignée de persil haché. Couvrez le légumier et remuez-le quelques instants avant de servir. Rien n'interdit, si on aime, d'ajouter un hachis d'ail.

Pommes frites ou pommes Pont-Neuf

POUR 4 PERS. : 600 g de pommes de terre à chair farineuse • huile de friture • sel

PRÉPARATION

1. Épluchez les pommes de terre, puis détaillez-les en bâtonnets de 1 cm de section sur 7 à 8 cm de longueur. Lavez-les bien pour retirer l'amidon. Égouttez et séchez-les avant de les plonger dans la friture.

2. La cuisson s'opère en deux temps et à deux niveaux de chaleur différents. Procédez par petites quantités successives : pochez d'abord dans une friture à 160-170 °C pour 6 ou 7 minutes selon la taille des frites. Égouttez.

3. Augmentez la chaleur de l'huile jusqu'à 180-190 °C et replongez les frites pour 2 ou 3 minutes jusqu'à obtention d'une belle couleur dorée, d'un agréable croustillant (les frites doivent être fondantes à l'intérieur, croquantes à l'extérieur). Égouttez et salez.

Pommes chips

Coupez-les en fines rondelles dans le sens de la largeur, puis lavez-les abondamment et séchez-les bien. Faites-les frire dans un seul bain à 180-190 °C pour 3 ou 4 minutes, en remuant sans cesse.

Pommes paille

Taillez les pommes de terre en grosse julienne, puis lavez-les à grande eau fraîche pour éliminer l'amidon et séchez-les dans un torchon. Leur premier bain ne doit pas dépasser 2 minutes, il est nécessaire de les remuer sans cesse avec une écumoire pour éviter qu'elles ne s'agglutinent ; le deuxième bain se limitera à 1 minute.

Pommes de terre farcies

POUR 4 PERS. : 4 grosses pommes de terre à chair farineuse • 1 cuill. à soupe d'huile • 20 g de beurre + quelques copeaux • 1 jaune d'œuf • 50 g de fromage râpé • 1 tranche de jambon cuit • 1 pincée de noix de muscade râpée (ou en poudre) • sel • poivre du moulin

PRÉPARATION

1. Préchauffez le four à 220 °C (th. 7-8). Lavez les pommes de terre à l'eau froide, brossez-les (leur peau doit être parfaitement nette), enduisez-les d'huile pour éviter que la peau ne se ride, puis enveloppez-les dans du papier d'aluminium. Faites-les cuire au four en robe des champs 45 minutes environ (vérifiez la cuisson avec la pointe d'un couteau et prolongez si nécessaire).

2. Coupez-les en deux dans le sens de la longueur. En vous aidant d'une petite cuillère, faites rapidement tomber toute la chair dans un saladier et travaillez-la vigoureusement, encore brûlante, avec une cuillère en bois en incorporant le beurre, le jaune d'œuf, le fromage râpé, le jambon préalablement haché et la noix de muscade. Salez, poivrez.

3. Répartissez la farce dans les écorces des pommes de terre en la lissant avec la lame d'un couteau pour lui donner une forme bombée. Coiffez chacune d'un copeau de beurre et rangez-les dans un plat à gratin.

4. Baissez la température du four à 180 °C (th. 6) et enfournez pour 20 minutes environ, le temps de dorer la farce. Servez bien chaud.

Variante : pour des pommes de terre farcies à la viande, remplacez le jambon et le fromage par un reste de viande (rôtie, braisée ou bouillie) finement hachée, mélangée avec 1 cuillerée à soupe de fines herbes ciselées.

BON À SAVOIR

• Les pommes Pont-Neuf sont des pommes de terre frites en deux bains (comme les allumettes et les pommes paille).

• Quelle que soit leur taille, les pommes frites se salent toujours au sel fin après avoir été posées sur un papier absorbant pour enlever l'excédent de graisse.

• Les pommes allumettes seront découpées moitié moins grosses que les Pont-Neuf.

Gâteau sucré aux pommes de terre

POUR 4 PERS. : 300 g de pommes de terre (Charlotte, Belle de Fontenay, Chérie ou Pompadour) • 3 œufs • 100 g de beurre • 1 pincée de sel • 125 g d'amandes en poudre • 150 g de sucre en poudre + 20 g • le zeste râpé de 1 citron • 1 cuill. à soupe de rhum

PRÉPARATION

1. Préchauffez le four à 150 °C (th. 5). Lavez les pommes de terre. Faites-les cuire dans une casserole d'eau froide non salée pendant 15 à 20 minutes à partir de l'ébullition.

2. Égouttez, épluchez et passez les pommes de terre au moulin à légumes pour obtenir une purée.

3. Cassez les œufs et séparez les blancs des jaunes. Ajoutez les jaunes, le beurre coupé en petits morceaux, le sel, les amandes en poudre, le sucre, le zeste de citron et le rhum. Mélangez pour obtenir une pâte onctueuse à laquelle vous ajouterez les 3 blancs d'œufs fouettés en neige ferme.

4. Beurrez un moule à charlotte, puis farinez-le légèrement. Versez-y la préparation. Saupoudrez le dessus avec les 20 g de sucre et enfournez pour 45 minutes. Vérifiez la cuisson avec la pointe d'un couteau qui doit ressortir sèche.

5. Démoulez le gâteau sur une grille. Servez froid avec une compote de fruits, une mousse au chocolat ou une crème anglaise.

Le bonheur EST DANS les bocaux

ÇA SE CONSERVE, puis ça se mange !

LA CONSERVATION CHEZ LES ANCIENS

Le mot « conserve » apparaît dès 1359. D'après les tracés retrouvés sur quelques manuscrits, la plus ancienne méthode de conservation est la dessiccation au soleil. Autrement dit, il s'agissait d'enlever l'humidité des aliments par dessèchement. Les 5 méthodes historiques de conservation sont :

- **L'incontournable séchage.** Il est encore utilisé de nos jours ! Il consiste à faire sécher le plus souvent du poisson (morue, saumon…), mais aussi certains fruits (noisettes, châtaignes, lentilles…) à l'air libre. Pendant très longtemps, les sardines qui étaient mises en conserve séchaient en plein air, au soleil, devant les conserveries.

- **La salaison, bien connue.** Elle était le plus souvent utilisée pour la viande de porc, parfois de bœuf, et occasionnellement pour le poisson. Généralement, le porc était abattu au début de l'hiver avant d'être débité en morceaux. La viande était ensuite stockée, dans un endroit aussi frais que possible, dans de grands pots de terre cuite en couches alternées avec du sel.

- **Le fumage (ou le boucanage) dans la cheminée.** Généralement artisanal, il s'effectuait directement dans la cheminée de la maison familiale. Il suffisait de suspendre des morceaux de poisson ou de viande au-dessus du foyer pour les laisser fumer en profitant aussi parfois des vertus asséchantes de la cendre.

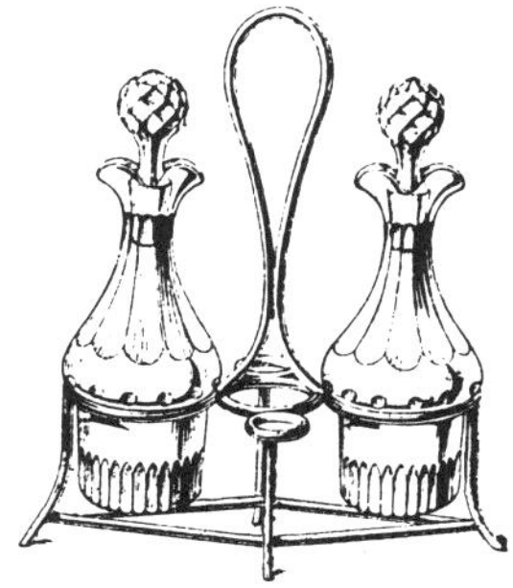

• **La graisse et l'huile : le bon recours.** Ces deux substances permettent d'éviter le contact des aliments avec l'air, et donc leur oxydation.

• **Les antiseptiques (sucre, alcool, vinaigre).** Cette méthode a donné lieu au premier métier de la conserverie : le confisage. À l'origine, le confiseur fabriquait des produits confits au sucre ou à l'alcool.

Le vinaigre, le vin ou l'alcool servaient aussi à la conservation, comme le démontre l'ouvrage de référence de Nostradamus *Excellent et moult utile Opuscule à touts nécessaire, qui desirent auoir cognoissance de plusieurs exquises Receptes, diuisé en deux parties*. Paru en 1555, il est connu aujourd'hui sous le titre : *Livre des confitures*. La seconde partie de l'ouvrage « nous monstre la façon et manière, de faire confitures de plusieurs sortes, tant en miel, que sucre, et vin cuict ». Elle donne en détail plusieurs recettes de confitures, mais explique aussi les vertus aseptiques du sucre, notamment lorsqu'il est cuit avec des aliments.

Oui, mais le goût dans tout ça ? Le principal inconvénient de tous ces procédés de conservation ? Le goût du produit initial ressortait sensiblement modifié par le sucre, le sel ou encore les fumées.

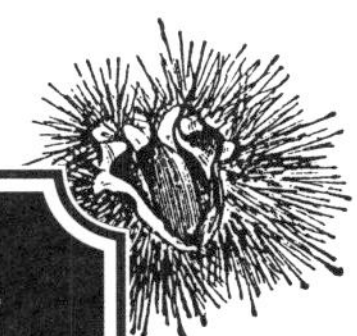

Bonbons, dragées, marrons glacés… Merci les croisés !

Saviez-vous que la confiserie est apparue en France au XIIe siècle, quand les croisés firent découvrir à l'Europe la canne à sucre ? Ce sont les débuts des fruits confits et des marmelades. Avec l'arrivée des papes en Avignon, les fruits confits connurent un essor extraordinaire et les confiseurs développèrent alors quantité de recettes : friandises, dragées, marrons glacés…

Et la conserve FIT SON ENTRÉE !

Nous venons de le voir, tous les procédés de conservation existant alors ne permettaient pas de restituer le goût authentique des produits. C'était sans compter sur l'ingéniosité de Nicolas Appert qui parvint, en 1795, à imaginer un processus capable de conserver les aliments sans altérer leur goût : la conserve ! Mais parler de « conserves » est trop péjoratif au goût des professionnels, il faut dire les « conserves appertisées » ou les « appertisés ». Cet hommage à l'inventeur de ce système est bien tardif, ne le boudons pas… Pavoisons plutôt !

Nicolas Appert

SON INVENTEUR EST FRANÇAIS, COCORICO !

Né à Châlons-sur-Marne en 1749, Nicolas Appert fit paraître, en 1810, grâce à une subvention du ministère de l'Intérieur, son *Livre de tous les ménages, ou l'art de conserver pendant plusieurs années toutes les substances animales et végétales*, bible des conserveurs du monde entier. En 1780, il avait déjà expérimenté le « bain-marie » avec des bouteilles remplies de diverses denrées et ligotées avec du fil de fer, comme pour le champagne. Son chien devait goûter leur contenu 18 mois plus tard, il y survécut…

« Bienfaiteur de l'humanité » !

La consécration de Nicolas Appert survint, malgré l'opposition du physicien et chimiste Louis Joseph Gay-Lussac, quand on décida d'embarquer les premières conserves pour nourrir les marins au long cours et lutter contre le scorbut. Il mourut à 91 ans, sans savoir que Pasteur, en identifiant les microbes et en prouvant leur destruction à haute température, allait lui donner définitivement raison et le faire déclarer « bienfaiteur de l'humanité ».

DANS LA FAMILLE DES APPERTISÉS, JE VOUDRAIS…

Depuis l'époque des bouteilles, les techniques et les contenants ont bien changé. Maintenant, les « appertisés » recouvrent :

1. Les boîtes en fer-blanc ou en aluminium embouti : boîte 1/4 = contenance de 212 ml,
boîte 1/2 = contenance de 425 ml (2 à 3 pers.),
boîte 4/4 = contenance de 850 ml (4 pers.)

2. Les bocaux de verre ainsi que les barquettes ou sachets qui utilisent des pièces complexes (plastique/aluminium) et qui comportent parfois des alvéoles séparées (légumes d'un côté, viandes de l'autre).

3. Les briques pour le lait, les soupes et les boissons.

Selon le décret du 10 février 1955, les conserves sont des « denrées alimentaires d'origine végétale ou animale, périssables, dont la conservation est assurée par l'emploi combiné des deux techniques suivantes :

1° Conditionnement dans un récipient étanche aux liquides, aux gaz et aux micro-organismes (…) ;

2° Traitement par la chaleur, ou par tout autre mode autorisé (…). Ce traitement doit avoir pour but de détruire ou d'inhiber totalement, d'une part, les enzymes, d'autre part, les micro-organismes et leurs toxines, dont la présence ou la prolifération pourrait altérer la denrée considérée ou la rendre impropre à l'alimentation humaine. »

Ouf ! Reconnaissez que les textes des pouvoirs publics sont quelquefois limpides. Ce n'est pas du Proust, mais les mérites d'une telle clarté sont indéniables.

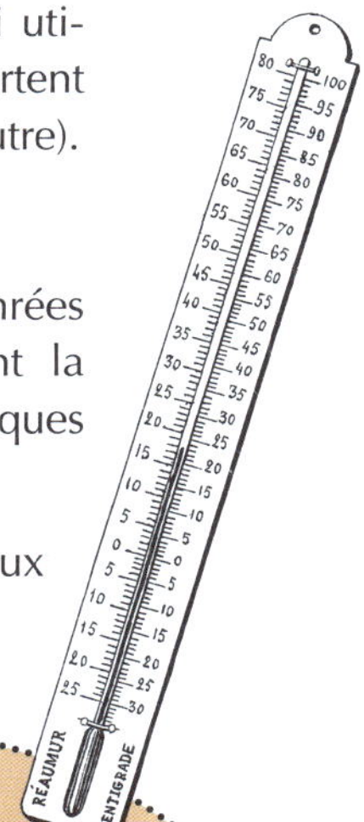

Semi-conserves : ne vous y trompez pas

On peut rencontrer des « semi-conserves ». Contrairement aux appertisés, elles doivent porter les mentions DLC (date limite de consommation), car leur durée de consommation est limitée, et « garder au froid ». La différence entre ces deux types de conserves est simple : l'appertisation est un traitement thermique de stérilisation à des températures supérieures à 100 °C, alors que la semi-conserve est une simple pasteurisation, à une température inférieure à 100 °C.

CONSERVE : UN PEU DE THÉORIE

L'idée en est tristement répandue : les conserves seraient le débouché obligé des denrées impropres à la vente en frais. Détrompez-vous ! Il s'agit de cultures très spécifiques et scrupuleusement définies dans les contrats de culture entre producteurs et conserveurs.

• Les cahiers des charges

Extrêmement précis, ils portent sur les quantités à produire, les variétés à ensemencer (les petits pois, par exemple, doivent avoir la peau lisse), les calibres des légumes et des fruits, les dates de récolte. Les traitements sont soigneusement surveillés pour éviter les résidus de produits chimiques.

• Les matériels utilisés sont impressionnants

Les moissonneuses-batteuses qui fauchent et écossent d'un même mouvement les petits pois sont de véritables monstres ! Pour des raisons évidentes d'économie de main-d'œuvre, partout la machine a remplacé l'homme. Elle éboute les haricots verts, dénoyaute les pêches et les abricots. Il existe une machine qui « étrognone » (oui, vraiment !), qui pèle et qui découpe simultanément les pommes et les poires. Préparer des fonds d'artichauts, peler des châtaignes, équeuter les fraises, étêter, éviscérer, désarêter les poissons (les poissons et les viandes sont souvent réfrigérés, ou même surgelés avant d'être traités)... tout se fait à la machine, rien qu'à la machine !

• Les techniques de stérilisation

Elles ont beaucoup évolué depuis Nicolas Appert. On stérilise à cœur le plus vite possible, ce qui permet de garantir plus efficacement le goût et la valeur nutritive du produit. Jadis, on stérilisait en autoclave (récipient conçu pour cuire sous pression), maintenant, on le fait en continu : les boîtes se promènent grâce à un tapis roulant à l'intérieur d'un tunnel stérilisateur. Tout l'arsenal des moyens biologiques, physiques et informatiques est mis en œuvre pour mesurer les divers paramètres des produits à conserver et calculer par ordinateur les différentes valeurs stérilisatrices. On se trouve maintenant à des années-lumière de la lessiveuse et des bocaux emballés dans de vieilles serpillières de nos grands-mères. Il arrive qu'entre la récolte et la mise en boîte de 1 kg de petits pois, il ne s'écoule pas 4 heures. Grâce à des moyens considérables, la sécurité des conserves est pratiquement absolue. Quelques accidents peuvent survenir, mais ils sont si rares que, même si vous trouvez un crapaud dans votre boîte de petits pois, vous ne risquez pas de vous empoisonner en le dégustant !

• Du métal au fer-blanc

Nicolas Appert, après ses premières expériences avec des bouteilles, a rapidement utilisé du métal. De nos jours, il s'agit de fer-blanc, autrement dit d'acier revêtu d'étain ou, depuis quelque temps, de chrome. Pour éviter des migrations d'étain dans la préparation, pour peu qu'elle soit acide, le fer-blanc (comme l'aluminium d'ailleurs) est recouvert d'un vernis alimentaire. Cette protection est fort utile pour éviter que les cassis, les fraises ou les framboises ne changent de couleur au contact du métal. Imaginez des cassis bleu ciel : personne ne pourrait croire, surtout par les temps qui courent, qu'il s'agit vraiment de cassis, même s'ils en avaient le goût !

Zoom sur les contenants en verre

Le verre pourrait être le contenant idéal, car son inertie chimique est absolue. Mais, si les pots et bocaux sont exposés à la lumière, sa transparence entraîne la destruction des vitamines A, B2 et D ou dénature les aliments. Ainsi, bien que le verre ait une image « haut de gamme » très « vendeuse », il est parfois rendu opaque. Il en est ainsi des bouteilles d'huile d'olive. Et pourtant, il n'est pas rare de voir des bocaux faits maison sur des étagères bien éclairées pour que les couleurs des fruits et légumes jouent dans la lumière ! Pour une conservation optimale, rangez les vôtres à l'abri de la lumière.

Colorants, pesticides et autres : ce que dit la loi

Le sulfate de cuivre utilisé pour le « reverdissage » de certains légumes est interdit. On avait tenté d'utiliser des colorants pour rendre les produits plus appétissants : le résultat fut tellement toxique que le procédé fut abandonné. Seule l'érythrosine, utilisée pour colorer les bigarreaux à chair blanche, est tolérée. On emploie quelquefois de l'anhydride sulfureux ou des acides alimentaires citriques et tartriques pour abaisser le pH des aliments, mais ils ne subsistent heureusement pas dans le produit fini. Enfin, les résidus de pesticides ou de nitrates utilisés comme engrais, tout comme les additifs (nitrites, polyphosphates…) et colorants présents dans les matières premières peuvent subsister, mais en quantités très faibles. Des normes maximales existent et sont très contrôlées.

• Le stockage des conserves (avant ouverture !)
Les aliments en conserve sont biologiquement stabilisés. En entreposant les boîtes dans un endroit sec et frais (entre 10 et 20 °C), en les retournant de temps à autre, on peut atteindre une durée de conservation de 1 ou 2 ans pour les fruits, de 2 à 4 ans pour les légumes, et davantage encore pour les poissons. Ne trouve-t-on pas dans le commerce des sardines millésimées comme un grand cru classé ? En plus, elles sont admirables ! Une belle Quiberonnaise retournée tous les trimestres peut se conserver et s'améliorer pendant de nombreuses années. Dans tous les cas, l'emballage doit porter une DLUO (date limite d'utilisation optimale) qui se traduit par « à consommer de préférence avant le… ». En principe, la stérilisation évite l'emploi d'agents conservateurs.

LES VERTUS DES CONSERVES POUR LA SANTÉ ET LES PAPILLES

La valeur nutritive des conserves et la densité des sels minéraux subsistant après la stérilisation restent assez controversées. On peut dire que les protéines et les glucides sont plus digestes à la suite du traitement thermique, et que la cellulose des fruits et légumes en conserve est moins irritante pour le tube digestif que celle des crudités. Quant aux sucres, ils sont souvent dissous dans les liquides d'accompagnement, qu'il est donc préférable d'utiliser. Les vitamines B et C sont en partie détruites par la chaleur, mais qu'en est-il lorsque les fruits et légumes sont longtemps exposés sur les étalages ?

Sur le plan gustatif, la surcuisson ne joue guère en faveur des aliments. Les fruits stérilisés dans l'eau bouillante sont moins touchés que les légumes, mais en règle générale, il faut constater que la stérilisation et la pasteurisation altèrent le goût et la texture des produits.

Vos conserves maison : LES USTENSILES ET LES TECHNIQUES INDISPENSABLES

• **Le stérilisateur.** Choisissez un appareil spécial avec un thermomètre d'extérieur permettant de vérifier constamment la température de l'eau pendant la stérilisation. Elle doit être maintenue à 100 °C. Dans le temps, on utilisait une lessiveuse avec un double fond et un couvercle. À l'ère de la machine à laver, ce récipient n'est plus très disponible. Pour les très petites quantités, vous pouvez utiliser une grande marmite qui nécessitera d'ajouter, au fond, une grille, des lattes de bois ou un torchon pour isoler les bocaux du fond du récipient et empêcher tout contact direct entre le verre et le métal.

• **L'autocuiseur** (ou la marmite sous pression) doit posséder un panier métallique.

• **Les bocaux.** La marque leader sur le marché est Le Parfait. Ils doivent évidemment tous être munis d'un couvercle maintenu par un étrier métallique et d'une rondelle de caoutchouc neuve placée entre le bocal et le couvercle pour assurer l'étanchéité. L'autre formule est un couvercle métallique qui se visse sur le bocal, avec une plaque métal-caoutchouc qui doit s'insérer exactement entre les deux et être impérativement changée à chaque fois. Pour ouvrir le bocal, il suffit de percer la plaque.

La taille des bocaux doit être adaptée selon vos besoins et les fruits et légumes que vous préparez. Avant la première utilisation, faites impérativement bouillir les bocaux et les couvercles pendant quelques minutes, égouttez-les et séchez-les, puis renversez-les sur un linge. Je recommande vivement, avant utilisation, un dernier rinçage avec quelques gouttes de vinaigre blanc ou de citron pour les désinfecter définitivement.

Remplissez les bocaux avec une préparation la plus chaude possible, même bouillante, jusqu'à 2 cm du rebord. Ensuite, attendez quelques minutes afin de vérifier que votre préparation se répartisse correctement, de manière à supprimer les poches d'air. Complétez si nécessaire. Vérifiez que le bord des bocaux est bien propre avant de les fermer, puis procédez immédiatement au traitement thermique quand la recette en nécessite un. Les procédés de conservation diffèrent en effet selon les recettes. Celles qui utilisent le vinaigre, l'huile ou le sel comme conservateurs ne nécessitent pas obligatoirement un traitement thermique.

Placez les bocaux à l'intérieur du récipient en les calant bien pour qu'ils ne s'entrechoquent pas et ne se retournent pas pendant le traitement thermique. Remplissez d'eau de telle manière que les bocaux soient totalement immergés et portez à 100 °C. Comptez le temps de stérilisation à partir de ce moment.

Quelle que soit l'option choisie, il faudra laisser l'eau refroidir naturellement avant de sortir les bocaux. Entreposez-les ensuite dans un endroit sec à l'abri de la lumière, idéalement dans une cave. Je recommande d'éviter de les déplacer trop souvent. Les différences de température, l'humidité ou la sécheresse peuvent altérer les joints de caoutchouc.

Une fois ouvert, le bocal se conserve au réfrigérateur, mais il vous faudra consommer le produit dans un délai très réduit.

LÉGUMES AU NATUREL : MES RECETTES PRÉFÉRÉES

Les asperges en conserve

1. Épluchez les asperges délicatement. Idéalement, jetez-les au fur et à mesure dans de l'eau glacée. Coupez-les de la même longueur que les bocaux qui devront les contenir et rangez-les, la pointe vers le haut (évidemment !).

2. Faites bouillir de l'eau salée (environ 20 g par litre). Après complet refroidissement, versez celle-ci sur les asperges en prenant soin de ne pas dépasser le début de la tête. Fermez hermétiquement les bocaux. Comptez 1 heure de cuisson par bocal de 1 kg environ.

3. Sortez les bocaux et passez-les sous l'eau froide.

Il est souvent préconisé de faire blanchir les asperges avant de stériliser, mais elles sont alors beaucoup trop cuites à mon avis.

Je ne couvre pas les asperges d'eau : je laisse les têtes dépasser, car à la cuisson, le bouillonnement et la vapeur les cuisent suffisamment. Ainsi, elles ne se détacheront pas au moment de l'ouverture du bocal.

Avant de consommer les asperges, je vous conseille de les rincer à grande eau.

Les carottes en conserve

Choisissez des carottes nouvelles, précoces, hâtives ou primeurs, récoltées en juin ou juillet. Optez de préférence pour celles qui proviennent de régions à sols sableux (Pays nantais, Landes, Manche et Bretagne). Elles sont généralement récoltées 65 jours après le semis, elles ne s'épluchent pas et sont dépourvues de cœur.

1. Coupez les fanes en laissant 3 cm de tiges. Mettez les carottes dans un torchon avec 1 poignée de gros sel. Roulez-les dans le torchon et lavez-les abondamment sous l'eau fraîche.

2. Rangez-les soigneusement dans les bocaux. Faites bouillir de l'eau salée pendant environ 10 minutes et versez-la dans les bocaux. Ajoutez quelques pincées de sucre, fermez et stérilisez pendant 45 minutes.

3. Sortez les bocaux et rincez-les à l'eau fraîche.

Les haricots verts en conserve

1. Épointez les haricots verts aux deux bouts. Mettez à bouillir une grande casserole d'eau salée. À ébullition, jetez-y les haricots verts. À la reprise de l'ébullition, égouttez-les en conservant l'eau salée et en les plongeant immédiatement dans de l'eau glacée pour qu'ils conservent leur belle couleur verte.

2. Rangez-les ensuite dans les bocaux et couvrez-les avec l'eau salée de la première ébullition. Fermez hermétiquement les bocaux et faites-les stériliser pendant 10 minutes.

3. Conservez à l'abri de la lumière et au frais.

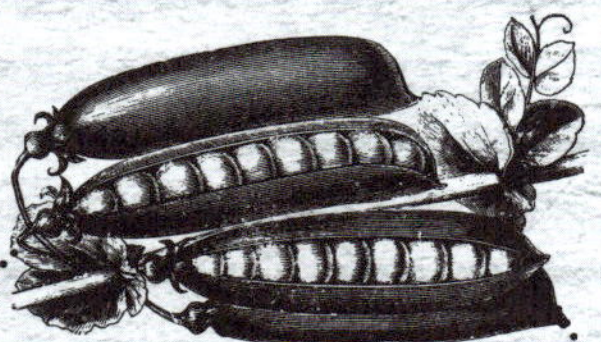

Les petits pois en conserve

Préparez-les exactement comme les haricots verts !

Les tomates entières et pelées en conserve

Je vous conseille d'utiliser exclusivement des tomates de jardin et de choisir des tailles moyennes.

1. Plongez d'abord les tomates dans de l'eau bouillante 1 ou 2 secondes pour les peler plus facilement.

2. Mettez-les dans un saladier, bien serrées, et saupoudrez-les de sel, de poivre et ajoutez des feuilles de basilic. Laissez-les dégorger de leur eau de végétation pendant 45 minutes à 1 heure.

3. Placez-les ensuite dans les bocaux en les tassant légèrement. Fermez hermétiquement et stérilisez pendant 15 minutes par bocal de 1 kg.

UNE BONNE SAUCE DANS LA BOÎTE !

Ma sauce tomate

Là encore, je choisis des tomates de jardin, plutôt grosses, pelées selon le procédé de la recette des tomates en conserve.

POUR 4 PERS. : 350 g de tomates • 2 cuill. à soupe d'huile d'olive • 50 g d'oignons blancs • 2 gousses d'ail • 1 petit bouquet garni (thym, laurier et tiges de persil) • 20 cl de bouillon de volaille (ou d'eau) • 1 cuill. à café de sucre en poudre • 1 cuill. à café de sel • poivre du moulin

PRÉPARATION

1. Pelez, épépinez et coupez les tomates en petits morceaux. Dans une casserole, faites chauffer l'huile d'olive, les oignons hachés, les gousses d'ail non épluchées, légèrement écrasées. Laissez suer doucement à couvert 5 minutes.

2. Ajoutez ensuite les tomates, le bouquet garni, le bouillon de volaille (ou l'eau), le sucre, salez et poivrez. Laissez bouillotter au moins 15 minutes, à demi-couvert, sur feu moyen, en remuant de temps en temps.

3. Retirez le bouquet garni et l'ail, et passez la préparation au mixeur. Si la sauce est trop liquide, faites-la réduire à feu doux jusqu'à obtenir la consistance désirée.

4. Remplissez les bocaux avec la sauce chaude. Fermez-les hermétiquement et faites-les stériliser 15 minutes.

5. Laissez les bocaux refroidir dans l'appareil, retirez-les, essuyez-les, puis rangez-les.

De l'utilité du sucre

Le sucre permet de palier l'acidité naturelle de la tomate. Cette astuce est valable aussi avec des tomates de pleine terre à la saison.

Ma sauce bolognaise

POUR 4 PERS. : 250 g de collier de bœuf • 250 g de gorge de porc • 1 carotte • 1 oignon • 1/2 branche de céleri • 2 cuill. à soupe de beurre • 2 cuill. à soupe d'huile • 1 verre de vin blanc ou rouge • 35 cl de bouillon de volaille ou de bœuf • 1 cuill. à café de concentré de tomates • 1 cuill. à café de sel • poivre du moulin

PRÉPARATION

1. Faites hacher par votre boucher, grille moyenne, le bœuf et le porc (ou faites-le vous-même). Épluchez la carotte, l'oignon et le céleri en branche. Lavez-les et coupez-les en petits morceaux ou passez grossièrement au mixeur.

2. Dans une cocotte, faites chauffer le beurre et l'huile, ajoutez les légumes, mélangez et laissez suer à couvert 5 minutes sur feu doux.

3. Ajoutez les viandes hachées, mélangez bien et laissez rissoler 5 minutes à feu moyen.

4. Versez le vin. Délayez les deux tiers du bouillon avec le concentré de tomates et mélangez à la sauce. Salez et poivrez. Laissez cuire doucement 1 heure à découvert en remuant de temps en temps et en grattant le fond de la cocotte afin que la viande n'attache pas. Si des petites boules se forment, écrasez-les avec le dos d'une cuillère.

5. Après 50 minutes de cuisson, complétez avec le reste du bouillon, rectifiez l'assaisonnement et poursuivez la cuisson 10 minutes supplémentaires.

6. Remplissez les bocaux avec la sauce chaude, fermez-les hermétiquement et faites stériliser 10 minutes.

7. Laissez les bocaux refroidir dans l'appareil, retirez-les, essuyez-les et rangez-les.

MES CONSERVES DE FRUITS EXQUIS

Poires au sirop

Utilisez plutôt des poires d'hiver récoltées à la fin de l'automne, avant maturité, comme la Conférence, fruit allongé, régulier, rétrécissant dans sa moitié supérieure, ou la Passe-crassane, gros fruit à l'épiderme vert jaunâtre taché de roux. On peut aussi utiliser des petites poires de Curé qu'on fera pocher dans une réduction de vin rouge et qui pourront agréablement accompagner du gibier.

POUR 2 BOCAUX DE 500 ML : 1 kg de poires • 1/2 citron • 250 g de sucre en poudre • 1/2 gousse de vanille

PRÉPARATION

1. Épluchez les poires, coupez-les en deux et ôtez le cœur et les pépins. Après épluchage, frottez les fruits avec le demi-citron pour leur éviter de noircir.

2. Préparez un sirop avec 25 cl d'eau, le sucre et la vanille. Remplissez les bocaux de fruits aux deux tiers de leur hauteur. Arrosez avec le sirop bouillant et fermez hermétiquement.

3. Remplissez d'eau l'autocuiseur jusqu'au niveau des fruits. Comptez 10 minutes à partir de la mise sous pression.

Pêches au sirop

Il existe 2 grandes catégories de pêches : celles à peau duveteuse et celles à peau lisse. Les pêches à peau duveteuse, au noyau libre ou semi-libre, à la chair blanche ou jaune, sont destinées à la table ou à l'industrie. On les appelle des « pavies ». Les pêches à peau lisse peuvent être des nectarines (noyau libre, chair blanche ou jaune) ou des brugnons (noyau adhérant à la chair blanche, jaune ou teintée de rouge).

De préférence, choisissez des pêches à la peau duveteuse et à chair blanche, en début de maturité.

POUR 2 BOCAUX DE 500 ML : 1,5 kg de pêches (à chair blanche de préférence) • 500 g de sucre en poudre par litre d'eau

PRÉPARATION

1. Mettez les pêches dans de l'eau bouillante pendant 3 à 5 secondes. Retirez la peau et coupez-les en deux pour extraire le noyau.

2. Rangez les demi-fruits dans des bocaux, la cavité du noyau tournée vers le bas.

3. Faites un sirop avec le sucre, laissez-le refroidir et versez sur les fruits.

Pour des pêches au naturel, saupoudrez de 1 cuillerée à soupe de sucre en poudre par bocal de 1 l. Fermez les bocaux et stérilisez pendant 20 minutes.

Cerises au naturel

POUR 3 BOCAUX DE 500 ML :
1,5 kg de cerises • 250 g de sucre en poudre

PRÉPARATION

1. Lavez les cerises et laissez-les sécher dans un torchon propre. Coupez les queues de façon à n'en laisser que 1 cm. Ne les dénoyautez pas.

2. Mettez les fruits dans les bocaux et saupoudrez de sucre au fur et à mesure. Remplissez-les jusqu'en haut et laissez reposer 2 ou 3 heures au frais.

3. Les fruits se tasseront et vous pourrez en rajouter quelques-uns. Fermez les bocaux. À partir de l'ébullition, comptez 8 minutes.

4. Refroidissez immédiatement les bocaux et rangez-les.

J'insiste sur le choix des cerises !

Si vous n'avez pas de cerisier dans votre jardin ou si vous n'avez pas la chance d'avoir un voisin bienveillant et généreux, il est impératif de n'acheter que des cerises de première fraîcheur. Attention, un fruit vert ne mûrit pas. À l'opposé, un fruit trop mûr aura une couleur terne, très foncée et son pédoncule sera sec. Choisissez donc des cerises brillantes, homogènes en couleur et en calibre, et dont le pédoncule est vert et souple. Les cerises doivent être fermes, légèrement crissantes sous le doigt et sèches.

Les cerises acides sont destinées aux cerises à l'eau-de-vie. Pour les cerises au naturel, je recommande les bigarreaux : la Burlat, la grosse Reverchon, ronde, verte, sucrée et parfumée, et la Cœur de pigeon, plus allongée, presque noire, ferme et croquante. Mais la bigarreau que je préfère est issue de la région d'Orléans, la Marmotte, grosse, noire, ferme et juteuse.

Les fruits au vinaigre

POUR 2 BOCAUX DE 750 ML : 1 kg de fruits (groseilles rouges ou blanches, abricots, cerises, mirabelles) • 50 cl de vin blanc sec • 50 cl de vinaigre blanc • 300 g de cassonade • 1 bâton de cannelle • 1 gousse de vanille

PRÉPARATION

1. Passez rapidement les fruits sous l'eau fraîche, égouttez-les et séchez-les au torchon. Coupez les abricots en deux et retirez les noyaux. Coupez avec des ciseaux la queue des cerises à mi-hauteur. Ne dénoyautez pas les cerises et les mirabelles. Remplissez les bocaux avec les fruits.

2. Dans une casserole, portez lentement le vin blanc, le vinaigre et le sucre à ébullition, comptez 3 minutes de cuisson.

3. Hors du feu, ajoutez le bâton de cannelle et la gousse de vanille fendue et bien grattée. Couvrez et laissez infuser 30 minutes. Versez l'infusion encore tiède sur les fruits.

4. Attendez 24 heures pour fermer les bocaux et au moins 15 jours avant consommation. Servez en condiment comme des cornichons.

Vous pouvez aussi réaliser cette recette avec une seule variété au choix.

MES CHUTNEYS INRATABLES

Chutney de poivrons multicolores

POUR 4 À 6 PERS. : 3 beaux poivrons (rouge, vert, jaune) • 2 grosses oranges • 3 cuill. à soupe d'huile d'olive • 60 cl de vinaigre blanc • 50 g de sucre cristallisé • 20 g de cassonade • 10 g de raisins de Corinthe • 10 g de gingembre frais • 8 grains de coriandre • 1 cuill. à café de graines de moutarde • huile de friture

PRÉPARATION

1. Plongez les poivrons entiers dans l'huile chaude de la bassine à friture pour les débarrasser facilement de leur peau. Coupez-les en deux. Retirez le pédoncule, les graines et les nervures. Coupez la chair en petits dés de 5 mm de côté.

2. Pelez les oranges à vif, séparez-les en quartiers à cru et récupérez le jus.

3. Mettez l'huile d'olive dans une casserole sur feu doux. Déposez-y les poivrons et laissez-les suer pendant quelques minutes.

4. Ajoutez les quartiers d'orange et le jus récupéré, le vinaigre, le sucre cristallisé et la cassonade, les raisins secs, le gingembre coupé en tout petits dés et les épices. Mélangez et laissez compoter pendant 20 à 25 minutes.

5. Versez le chutney dans un bocal ou un bol et couvrez.

Ce chutney se conserve au réfrigérateur pendant quelques semaines. Il accompagne bien les charcuteries froides, les terrines de gibier, les curries de viande, poisson ou volaille.

Chutney de tomates vertes

POUR 5 BOCAUX DE 375 G : 1,5 kg de tomates vertes • 500 g de pommes • 250 g d'oignons (rouges de préférence) • 2 échalotes • 2 gousses d'ail • 1 cuill. à café de gingembre frais râpé • 30 cl de vinaigre • 1 piment rouge séché • 1 clou de girofle • 2 cuill. à soupe de moutarde forte • 150 g de cassonade • 125 g de raisins secs • 2 cuill. à soupe de sel

PRÉPARATION

1. Plongez les tomates dans de l'eau bouillante, pelez-les et épépinez-les. Coupez-les en petits morceaux et mélangez-les avec le sel. Laissez-les dégorger dans une passoire pendant 1 heure.

2. Dans une large casserole à fond épais, mettez les tomates, les pommes pelées, épépinées et coupées en quartiers, les oignons épluchés et finement émincés, les échalotes et les gousses d'ail hachées fin ou pressées, le gingembre râpé et la moitié du vinaigre. Portez doucement à ébullition et laissez mijoter pendant 20 minutes en remuant souvent.

3. Réduisez le piment séché et le clou de girofle en poudre fine. Mélangez cette poudre dans un bol avec la moutarde et la cassonade. Versez ce mélange et le reste du vinaigre dans la casserole. Maintenez la cuisson 40 minutes à feu doux, en remuant. L'ensemble doit réduire d'un quart.

4. Mettez en bocaux aussitôt et fermez à chaud.

Conservez le chutney au frais, à l'abri de la lumière et de l'humidité pendant 3 mois avant consommation.

Chutney de pommes, oranges et citrons

POUR 4 À 6 PERS. 2 pommes rouges • 2 pommes Granny Smith • 3 oranges • le jus de 3 citrons • 15 cl de vinaigre blanc • 75 g de cassonade • 1 cuill. à soupe de graines de moutarde

PRÉPARATION

1. Épluchez les pommes, coupez-les en dés et arrosez-les de jus de citron. Pelez les oranges à vif, séparez-les en quartiers à cru et récupérez le jus.

2. Dans une casserole, portez à ébullition le vinaigre, la cassonade et les graines de moutarde. Ajoutez les fruits et leur jus. Laissez compoter pendant 20 à 25 minutes.

3. Versez le chutney dans un bocal ou un bol. Laissez refroidir et couvrez. Conservez au réfrigérateur.

Chutney de pommes vertes

Voir le chapitre sur le vinaigre, p. 238.

Chutney de mangues

POUR 3 POTS DE 375 G : 1 kg de mangues • 125 g de raisins de Corinthe • 250 g de sucre en poudre • 250 g de vergeoise • 35 g de gingembre frais • 2 clous de girofle • 1 bâton de cannelle (5 cm) ou 1/2 cuill. à café de cannelle en poudre • 35 cl de vinaigre blanc

PRÉPARATION

1. Coupez les mangues en deux dans le sens de la longueur et faites pivoter les deux moitiés en sens inverse pour séparer facilement la chair du noyau. Récupérez la chair avec une petite cuillère.

2. Mettez les morceaux de mangues dans une casserole sur feu doux avec les raisins secs, les sucres, le gingembre râpé finement, les épices et le vinaigre. À partir de l'ébullition, laissez mijoter pendant 1 h 30 en remuant souvent.

3. Mettez aussitôt en pots et couvrez.

Attendez quelques jours avant de consommer. Ce condiment accompagne bien l'agneau et le canard.

Plutôt adepte DE LA CONGÉLATION MAISON ?

LES DIFFÉRENTS APPAREILS

• **Le réfrigérateur.** La température idéale doit avoisiner les 4 °C, entre 0 et 4 °C dans la zone la plus froide, entre 4 et 6 °C dans le tiroir à légumes. Est-il utile de vous dire que cet appareil refroidit, mais en aucun cas ne conserve les produits surgelés ou congelés ? Il est impensable de congeler les aliments dans un réfrigérateur, même dans le freezer qui permet seulement de maintenir à une température très basse des aliments déjà surgelés ou congelés en guise de dépannage. Il ne doit aucunement être considéré comme un congélateur ! Ainsi, dans un freezer, on peut conserver des produits surgelés ou congelés à – 6 °C pendant 3 ou 4 jours pour les (*) et de 1 à 3 semaines à – 12 °C pour les (**).

• **Le congélateur.** Il descend à des températures très basses, de – 18 à – 30 °C. On y conserve des denrées fraîches ou déjà surgelées. La chose importante à savoir est jusqu'à quelle température négative peut descendre l'appareil.

• **Le réfrigérateur-congélateur.** Cet appareil à double usage a deux compartiments séparés : l'un est un réfrigérateur classique, l'autre est un congélateur qui doit pouvoir descendre de – 18 à – 30 °C.

EN VILLE OU À LA CAMPAGNE, FAITES LE BON CHOIX !

• **Si vous habitez en ville,** je suis de ceux qui pensent qu'il est inutile d'envisager de congeler des produits vous-même, car il est difficile de trouver sur les marchés des denrées d'une fraîcheur absolue. Contentez-vous d'un appareil de moyenne capacité pour conserver les produits surgelés du commerce. Dans ce cas, la bonne capacité serait un réfrigérateur de 20 à 40 l par personne.

• **Si vous habitez à la campagne** ou dans une petite ville, vous avez une plus grande possibilité de vous procurer des denrées d'une extrême fraîcheur ou d'utiliser votre production potagère. Vous avez tout intérêt à vous procurer un réfrigérateur-congélateur d'une capacité de 60 à 80 l par personne.

• **La place compte !** Réfléchir à la place dont vous disposez pour installer ces appareils est important, car l'idéal est de les placer dans un endroit aéré, loin d'une cuisinière, d'un radiateur ou de toute autre source de chaleur. Sachez que deux formes existent : le coffre, qui est un meuble en largeur avec un couvercle à battant, et l'armoire, qui est un meuble en hauteur avec 1 ou 2 portes en façade et où l'on range les produits sur des clayettes.

INTRAITABLE LÀ-DESSUS !

UN PRODUIT SURGELÉ OU CONGELÉ NE SE RECONGÈLE PAS ! LES BACTÉRIES, TOUJOURS VIVANTES MALGRÉ LA SURGÉLATION OU LA CONGÉLATION, SE DÉVELOPPENT RAPIDEMENT UNE FOIS LE PRODUIT DÉCONGELÉ. ET NOTEZ UNE CHOSE : LES TOMATES NE SE CONGÈLENT PAS !

ON NE CONGÈLE PAS N'IMPORTE QUOI, N'IMPORTE COMMENT !

On trouve un peu partout maintenant des emballages pour congélation qui conviennent. Ils doivent porter la mention « pour contact alimentaire ». La certification « NF » vous garantit que le produit est conforme à la réglementation en vigueur.

Le papier d'aluminium destiné aux produits à congeler est plus épais et plus résistant que celui que vous utilisez couramment. Notez que les sachets avec ou sans soufflet, les barquettes en aluminium à couvercle et les boîtes en plastique assureront un emballage étanche à vos aliments. Les feuilles de polyéthylène, le papier ou le carton paraffiné, les rubans adhésifs et les étiquettes autoadhésives sont aussi bien pratiques.

Sachez qu'il ne faut jamais remplir complètement les récipients de liquides, car ceux-ci augmentent de 10 % à la congélation.

Chaque aliment mérite son emballage particulier. Pour les légumes, utilisez des sachets en polyéthylène, pour les fruits également. Pour les compotes ou les fruits au sirop, il faut des boîtes en plastique à couvercle. Les poissons, comme le beurre et le fromage, préféreront les feuilles de papier d'aluminium. Quant aux viandes, volaille et gibier, prenez des sachets en polyéthylène pour les viandes crues et les rôtis, et des boîtes en matière plastique ou des barquettes en aluminium à couvercle pour les viandes cuisinées, tout comme les plats cuisinés.

SOS PANNE OU COUPURE DE COURANT !

En cas de coupure de courant ou de panne de l'appareil, n'ouvrez jamais le congélateur. Seulement lorsque le courant est revenu, ouvrez le couvercle pour vérifier la température et, si celle-ci est trop remontée, l'état de décongélation des aliments. Ces derniers se réchauffent d'autant moins que le congélateur est plein, la masse congelée constituant un volant de froid. En général, les produits surgelés ou congelés ne sont en danger que si la panne se prolonge au-delà de 12 heures et si la température est remontée au-dessus de – 6 °C.

RECETTES EXPRESS
SPÉCIAL CONGÉLATION

Les haricots verts

Fins ou extrafins, la meilleure saison est juillet-août.

1. Équeutez soigneusement les haricots verts et lavez-les. Plongez-les dans une grande marmite d'eau en ébullition, puis dans un saladier d'eau glacée.

2. Installez-les par petits paquets de 250 g dans des sachets bien fermés. Activez la touche de refroidissement rapide quelques heures avant d'introduire les aliments et laissez-la en fonction durant 24 heures.

Vous pouvez les conserver pendant 12 mois et les cuire tels quels dans de l'eau bouillante comme des haricots verts frais.

Les cerises et les petits fruits rouges

1. Gardez les noyaux, mais équeutez-les, roulez-les dans le sucre et mettez-les dans une boîte en plastique fermé.

2. Placez la boîte dans le congélateur après avoir aussi activé la touche de refroidissement rapide.

Les fraises comme tous les petits fruits rouges (cassis, groseilles, myrtilles, groseilles à maquereaux) se conservent comme les cerises.

Du côté DU FUMAGE...

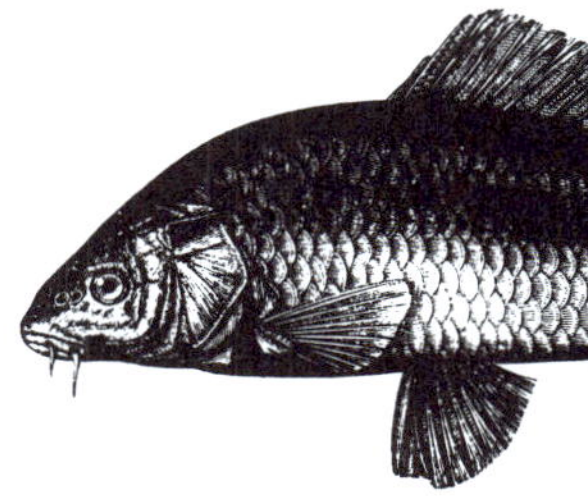

C'est l'une des techniques les plus anciennes. Outre la saveur unique qu'il procure aux viandes et aux poissons, le fumage contribue à empêcher le développement des moisissures et possède des vertus antibactériennes et antifongiques.

On peut fumer dans un four, mais l'achat d'un fumoir, surtout si vous êtes au bord de la mer et que vous pouvez vous procurer des poissons d'une extrême fraîcheur peut s'avérer fort utile. Sur certains fumoirs, on trouve une option « fumage à froid » en plus d'un contrôle automatique du temps et de la température. Si vous avez l'opportunité d'acquérir un fumoir malgré son prix élevé, suivez les recettes du mode d'emploi en sachant que tous les bois ne donnent pas la sciure idéale, les résineux sont à proscrire alors que le bois de chêne ou d'arbres fruitiers (pêchers, pommiers, cerisiers) est parfait.

PENSEZ à la déshydratation !

Cette méthode a largement fait ses preuves en matière de conservation des fruits et légumes, et leur dessiccation renforce leur saveur. Son avantage : les aliments complètement séchés se gardent très longtemps ! Pour ma part, je considère qu'il est préférable d'arrêter la dessiccation quand les fruits et légumes restent encore souples, avec l'inconvénient qu'ils ne se conservent alors que 2 mois.

- **Au soleil.** Si le temps le permet – chaud et ensoleillé –, les fruits et légumes peuvent être mis à sécher à l'air libre pendant 2 ou 3 jours. Étalez-les sur un plateau recouvert d'une gaze et surtout rentrez-les la nuit tombante pour les mettre à l'abri de la rosée. Ce système ne peut évidemment s'envisager qu'avec des produits de toute première fraîcheur, sans tache ni coup.

- **Au four.** Préchauffez le four à 110 °C (th. 3-4). Trempez préalablement les fruits et légumes dans un bain acidulé (6 cuillerées à soupe de jus de citron pour 1 l d'eau chaude) ou un bain miellé (250 g de miel liquide pour 25 cl d'eau). Ne trempez les fruits que lorsque la préparation est refroidie. L'inconvénient du séchage au four est qu'il faut laisser sécher les fruits et légumes pendant 36 à 48 heures et les retourner à mi-parcours.

- **Avec un déshydrateur.** Pourquoi ne pas investir dans l'achat d'un déshydrateur ? C'est un appareil spécial qui consomme peu d'énergie (électricité) et qui est peu encombrant. Son avantage : ses plateaux superposés permettent de faire sécher en même temps différents fruits et légumes.

La vérité sur les méthodes INDUSTRIELLES DE CONSERVATION

Petite devinette pour les musiciens :

QUEL EST LE POINT COMMUN ENTRE LES GAMMES PENTATONIQUES ET LES PROCÉDÉS DE CONSERVATION ? LES GAMMES PENTATONIQUES ONT CINQ SONS ET LES PROCÉDÉS DE CONSERVATION SONT CLASSÉS SELON CINQ GAMMES, PLUS OU MOINS RECOMMANDÉES...

1RE GAMME : LE TOUT FRAIS TOUT NATUREL

La conservation des produits de cette gamme consiste simplement à préserver leur fraîcheur – particulièrement des fruits et légumes – sans recours à un quelconque procédé. Les garder au frais devrait suffire. Et pourtant, on trouve sur les étals tant de fruits et légumes ternes, éteints, fanés… Leur couleur, leur éclat, leur goût, leurs qualités nutritives ont disparu, suite à de mauvais traitements comme des changements de température abusifs et des manipulations brutales. Un maraîcher heureux dédaigne les funestes chambres froides. Il doit les conserver au frais et non au froid.

Sachez qu'il existe des réfrigérateurs à trois niveaux. L'un d'eux est un espace où le vide est créé et est ainsi dédié aux produits frais. Ceux-ci peuvent se conserver jusqu'à 5 fois plus longtemps. Quelques marques seulement proposent ce genre d'appareils et ils restent onéreux.

2E GAMME : LA CONSERVE

Cette gamme étant celle de la conserve appertisée que nous avons largement développée plus haut, passons directement à la 3e gamme.

3e GAMME : LA SURGÉLATION ET LES PRODUITS SURGELÉS

« Quand on congèle de la merde, on décongèle de la merde ! » Cette formule simple illustre parfaitement la 3e gamme. Tout comme l'appertisation, la congélation et la surgélation exigent des produits d'une totale fraîcheur.

CONSERVER PAR LE FROID, C'EST VIEUX COMME LE MONDE

• **Dès la plus haute Antiquité,** on enfouissait les denrées périssables dans les premières neiges, jusqu'à la fin de l'hiver. Les Romains enveloppaient de neige et de glace les poissons du Rhin, les huîtres d'Armorique et les langoustes de Sardaigne, pour les transporter jusqu'à Rome.

• **L'ancêtre du congélateur.** Mettre des fruits écrasés avec du miel dans un récipient entouré de neige et de glace, et tourner jusqu'à ce que le mélange durcisse, voilà un procédé qui ne doit rien à M. Moulinex. En France, jusqu'à la fin du XIXe siècle, on conservait la glace recueillie en hiver dans des silos. On trouve trace de ces installations dans nos campagnes. Aujourd'hui, elles servent généralement de dépotoirs.

• **La machine frigorifique (inventée par un Français, cocorico !).** Ferdinand Carré inventa, en 1857, la première machine frigorifique à compression, en 1860, la première machine à absorption et à fonctionnement continu et, en 1863, la production de glace à l'aide d'appareils frigorifiques. On ne peut pas dire de M. Carré qu'il n'avait pas l'esprit de suite ! Avec son camarade Charles Tellier, il alla jusqu'à armer un navire, que les deux amis baptisèrent *Le Frigorifique*, pour transporter de la viande d'Argentine en France.

• **La surgélation rapide (un Américain…).** En 1929, Clarence Birdseye qui, bizarrement, n'est pas français mais américain dépose un brevet pour une nouvelle invention, la congélation rapide. Quelle différence entre le procédé de Carré et Tellier et celui de l'Américain ? Le premier met en œuvre des températures très basses, entre – 20 et – 30 °C. La conservation peut être longue si la température est maintenue. Mais le refroidissement lent entraîne la formation de cristaux de glace de grosse taille à l'intérieur des aliments qui contiennent de 75 à 90 % d'eau. Ces cristaux endommagent la structure cellulaire et provoquent une exsudation lors de la décongélation.

Au contraire, la technique du second met en œuvre un refroidissement accéléré, ce qui a pour effet de multiplier les cristaux, mais de réduire leur dimension. Ainsi, cette poussière de cristaux n'endommage pas les cellules. Pour que les denrées soient prises à cœur par le froid (– 18 °C), il faut pratiquer l'opération sur de faibles épaisseurs et prérefroidir les denrées à surgeler.

ALEXANDRE LE GRAND ET NÉRON AVAIENT-ILS UNE SORBETIÈRE À MAIN ?

Le dessert glacé est connu depuis l'Antiquité. Au IVe siècle avant J.-C., à la cour d'Alexandre le Grand, on refroidissait des pots de terre contenant des fruits en morceaux mélangés à du miel en les entourant de neige. Quatre siècles plus tard, Néron, empereur romain célèbre pour avoir fait brûler Rome, dégustait lui aussi des sorbets à base de fruits écrasés dans du miel ou de l'eau de rose en mélangeant les ingrédients à de la neige qu'il faisait acheminer depuis les Alpes.

LES 4 GRANDES MÉTHODES DE LA SURGÉLATION

Si vous aimez les produits de la 3e gamme, si vous êtes un inconditionnel de ce type de conservation, vous n'êtes pas obligé de lire les quelques lignes qui suivent, elles ne vous feront pas changer d'avis. Sinon, ça vaut la peine…

• **Avec la première méthode** dérivée du procédé de Clarence Birdseye, les aliments sont introduits entre des plaques à l'intérieur desquelles circule un fluide frigorigène porté à la température de – 35 °C (faut se couvrir !). Ce procédé est destiné à des aliments peu fragiles, d'épaisseur faible et régulière, comme les steaks hachés, les filets de poisson et les paquets d'épinards.

• **La deuxième méthode consiste à surgeler vite, très vite,** des aliments de très petites dimensions au contact d'un air glacial. On l'applique de trois façons :
– On installe les aliments emballés ou en vrac dans une chambre froide, on prend garde de ne pas leur signaler ce qui va leur arriver et, lorsqu'ils se sentent en sécurité, hop, sans perdre de temps, on leur injecte pendant un temps très court de l'air très froid, à – 50 °C. S'ils ne s'amusent plus, c'est que leurs zygomatiques sont bloqués par le gel.

– On peut encore placer les cerises, les haricots verts ou même des crêpes fourrées sur des grilles mobiles qui se déplacent horizontalement dans un tunnel de surgélation. Celui-ci n'a rien à voir avec son homonyme des chemins de fer : un air glacial est subrepticement, mais violemment soufflé sur

les produits, de haut en bas et de bas en haut ; là, nul n'en réchappe. Ce triple mouvement n'est pas innocent : il a été imaginé pour que les aliments se refroidissent encore plus vite. Ceux qui ont inventé le procédé ont gagné : aucun légume ne s'en sort indemne.

– Les aliments que la nature a voulus très petits, comme les petits pois, les myrtilles, les crevettes ou les choux de Bruxelles ont droit à un traitement tout particulier. Vu leur taille, ils sont légers. Quand on leur souffle violemment dessus, ils s'envolent donc sans se méfier. Ils ont tort, car si l'on souffle c'est pour mieux les projeter dans un violent courant d'air, d'où ils ressortent moins de 8 minutes plus tard, durs comme du béton.

• **La troisième méthode** est essentiellement destinée à des produits de taille moyenne et de forme irrégulière. Ainsi, un poulet n'y échappe pas : on l'emballe dans un fichu plastique et on le plonge, avant qu'il ait eu le temps de comprendre, dans un liquide à très basse température. Il arrive souvent que le poulet ait bien triste mine dans l'assiette après immersion dans la saumure. Ne vous en étonnez pas maintenant que vous savez pourquoi.

• **La quatrième méthode** est indiscutablement la plus rapide. Imaginez un petit pois qu'on installe gentiment sur une bande porteuse et à qui l'on raconte qu'il va se promener. Il est tranquille sur son petit tapis roulant, quand lui tombe dessus une pulvérisation de CO_2 ou d'azote liquide à – 196 °C. Croyez-moi, un petit pois, à cette température-là, ça ne fait même pas ouf !

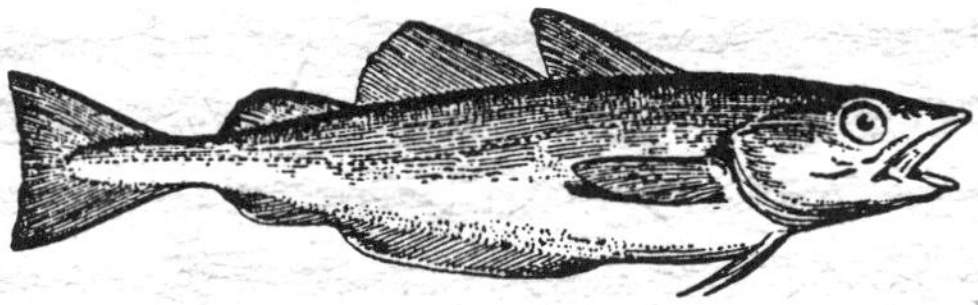

LA PRÉPARATION DES PRODUITS SURGELÉS : À MÉDITER…

Lecteurs-amateurs de surgelés, c'est le moment de vous concentrer sur votre lecture si vous voulez savoir comment sont préparés vos « délices »…

• **Les fruits et légumes.** Tout comme les conserveurs, les surgélateurs passent des contrats de culture avec des producteurs. Les légumes sont triés, nettoyés, blanchis. Ainsi, vous pourrez les cuire plus vite. En général, la surgélation intervient quelques heures après la récolte. Il faut être humain : on n'exécute pas un haricot vert condamné à mort 8 jours après la sentence !

• **Pour la volaille et les viandes,** les règles sont strictes. Compte tenu du temps de maturation des viandes, on fait vite. Parage, découpage, pesée, hachage sont exécutés avec la plus grande célérité, pour répondre aux normes d'hygiène. À notre connaissance, aucun animal, quel qu'il soit, n'a résisté à la surgélation, pas même les rennes, qui savent pourtant ce que le froid veut dire. Je n'ai donc aucun témoignage à verser au dossier.

• **Les poissons sont spécialement sélectionnés.** Les industriels du froid préfèrent les espèces à chair ferme et peu grasse comme le cabillaud, le lieu ou la limande, et même la sole – c'est tout dire ! Aucune espèce un peu grasse ne s'est jamais plainte d'avoir été épargnée. Sitôt pêchée, sitôt surgelée, pas de répit. On opère en mer, sur des navires surgélateurs évidemment. En quelques heures, on est pêché, trié, éviscéré, fileté, surgelé. Il ne fait pas bon traîner dans les parages de ce type de bateaux quand on est une morue.

• **Pour les plats cuisinés** et autres préparations élaborées, les recettes sont évidemment adaptées à la surgélation.

Cher ami,

Il vous faudra reprendre ici la lecture de ce chapitre si vous avez été rebuté par son aspect technique. Car la surgélation et la congélation ont des avantages et des inconvénients qui ont un rapport direct avec ce que vous allez trouver dans votre assiette.

LES AVANTAGES ET LES INCONVÉNIENTS DANS L'ASSIETTE

Attention aux micro-organismes. Ils ne se développent plus au-dessous de – 18 °C, et l'absence d'eau est également un obstacle à leur prolifération. Mais ils ne sont pas détruits : dès leur décongélation, ils reviennent actifs. Le froid ne fait que restituer ce qu'on lui a confié. Il est donc indispensable de respecter une hygiène rigoureuse au moment de la préparation, et surtout de ne jamais rompre la chaîne du froid. Sinon, les bactéries, qui ne demandent que ça, recommenceront de plus belle à proliférer. Maintenir une température de – 18 °C du producteur au consommateur est une règle absolue.

Respectez la durée de conservation ! Sur le plan organoleptique (aspect, consistance et goût) comme sur le plan nutritif, la surgélation est le procédé qui garde le mieux un aliment dans son état de fraîcheur originel. Mais à la longue, les fruits et légumes surgelés subissent tout de même des altérations. Leur chlorophylle se dégrade et leur teneur en vitamine C diminue. La durée de conservation à – 18 °C est de 8 à 12 mois pour les légumes crus, et de 3 mois pour les soupes et les légumes cuits. Les fruits supportent sans trop rechigner de 6 à 10 mois. La durée est plus courte pour les denrées d'origine animale, du fait de la dégradation plus rapide de leurs graisses.

Si l'on conserve à – 12 °C, il faut savoir que la durée de conservation sera de 3 à 8 fois inférieure, selon les denrées, à celle qu'on obtient en maintenant la chaîne du froid à – 18 °C. Pas de panique : si les durées moyennes de stockage sont dépassées, on ne risque tout de même pas de s'empoisonner ; en revanche, les produits seront moins appétissants.

LES PRODUITS QUI DEVIENNENT GIVRÉS SI ON LES CONGÈLE

Il existe des produits qui refusent de s'accommoder de ce type de conservation. La tomate est allergique au froid, la carotte aussi. La salade et la pomme de terre crue refusent la surgélation. Personne n'a encore décidé la pomme et la poire à se résigner à une telle température, et que dire de la banane, sinon qu'elle est totalement réfractaire à ce genre de procédé.

BON À SAVOIR

Les industriels indiquent sur leurs emballages une DLUO (date limite d'utilisation optimale). Seuls les steaks hachés ont une DLC (date limite de conservation) qui est de 9 mois après la surgélation (toujours à – 18 °C).

LE SACRO-SAINT MAINTIEN DE LA CHAÎNE DU FROID !

Comme on a pu le constater, c'est le point essentiel – j'allais écrire vital – de la surgélation. Depuis le 21 décembre 1988, une directive communautaire institue une tolérance de 3 °C. Il peut donc y avoir un réchauffement dans la chaîne jusqu'à – 15 °C. Certains pays accordent jusqu'à – 12 °C. On atteint là le point limite : on sait qu'à – 18 °C, la multiplication microbienne s'arrête, et qu'à – 10 °C, c'est la multiplication bactérienne qui s'interrompt.

• **Dans les entrepôts,** la température est souvent inférieure à celle exigée par la réglementation, qui est de – 25 à – 30 °C. Les véhicules équipés pour préserver le froid doivent se conformer à des règles sévères. Mais sont-elles toujours respectées ? Et y a-t-il beaucoup de restaurants équipés de chambres négatives susceptibles de maintenir les produits – 20 °C ? J'en doute.

• **Dans les magasins de vente au détail,** les meubles frigorifiques, bacs ouverts ou armoires vitrées doivent être obligatoirement équipés de thermomètres. Les consommateurs, comme vous, ne les regardent jamais parce qu'ils ne savent pas qu'ils existent. Ils les ignorent parce qu'on ne tient pas à les leur signaler ! Les vendeurs ne les regardent pas non plus, chacun est quitte ! On raconte encore que certaines grandes surfaces couperaient complètement l'électricité pendant la nuit et les week-ends… Alors, la chaîne du froid, parlons-en !

• **Une vigilance de tous les instants !** Les spécialistes nous disent que des incidents de faible amplitude, répétés tout au long de la chaîne, auraient des conséquences plus graves qu'un dépassement de température important, mais de courte durée. Cela s'explique par la grande inertie du froid. Ainsi, un écart dans le transport, un moment d'inattention dans les livraisons, des linéaires surchargés, un entrepôt dans lequel le froid éprouve des difficultés à circuler, et le mal s'installe. On a imaginé de coller sur les surgelés des pastilles thermosensibles qui changeraient de couleur aux changements de température. La polémique sur le bien-fondé et l'efficacité de cette méthode continue à opposer les fabricants et les agents de la répression des fraudes.

LA 4E GAMME : COUP DE GUEULE SUR LES FRUITS ET LÉGUMES FRAIS SOUS FILM

Souvent, j'essaie sincèrement de prendre sur moi, de me raisonner, de me dominer même. Rien à faire, je suis désolé. Je reste férocement opposé à la 4e gamme ! Il m'arrive pourtant d'hésiter, de me brutaliser. Pourquoi pas moi ? Un essai, un seul, un tout petit, rien qu'un. Je ne peux pas. Un frein violent, une irrépressible force m'en empêche.

J'AVOUE EN AVOIR GOÛTÉ, MAIS SEULEMENT CHEZ LES AUTRES. CHEZ MOI, JAMAIS !

Ces fruits et légumes frais, non cuits, prêts à l'emploi, lavés, prédécoupés et emballés sous film transparent ne m'inspirent que méfiance et réserve. J'ai du mal à croire que le marchand de légumes de Saint-Lô qui, en 1982-1983 inventa « ça » était vraiment motivé par le désir d'offrir un service à la clientèle. Je pencherais pour une interprétation plus mercantile… Sans m'en réjouir pour autant, je constate que ma répulsion pour cette gamme est au moins partagée par une autre personne. Ainsi, le directeur du très sérieux Institut supérieur de l'alimentation (ISA) a déclaré : « On prend les consommateurs pour des bœufs (…). La quatrième gamme, c'est de l'ensilage. » Pour les lecteurs peu versés dans les techniques fourragères, il me paraît utile de préciser que l'ensilage est une méthode de conservation qui consiste à mettre des fourrages verts dans des silos J'ajouterai encore que ceux-ci sont interdits aux vaches laitières dans certaines régions qui produisent des fromages AOP.

UNE MÉTHODE QUI FAVORISE LE DÉVELOPPEMENT DES BACTÉRIES

Un légume a besoin de respirer pour vivre et se conserver ! Tout naturellement, il absorbe de l'oxygène et rejette du gaz carbonique, ainsi que de la vapeur d'eau. Quand on l'enferme dans un sachet imperméable à l'air, il fermente d'autant plus vite que la raréfaction, puis la disparition de l'oxygène favorisent le développement des bactéries anaérobies qui sont justement responsables de la fermentation. Le lavage auquel on soumet les légumes enlève la fine pellicule de cire qui les recouvre. Ainsi, les microbes qui restaient auparavant à la surface de cette pellicule peuvent pénétrer à l'intérieur des tissus. Si les légumes sont pelés ou coupés en morceaux, l'accès aux tissus en est facilité, d'autant que les microbes ont besoin d'eau pour proliférer. Ces inconvénients sont moins un problème quand on consomme les légumes immédiatement après le lavage.

Désinfectés... à l'eau chlorée !

Lorsqu'ils sont vendus en sachets, ces légumes charmants et appétissants sont désinfectés à l'eau chlorée. Inutile de relire, j'ai écrit « chlorée » ! Rassurez-vous, la concentration autorisée est insuffisante pour attaquer l'organisme : de 2 à 5 gouttes par litre d'eau seulement. D'ailleurs, si l'on augmentait le taux de chlore, la qualité microbiologique du produit n'en serait pas améliorée pour autant. Enfin, ces produits désinfectés perdent toute trace d'odeur désagréable après un séjour d'au moins 2 heures en chambre froide. Que demander de plus ?

• **Les « solutions » des industriels.** Conscients de leurs intérêts, et soucieux d'éviter l'interdiction de cette juteuse et nouvelle gamme, les industriels ont cherché à extraire de leurs produits un maximum d'eau pour empêcher les bactéries de se développer. Partant du principe que tout refroidissement d'un corps provoque une évaporation rapide de l'eau qu'il contient, ils ont systématiquement recours à la « préréfrigération sous vide ». On utilise ainsi l'« hydrocooling » pour traiter les salades ou les asperges, que l'on trempe dans de l'eau glacée. Pour les choux-fleurs, il s'agit d'air froid pulsé dans des chambres réfrigérées. Ces méthodes consistent surtout dans la perspiration du légume (évaporation de son eau) dans son sachet. On dit que certaines carottes, qui n'avaient pourtant jamais exprimé le désir d'un tel traitement, sont réduites à l'état de cellulose après un bon moment de préréfrigération, suivi d'un essorage sérieux.

• **On a essayé bien d'autres gâteries** pour éviter, par exemple, le brunissement des légumes après la coupe : des antioxydants comme le soufre, l'acide ascorbique ou citrique, des traitements ionisants, des irradiations qui ne doivent rien à Tchernobyl… On a même commis l'erreur de mettre de l'azote dans les sachets, avant de s'apercevoir que la fermentation s'accélérait d'autant plus. Ne nous plaignons pas : les Américains utilisent le monoxyde de carbone, encore interdit en France. Patience…

L'IRRADIATION OU IONISATION DE CERTAINS LÉGUMES !

On a pendant un moment pensé que l'irradiation était la panacée. La technique consiste à « bombarder » le produit de radiations ionisantes créées par l'accélération d'électrons, par isotopes radioactifs ou par une source de rayons X. Le mot « irradiation » évoque immédiatement Tchernobyl, Fukushima et affole le consommateur. Malgré le changement d'identité – irradiation est devenue ionisation –, les autorisations n'ont pas été accordées, sinon pour les pommes de terre, les oignons, les échalotes, les aulx et les épices.

ZOOM SUR LA RÉGLEMENTATION

• **Datant seulement de 1987,** elle exige que tous les sachets portent l'indication des conditions de conservation, ainsi qu'une DLC (date limite de consommation). Le texte est fort précis sur la température de la chaîne du froid : toutes les opérations doivent se dérouler entre 0 et 4 °C. On tolère que les sachets supportent momentanément jusqu'à 8 °C chez les revendeurs. Je peux admettre que les marchands de fruits et légumes ne soient pas tous équipés d'un thermomètre, mais il me semble que s'il fait 25 ou 30 °C à l'ombre, il peut difficilement faire 8 °C à l'intérieur…

• **Prenons exemple chez nos voisins belges !** Il m'arrive de me poser la question suivante : pourquoi ne les imite-t-on pas ? En Belgique, toute adjonction de désinfectants ou de produits de conservation est interdite. Les Belges n'en sont pas mécontents. Leur méthode est simple : un lavage, puis le passage rapide d'un courant d'air froid sur des légumes déposés en faible épaisseur, pour que le froid absorbe l'humidité… et c'est tout. Les produits sont commercialisés dans des barquettes recouvertes d'une cellophane étirable et perméable. Ainsi, la vapeur d'eau s'évacue, et le légume respire, il ne demande que cela. Satisfait de ce traitement plus amical que le nôtre, il se conserve plus longtemps.

« On me raconte qu'avec la 4e gamme, on va relancer la mode des légumes frais. On prétend que le consommateur regarde cette gamme avec les yeux de Chimène. Personne ne me fera croire qu'elle peut incarner, pour le consommateur, les saines valeurs de la diététique et du naturel ! Si c'était le cas, pourquoi passer par tant d'artifices et d'aides chimiques ? Certes, les corvées d'épluchage ne sont guère exaltantes, pourtant, une salade fraîchement épluchée, bien verte et croquante, n'est-ce pas mille fois meilleur ? Ces morceaux jaunis, desséchés, sinistres ne risquent guère de réjouir votre palais au cours du repas. J'ai toujours pensé qu'une carotte ou une pomme de terre était meilleure, plus savoureuse, plus généreuse en saveurs lorsqu'une main tendre lui faisait subir les affres de l'épluche-légumes. Puisqu'un légume respire, pourquoi ne souffrirait-il pas ? On ne parle pas assez aux légumes qu'on épluche… »

LA 5^{E} GAMME : LES PLATS CUISINÉS SOUS VIDE, À PRENDRE ET À LAISSER…

Pour le moment, la 5e gamme est la dernière. Que sera la 6e ? Des pilules peut-être. Nous n'en sommes pas là… dans l'immédiat. À l'origine, le mot « gamme » désignait en principe les seuls légumes. Par extension, on l'applique aussi aux plats cuisinés frais, emballés sous vide (on dit encore « frais sous vide »). Il n'existe en la matière aucune dénomination officielle, compte tenu de l'afflux des produits qui viennent enrichir chaque jour la grande famille.

LES AVANTAGES ET LES LIMITES DU SOUS-VIDE

• **Les avantages essentiels du procédé sont la conservation des arômes,** ainsi que la limitation des pertes en vitamines et en eau, donc en poids. Pour préserver ces atouts, la cuisson doit donc se dérouler à une température modérée, inférieure en tout cas à 100 °C. Telles sont les clés de la réussite. La cuisson sous vide s'apparente à une cuisson en papillote. Le principe en est simple : on épluche, on lave, on découpe, on assaisonne le produit, puis on l'emballe sous vide pour le priver d'oxygène ; ensuite, on le cuit extrêmement lentement et à basse température, et enfin, on le refroidit brusquement.

• **Le vide a deux intérêts principaux :** il permet, d'une part, d'abaisser la pression atmosphérique et, du coup, la température de cuisson (tout le monde sait qu'en haut du mont Blanc l'eau bout à 80 °C). D'autre part, faute d'oxygène, il empêche les bactéries de se développer. Cette dernière précaution n'est pas la seule : les produits cuits ou pasteurisés sous vide doivent impérativement être conservés à une température comprise entre 0 et 3 °C pour empêcher les germes de se réveiller et de proliférer.

• **Le sous-vide est-il vraiment une réussite ?** C'est une bonne question. On peut répondre « oui » sans restriction, pour peu que les bons principes soient respectés. Or, le sous-vide est une technique au service de l'ambiguïté. Actuellement, de nombreux produits de la 5e gamme qu'on présente sous vide ne sont pas cuits sous vide, ni même à basse température. Et tous ne sont pas des produits frais. Autrement dit, il existe dans le commerce des produits sous vide, vendus comme des produits sous vide, se présentant physiquement comme des produits sous vide et qui n'ont rien à voir avec la technique du sous-vide.

À BOIRE ET À MANGER DANS LES PLATS CUISINÉS SOUS VIDE

Ce n'est pas rien d'être un consommateur à notre époque ! Comment s'y retrouver dans les gammes, les techniques, les étiquettes, leurs codes, leurs sigles ? Existe-t-il des cours du soir pour devenir d'honnêtes consommateurs ? Ne vaudrait-il pas mieux donner des cours aux apprentis honnêtes industriels ? On peut grossièrement distinguer 3 catégories de plats cuisinés présentés sous vide :

⊕ Les « basses températures » : cuisinés à 65 °C et dont la DLC (date limite de consommation) ne peut dépasser 21 jours.

⊕ ⊖ Les « pasteurisés » : cuits à plus de 75 °C et dont la DLC est de 42 jours au maximum ;

⊖ Les « stérilisés » : cuits à plus de 100 °C et qui se conservent 4 mois au maximum.

COUP DE GUEULE

Mais pourquoi doit-on faire rentrer les plats cuisinés dans la 5e gamme ? Ce ne sont pas des produits « frais », ils s'apparenteraient plutôt aux conserves. La réponse est toute simple : la 5e gamme est à la mode. Les gogos plongent, les imposteurs sont à l'affût au coin du bois de la magouille. Ils profitent de l'« avantage marketing » attaché aux produits nouveaux et de la mauvaise information du consommateur.

Des méthodes peu conventionnelles ! Trop souvent ces quasi-conserves sont cuites traditionnellement, puis mises sous vide dans un second temps, avec tous les risques de recontamination bactérienne que représente cette manipulation. Pour éviter cet écueil, les industriels effectuent donc une « flash-pasteurisation » à une température proche de 100 °C, juste en fin de conditionnement. La DLC peut ainsi attendre 6 semaines.

Bactéries et compagnies. Auprès de la distribution, la 5e gamme bénéficie de la logistique appliquée aux produits frais. Perçus comme tels, ils sont donc moins menacés par les ruptures de la chaîne du froid. Conditionner les aliments sous vide est une bonne idée, mais encore faut-il que la cuisson à basse température détruise les bactéries. Entre 57 et 100 °C, on détruit les salmonelles, les staphylocoques, la listeria et quelques autres germes antipathiques, mais il faudrait atteindre les 100 °C pour venir à bout des bactéries les plus dangereuses, comme *Clostridium botulinum* ! Que faut-il faire de toutes ces bactéries ? On sait qu'il existe une sorte de compétition entre elles. Les unes sont pathogènes et altèrent le produit, d'autres, au contraire,

« Merde, on existe, et nous ne voulons pas devenir des con-consommateurs ! »

concourent à sa conservation, à l'instar des levures pour la fermentation alcoolique. Il semble que la recherche actuelle s'oriente vers une destruction sélective des bactéries. On étudie aussi le pouvoir bactéricide des aromates. De fait, l'ail et le clou de girofle n'ont jamais été employés innocemment dans les recettes traditionnelles, pas plus que le vin rouge dans la daube, ni le poireau dans le pot-au-feu. La cuisine du passé n'a jamais été la cuisine du hasard, qu'on se le rappelle !

Dans le domaine du sous-vide, on n'a pas le choix : il faut faire confiance aux industriels. Ils sont les seuls à être équipés en matériel et en technologie, et les seuls à pouvoir offrir un minimum de garanties. Pourtant, rares sont ceux qui indiquent sur les emballages la température et la durée de la cuisson. On ignore donc si ce que l'on mange a été stérilisé ou pasteurisé. Il arrive encore que certaines marques n'utilisent pas toujours des produits frais. Afin de réduire les frais de main-d'œuvre, elles achètent des légumes ou des viandes congelés. Pourquoi pas ? Ces techniques modernes de conservation ne manquent pas d'intérêt, au contraire même, mais toutes les conditions pour faire un bon produit ne sont pas toujours remplies. Pourquoi ? Les avis diffèrent, selon que l'on s'adresse aux pouvoirs publics ou aux industriels. Les premiers expliquent que la technique évolue si rapidement dans ce domaine qu'ils ne peuvent pas prendre de disposition avant la mise au point des procédés nouveaux. Les industriels, eux, sont convaincus que les pouvoirs publics cherchent à les empêcher d'évoluer vers des techniques de plus en plus performantes qui amélioreraient les rendements, les prix de revient. Comme vous le voyez, ni la qualité ni les consommateurs rentrent en ligne de compte.

DU SOUS-VIDE AU RESTAURANT !

Le marché du sous-vide est en pleine expansion, la restauration représentant plus des deux tiers de la production. Vous avez bien lu : le « filet de loup de l'Atlantique » ou « le millefeuille de saumon en habit vert » que vous mangez dans les restaurants reconnus par les guides touristiques, et que vous payez 30 ou 35 € la portion, ont coûté 2,50 € ou, au mieux, 3 € au chef qui, en guise d'exercice de son art, doit rapidement les réchauffer.

Le VINAIGRE maison, c'est facile

UN BON VINAIGRE, ça change tout !

MA RECETTE À MOI

Depuis plus de 40 ans, pour ma consommation familiale, je fais mon vinaigre moi-même.

1. Pour que le vinaigre se fasse bien, ne remplissez le vinaigrier qu'à moitié, avec deux tiers d'un bon vin rouge bien tannique et d'un degré d'alcool élevé, et un tiers du meilleur vinaigre que vous trouverez dans le commerce. Le vin est alors ensemencé par les bactéries acétiques déjà contenues dans le vinaigre.
2. Placez le vinaigre dans un endroit entre 15 et 30 °C. Il est hors de question que vous l'installiez dans une cave ou tout autre lieu où vous conservez le vin : le local serait rapidement saturé en bactéries acétiques, faisant tourner le vin de la cave.
3. Après quelques jours de patience, un voile commence à se former sur la surface du mélange vin-vinaigre. Hors de question d'y toucher ! 4 ou 5 semaines plus tard, le vinaigre est prêt.
4. Mettez-le alors en bouteille : dans 2 bouteilles de 75 cl d'abord, puis vous complèterez avec du vin.

Les règles d'or

- Il va de soi que le vin utilisé doit être de bonne qualité ! On ne fait pas de bon vinaigre avec du mauvais vin ; meilleur sera le vin, meilleur sera le vinaigre.
- Il faut un bon vinaigrier. Les modèles les plus courants sont en grès vernissés ou en bois.
- N'oubliez surtout pas de garnir le dessous du couvercle du vinaigrier de coton hydrophile afin de permettre à l'air de circuler plus facilement.

LAISSEZ-MOI VIEILLIR !

Le vinaigre, comme le vin, se bonifie en vieillissant ! Au fil du temps, sa teneur en acide acétique diminue, il devient plus doux et plus rond. Certains amateurs n'hésitent pas à attendre même 5 à 10 ans pour se régaler ! Le point clé ? Le maintenir fermé hermétiquement avec un bouchon de qualité. Il vieillit tranquillement en foudre ou en fûts de bois (chêne, châtaignier, frêne, cerisier…).

Un peu d'histoire…

LE HASARD FAIT BIEN LES CHOSES. La naissance du vinaigre est un heureux concours de circonstances, puisque ce « vin aigre », *vinum acer* en latin, est, à l'origine, un vin qui a tourné !

ÇA DURE DEPUIS L'ANTIQUITÉ. 500 ans avant J.-C., les Babyloniens en fabriquaient avec du vin de palme. Les Vikings et les Celtes élaboraient le leur avec de l'hydromel, les Romains avec du vin… Qu'obtenaient-ils ? Allez savoir ! Selon la légende, Cléopâtre, qui n'en était pas à un caprice prêt, paria avec Marc Antoine qu'elle « engloutirait dix millions de sesterces en un seul dîner ». Au jour dit, la reine d'Égypte se fit apporter un vase rempli de vinaigre ; elle y jeta une perle de grande valeur. Une fois l'objet précieux dissous, elle avala le breuvage et put se vanter d'avoir gagné son pari ! La Bible elle-même raconte que les apôtres donnèrent au Christ agonisant sur la Croix une éponge imbibée de vinaigre pour le désaltérer…

AU MOYEN ÂGE, contre la peste, on utilisait aussi le vinaigre pour ses propriétés antiseptiques. Il permit de limiter la contagion et protégea autant que faire se peut les prisonniers : forcés à ensevelir les morts, ils buvaient du vinaigre macéré à l'ail.

LE VINAIGRE PASSA À TABLE à la demande de la maîtresse d'Henri IV, Gabrielle d'Estrées. Dès le XVIIIe siècle, vinaigrier et huilier devinrent de fidèles acolytes.

MYCODERMA ACETI ! C'est le nom de la bactérie responsable de la transformation du vin en vinaigre. Elle doit son nom de baptême à Louis Pasteur en 1862.

MES RECETTES PRÉFÉRÉES

Légumes confits au vinaigre

INGRÉDIENTS : 1 kg de légumes (carottes, chou-fleur, céleri-rave, petits oignons, tomates cerises) • 1 l de vinaigre de vin blanc • 20 g de sel • 15 g de sucre en poudre • 5 clous de girofle • 6 feuilles de laurier • 1 cuill. à café de poivre en grains

PRÉPARATION

1. Épluchez et lavez les légumes. Coupez-les en morceaux réguliers de 1,5 cm environ.

2. Portez à ébullition le vinaigre, 40 cl d'eau, le sel et le sucre. Plongez les légumes. Laissez cuire environ 20 minutes, jusqu'à ce que les légumes soient tendres.

3. Répartissez-les dans des bocaux ébouillantés et recouvrez avec le vinaigre de cuisson. Ajoutez le laurier, les clous de girofle et les grains de poivre.

4. Fermez les bocaux et conservez-les au frais 1 mois avant de déguster avec un filet d'huile d'olive.

Chutney de pommes vertes

INGRÉDIENTS : 4 belles pommes Granny Smith • 80 cl de vinaigre d'alcool • 15 g de gingembre frais épluché • 70 g de sucre de canne roux • 30 g de raisins de Corinthe • 1 gousse d'ail • 1 petit piment oiseau (ou 1 pincée de poivre de Cayenne)

PRÉPARATION

1. Épluchez les pommes et coupez-les en petits dés. Coupez le gingembre en tous petits morceaux.

2. Dans une casserole, portez à ébullition le vinaigre et le sucre. Ajoutez les pommes, les raisins secs, la gousse d'ail, le piment oiseau (ou le poivre de Cayenne) et le gingembre. Laissez compoter pendant 20 bonnes minutes.

3. Versez le tout dans un pot et couvrez. Conservez au frais.

4. Servez avec du foie gras, de la volaille ou en canapés avec des rondelles de boudin noir ou blanc.

Les pickles

Les pickles sont d'origine anglaise et très simples à faire.

Choisissez des légumes parfaitement frais et fermes. Tout est possible : carottes, choux-fleurs, haricots verts, petites tomates cerises vertes ou rouges. Disposez-les dans un pot en verre et remplissez-le de vinaigre d'alcool bouillant aromatisé d'estragon, d'un clou de girofle, de quelques grains de poivre concassés et, éventuellement, d'un piment. Après avoir bouché à chaud, laissez macérer 2 mois dans un endroit frais, sec et sombre.

Vinaigrettes

RESPECTONS LES PROPORTIONS !

Le vinaigre sert avant tout à faire la vinaigrette. Elle peut se préparer à l'avance dans une bouteille. Il suffira de secouer énergiquement avant de s'en servir. On peut faire des mélanges de vinaigres de vin : moitié de vin vieux avec moitié de Xérès ou moitié de Banyuls. Si les vinaigres de vin supportent toutes les fines herbes et toutes les huiles, il faut savoir que le vinaigre de Xérès n'aime ni la ciboulette ni l'échalote, mais se marie parfaitement avec le persil, le cerfeuil et l'estragon.

Ses autres utilisations en cuisine

Le vinaigre permet de déglacer les sucs de cuisson d'une poêle ou d'une cocotte dans laquelle on aura fait cuire des tranches de foie de veau, des filets de canard ou des côtelettes de porc. Il peut également apporter du piquant à certaines sauces. Comment imaginer une béarnaise sans vinaigre ! Il met également en valeur le parfum des fraises et des framboises. Cette opération se pratique avec un vaporisateur.

3 RECETTES (POUR 50 CL)

LA PLUS CORSÉE

INGRÉDIENTS : 10 cl de vinaigre de vin • 40 cl d'huile d'arachide (de colza ou de tournesol) • 1 cuill. à café de moutarde forte • 7 g de sel • 2 g de poivre

PRÉPARATION : Réunissez le sel, la moutarde et le vinaigre, mélangez, puis versez l'huile en filet. Travaillez lentement. Complétez avec le poivre moulu.

LES PLUS DOUCES

INGRÉDIENTS : 10 cl de vinaigre de vin • 40 cl d'huile d'arachide (ou d'olive) • 7 g de sel • 2 g de poivre

PRÉPARATION : Réunissez le sel et le vinaigre. Ajoutez l'huile, puis le poivre moulu.

INGRÉDIENTS : 5 cl de vinaigre de vin • 5 cl de vinaigre de Xérès (de Banyuls ou de Maury) • 40 cl d'huile d'arachide (ou d'olive) • 7 g de sel • 2 g de poivre

PRÉPARATION : Délayez soigneusement le sel et les vinaigres, ajoutez l'huile et enfin le poivre moulu.

Cornichons au vinaigre

INGRÉDIENTS : petits cornichons verts et fermes • vinaigre d'alcool • gros sel • gousses d'ail, échalotes ou oignons grelots • herbes aromatiques (estragon, laurier…) • grains de poivre

PRÉPARATION

1. La veille, mettez les cornichons dans un récipient et saupoudrez-les de gros sel (1 louche pour 5 kg). Laissez dégorger une nuit au frais en remuant une ou deux fois.

2. Le jour même, rincez-les par petites quantités sous l'eau courante et, sans les essuyer, mettez-les dans les bocaux. Ajoutez, au gré de votre fantaisie, des aromates et du poivre. Faites en sorte que les cornichons ne soient pas trop serrés dans le bocal. Recouvrez-les de vinaigre.

3. Fermez hermétiquement et rangez les bocaux à l'abri de la lumière et de l'humidité.

4. Au bout de 1 mois, vérifiez le niveau et rajoutez du vinaigre au besoin. Les cornichons sont consommables 3 mois après la mise en bocaux.

Vinaigre à la framboise

INGRÉDIENTS : 1 l de vinaigre de vin • 1,5 kg de framboises saines, propres et sèches

PRÉPARATION

1. Déposez les framboises dans un bocal et écrasez-les grossièrement avec une cuillère en bois pour leur faire rendre leur jus.

2. Ajoutez le vinaigre et fermez hermétiquement le bocal.

3. Laissez-le 5 jours exposé au soleil.

4. Passez le vinaigre à travers un filtre. Remplissez une bouteille. Il est prêt à être utilisé pour l'assaisonnement.

VARIANTES

Procédez de la même manière avec des grains de cassis. Plus simplement, vous pouvez aromatiser vous-même le vinaigre en ajoutant des branches d'estragon, du poivre en grains, des gousses d'ail, de l'échalote, des piments.

Acheter son vinaigre

LES BONS & LES MAUVAIS PLANS

ATTENTION AUX PIÈGES ET AU CAHIER DES CHARGES

Le vinaigre balsamique

Il est obtenu à partir de moût de raisin provenant des cépages lambrusco, ancellotta, trebbiano, sauvignon ou sgavetta, cultivés dans la province de Modène, en Italie, sur le terroir compris entre la vallée du Secchia et la rive gauche du Reno.

Contrairement aux idées reçues, le vinaigre de Modène n'est pas un sous-produit de la fabrication du vin. Les raisins sont produits tout spécialement pour sa fabrication. Une fois récoltés, les raisins doivent être pressés. On cuit immédiatement le moût pour éviter tout démarrage de fermentation. Toute addition de substances aux moûts est formellement interdite !

LE VINAIGRE A UNE MÈRE

Après la cuisson du moût, le concentré obtenu est soumis à la fermentation acétique. Celle-ci est indispensable pour transformer un liquide alcoolisé en vinaigre. Tout cela se fait sans qu'aucune autre substance ne soit ajoutée à l'exception de l'ensemencement par la **« mère »**. Quesaco ? À la surface du liquide, les bactéries générées par la fermentation s'agglomèrent peu à peu et forment un voile fin, blanchâtre et très fragile, appelé « mère ». Elle permet la transformation de l'alcool en acide acétique. Une fois ce voile immergé, les bactéries meurent ou s'endorment. Le voile devient visqueux et se dépose au fond du vinaigrier. La « mère », inerte, devient alors la **« mère du vinaigre »**.

LES CHAISES MUSICALES !

L'acétification a lieu dans des tonneaux en bois de chêne, de châtaignier, de frêne, de cerisier et de mûrier, disposés en batterie de 5 ou 6 barils. Après quelques années de vieillissement, on pratique l'opération de « renouvellement » au cours de la saison froide : une petite quantité de vinaigre mûr est soutiré du plus petit tonneau pour être remplacé par le produit extrait du tonneau qui précède dans l'ordre de la batterie… et ainsi de suite, jusqu'au tonneau le plus grand. Vous vous demandez alors par quoi est renouvelé le vinaigre pris dans le tonneau le plus grand ? Par le moût cuit de l'année en cours. C'est ce que l'on appelle l'opération de « bourrage ».

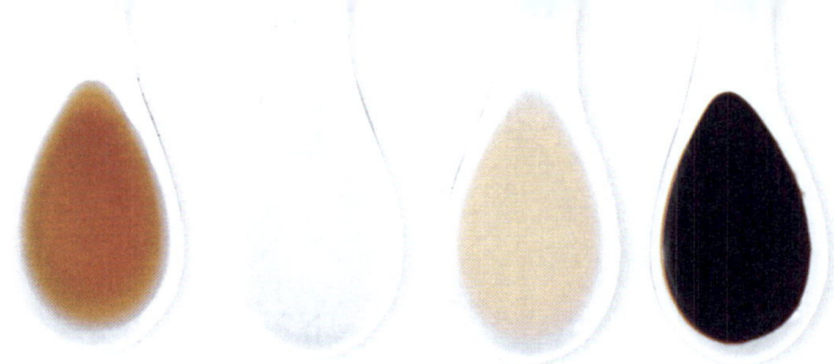

Trié sur le volet !

Les derniers fabricants de vinaigres balsamiques traditionnels de Modène sont regroupés dans un consortium. Avant d'être mis en vente, ce condiment est soumis à l'examen d'une commission de « goûteurs », experts nommés par le consortium des vinaigriers. Lorsque la commission a certifié qu'il correspond bien aux caractéristiques requises, il est mis en bouteilles en présence du fabricant dans la bouteille exclusive de 100 ml ! Il peut être classé comme « capsule blanche », c'est-à-dire affiné avec au moins 12 ans de maturation, ou bien « capsule or » (extra vieux), avec au moins 25 ans de maturation.

RARE & INOUBLIABLE
Le vinaigre Melfor

Inventé en 1922 par Fernand Higy à Mulhouse, cette recette à base de vinaigre d'alcool, de miel et d'infusion de plantes a connu un franc succès dans l'est de la France ! C'est davantage un condiment qu'un vinaigre : plus qu'il n'assaisonne, il saura aromatiser vos salades et crudités, les spécialités alsaciennes et toutes les autres recettes de la région. Comme il n'affiche que 3,8 % d'acidité, il ne pouvait être commercialisé qu'en Alsace-Moselle parce qu'il ne correspondait pas à la définition du vinaigre ! En 1991, un amendement a été voté par le Parlement pour lui faire une place dans le paysage gastronomique. S'il est difficile de s'en procurer encore maintenant, on le trouve facilement en Australie, au Canada, au Japon et en Allemagne.

COUP DE GUEULE

Le vinaigre balsamique industriel n'a rien à voir. Il se fabrique en 24 heures ! C'est un mélange de vinaigre et de moût cuit auquel on ajoute du sucre et du caramel. Il est de Modène, car il doit être fabriqué sur place avec des moûts issus des cépages de la région. En revanche, le vinaigre peut venir d'ailleurs. Et il vient d'ailleurs, car étant donné les quantités commercialisées dans le monde, le vignoble local n'arriverait pas à fournir. Compte tenu de son prix onéreux, c'est ce dernier qui est utilisé pour les éjaculations artistiques des cuisiniers afin de décorer nos assiettes.

ET LES AUTRES VINAIGRES ?

Les classiques…

LE VINAIGRE DE XÉRÈS

Vous êtes prévenu : il doit obligatoirement porter la mention « vinaigre de Xérès » (*vinagre de Jerez* en espagnol) et le logo du consortium ! Sa fabrication se limite à la région de Jerez de la Frontera, Sanlucar de Barrameda et Puerto de Santa Maria, dans la province de Cadix, en Andalousie. La méthode de fabrication est de moins en moins traditionnelle et de plus en plus industrielle… Quand la période de bonification excède 2 ans, on parle de « vinaigre de Xérès Réserve ».

LE VINAIGRE DE CIDRE

Sans trop de surprise, il est principalement fabriqué et consommé dans les régions productrices de pommes. La qualité la meilleure est faite avec des pommes entières. Et pour l'arrondir, on y ajoute souvent une bonne dose de jus de pommes !

Les vinaigres aromatisés : cache-misère, mais pas que…

Ils présentent deux avantages :

- L'arôme permet de masquer la médiocrité de certains vinaigres. Excellente façon aussi de segmenter le marché et de multiplier les offres au consommateur !
- C'est une bonne manière de varier les plaisirs en aromatisant le vinaigre à toutes les sauces, de l'échalote à la truffe en passant par l'ail, les herbes et les fruits.

Les originaux…

LE VINAIGRE DE MALT OU DE BIÈRE

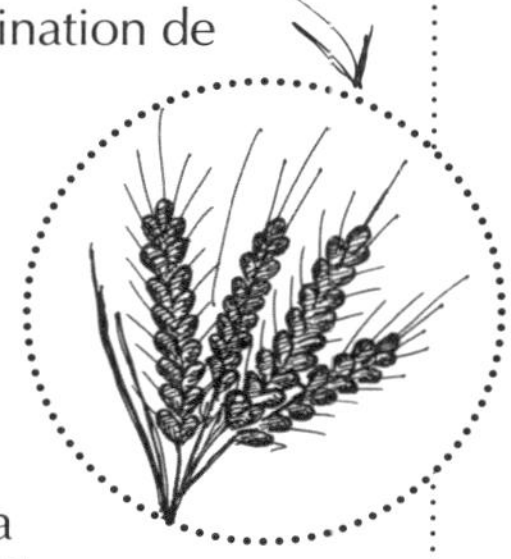

Le malt est le produit de la germination de l'orge ou de toute autre céréale. En germant, les céréales deviennent propices à une fermentation alcoolique ; on les torréfie avant de les moudre, puis on la dilue avec de l'eau chaude. Après fermentation, on obtient une bière blonde qui sera acétifiée. Ce vinaigre est essentiellement produit et consommé en Grande-Bretagne. Il est doux (5 % d'acidité) et est quelquefois coloré avec du caramel clair. Il arrose le fameux fish and chips !

LE VINAIGRE DE RIZ

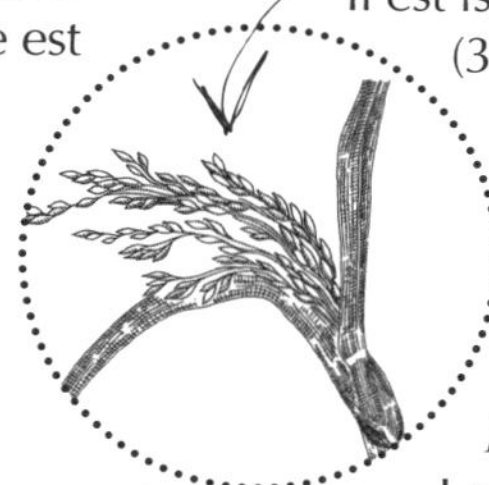

Il est issu d'une fermentation lente (3-4 mois) de riz gluant. Essentiellement utilisé en Asie, il est commercialisé sous plusieurs concentrations.

LE VINAIGRE DE SUCRE ET LE VINAIGRE DE MIEL

Le vinaigre de sucre est fabriqué à partir de jus fermenté de mélasse ou de vesou (jus de canne à sucre) et est à 8 % d'acidité. Il est produit aux Antilles et à la Réunion. Le vinaigre de miel, quant à lui, est fabriqué à partir d'hydromel.

LE VINAIGRE DE PETIT-LAIT OU LACTA-VINAIGRE

Il est fabriqué par les Suisses à partir de babeurre ou de lait écrémé. Le petit-lait est chauffé à 121 °C pour neutraliser les ferments lactiques, puis ensemencé pour subir la fermentation acétique. Ce vinaigre est doux et de couleur jaune ambré.

LES MÉTHODES INDUSTRIELLES *sans langue de bois*

La plus ancienne est celle d'**Orléans**, mais n'est valable que pour les vinaigres de vin. Elle donne droit à l'appellation « vinaigre à l'ancienne ». Le vin est placé dans des fûts de chêne de 240 l (appelés « vaisseaux ») jusqu'à la partie la plus large. Sur l'avant du fût se trouve une ouverture d'aération (l'« œil »). **Pendant 3 à 4 semaines,** la mère se forme peu à peu et fait son travail d'acétification. **Au bout de 30 à 45 jours,** une partie du vinaigre est soutirée et remplacée par la même quantité de vin pour préserver la « mère de vinaigre ». Si bien que, dans le fût, il y a toujours un mélange de vieux et de nouveau vinaigre, le plus ancien ayant l'âge du fût !

La plus répandue est celle des **acétators**, ou acétateurs. Elle permet de fabriquer tous les types de vinaigre. Imaginez d'immenses cuves en Inox ou en bois, remplies de vin chauffé à 28 °C, dans lesquelles une turbine fait circuler l'air. Les bactéries ainsi oxygénées en permanence font leur office. L'inconvénient majeur ? Il suffit d'une simple coupure de courant pour que les bestioles soient asphyxiées ! Comme dans la méthode orléanaise, on remplace une partie du vinaigre par du vin, pour préserver l'ensemencement, sauf qu'ici, on fabrique jusqu'à **10 000 l de vinaigre en 24 heures !** Autre inconvénient : le vin étant brassé avec de l'air recyclé en permanence, on assiste à un **lessivage des arômes,** donnant des vinaigres de vin à peine plus aromatiques qu'un vulgaire vinaigre d'alcool…

SACHEZ LIRE *les étiquettes !*

LE DEGRÉ. Le chiffre indique la mesure en acide acétique, pas en alcool, puisque le vinaigre n'en contient plus ou très peu ! La moyenne est de 5 % d'acidité pour le vinaigre de cidre, plus doux, et de 6 % pour celui de vin. Le degré d'acidité est indiqué en pourcentage par litre.

ÉLEVÉS, AFFINÉS OU VIEILLIS ? « Élevés » et « affinés » indiquent que le vieillissement s'est fait en fûts de bois pendant 2 mois au minimum, alors que « vieillis » suppose des vinaigres de 1 an d'âge au moins. Les fabricants se contentent essentiellement d'inscrire les trois mentions sur la même étiquette, sans précision.

« VIEUX » POUR LE VINAIGRE DE VIN. Cela indique tout simplement que le vin utilisé pour fabriquer le vinaigre a au moins 1 an.

SIMPLE ARÔME OU VRAIE SUBSTANCE AJOUTÉE ? Ne vous y trompez pas ! Un vinaigre « aromatisé à » est un vinaigre auquel on a ajouté un extrait de plante ou d'épice. S'il contient la mention « vinaigre à », c'est qu'il s'agit d'un vinaigre auquel on a ajouté une plante, une épice… Par exemple, « vinaigre de vin à l'estragon » signifie que l'estragon a macéré dans le vinaigre.

UNE DATE LIMITE ? Grâce à son acidité, le vinaigre se conserve bien. Vous aurez beau chercher, vous ne trouverez aucune DLUO (date limite d'utilisation optimale) sur l'étiquette.

Le vinaigre, ÇA SERT À TOUT

DU SOL AU PLAFOND, OU PRESQUE...

Utilisé pur, dilué ou associé à d'autres produits, le vinaigre ménager nettoie, désinfecte, débouche, désodorise, adoucit, fait briller, fixe les couleurs sur les vêtements, détache, élimine le calcaire, éloigne les insectes indésirables... Les objets souvent en contact avec de l'eau, notamment dans la cuisine et la salle de bains, sont susceptibles de s'entartrer. Grâce à l'acide acétique qu'il contient, le vinaigre est un produit très efficace pour lutter contre les dépôts tenaces. Pour les limiter, le mieux est d'essuyer la vaisselle, les couverts, le bord de l'évier... lorsque ceux-ci ont été mouillés !

Ses bons amis

- Le bicarbonate
- Le savon noir
- Le savon de Marseille
- Le citron

L'ENTRETIEN DES MÉTAUX

L'aluminium De la casserole aux montants des portes, nettoyez facilement à l'eau vinaigrée ou au vinaigre non dilué.

Les cuivres Pour lutter contre l'oxydation et ses dépôts verdâtres, faites tremper 10 minutes vos objets dans un bain de vinaigre bouillant additionné de sel marin, à raison de 2 cuillerées à café de sel pour 1 tasse de vinaigre. Rincez et essuyez bien, car ce mélange attaque le métal.

Les bronzes Pour les faire briller, versez 1 cuillerée à café de sel dans 1 tasse de vinaigre et mélangez avec de la farine afin d'obtenir une pâte. Appliquez-la sur vos objets et laissez agir durant 2 heures, puis rincez à l'eau chaude.

L'argent Si la patience est l'une de vos qualités premières, un bain de vinaigre d'alcool pur redonnera progressivement son beau brillant à votre argenterie.

LE VINAIGRE DANS LA PHARMACIE

PIQÛRE D'INSECTES Tamponnez la zone avec de l'eau vinaigrée (tout insecte) ou appliquez directement du vinaigre de cidre ou d'alcool sur la piqûre (moustique) pour atténuer démangeaison, douleur, enflure et rougeur !

BRÛLURES DE MÉDUSE Consultez rapidement un médecin ou rendez-vous au centre de secours si la plage en est équipée, *a fortiori* si les symptômes se développent. En attendant, le vinaigre de cidre pourra vous soulager. Versez-en sur la partie douloureuse et continuez d'humecter régulièrement la zone.

Pour redonner de l'éclat à un meuble

MÉLANGEZ LE JUS DE 1 CITRON AVEC 2 BLANCS D'ŒUFS ET 1/2 VERRE DE VINAIGRE D'ALCOOL. APPLIQUEZ À L'AIDE D'UN CHIFFON DOUX SUR VOS MEUBLES.

Le vinaigre d'alcool

LES PRODUITS D'ENTRETIEN CHIMIQUES VENDUS DANS LE COMMERCE N'ONT QU'À BIEN SE TENIR ! APPELÉ AUSSI « VINAIGRE MÉNAGER, CRISTAL OU BLANC »,
LE VINAIGRE D'ALCOOL EST UN NETTOYANT EFFICACE ET 100 % ÉCOLOGIQUE. IL EST PRODUIT À PARTIR DE L'ALCOOL DE BETTERAVE (DILUÉ DANS DE L'EAU, LE JUS DE BETTERAVE À SUCRE FERMENTE).
SA TENEUR EN ACIDE ACÉTIQUE EST PLUS ÉLEVÉE. ON PEUT LE COLORER AVEC DU CARAMEL, ON PARLE ALORS DE « VINAIGRE D'ALCOOL COLORÉ ».

CARRELAGE, PIERRE ET BRIQUE

Le vinaigre d'alcool est idéal pour nettoyer les carrelages ! Versez l'équivalent de 2 verres dans un seau d'eau chaude. Pour des carreaux très sales, ajoutez 2 cuillerées à soupe de bicarbonate. Faites de même pour les sols en pierre et en brique.

Ça tourne au vinaigre !

N'UTILISEZ JAMAIS DE VINAIGRE SUR DU MARBRE, CAR CELUI-CI EST UNE ROCHE CALCAIRE POREUSE ET LE VINAIGRE EST UN ANTICALCAIRE.
IL EN EST DE MÊME POUR LE CIMENT.

ON N'ATTRAPE PAS LES MOUCHES AVEC DU VINAIGRE !

Pour éloigner les insectes indésirables, placez un bol de vinaigre d'alcool pur dans la pièce ou près d'une fenêtre afin de les empêcher d'entrer.

POUR UNE CUISINE *Impeccable*

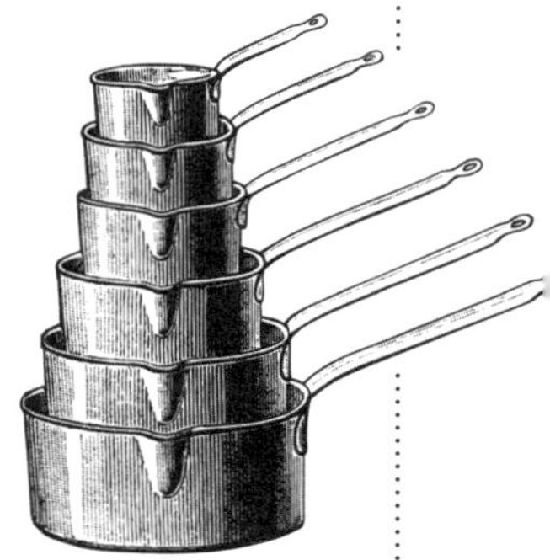

Il n'y a pas de bons petits plats sans une cuisine propre et entretenue !

LES CASSEROLES Versez un peu d'eau dans vos casseroles et ajoutez une bonne dose de vinaigre d'alcool. Faites bouillir le tout et rincez-les.

COUVERTS ET VERRES Au fil du temps et au gré des lavages (notamment dans le lave-vaisselle), ils perdent de leur éclat. Pour leur redonner un coup de neuf, confectionnez une pâte avec 1 cuillerée à soupe de sel et 1 cuillerée à soupe d'eau, et frottez-les doucement. Rincez à l'eau vinaigrée chaude. Pour éliminez les taches sur votre argenterie, frottez avec un chiffon imprégné de vinaigre bien chaud.

LE FOUR Entretenez régulièrement les parois avec une éponge imbibée de vinaigre. Pour les taches de graisses tenaces, formez une pâte avec deux tiers de bicarbonate pour un tiers d'eau et appliquez-la. Laissez agir entre 1 heure et une journée selon le degré de saleté et rincez à l'eau vinaigrée.

BOUTEILLES EN CARAFE ? Pour récupérer l'intérieur d'une carafe ou d'une bouteille en verre encrassée, versez-y l'équivalent d'un tiers de vinaigre d'alcool et ajoutez une poignée de gros sel. Secouez bien, ajoutez de l'eau et laissez agir quelques heures. Rincez abondamment et faites-la sécher à l'envers.

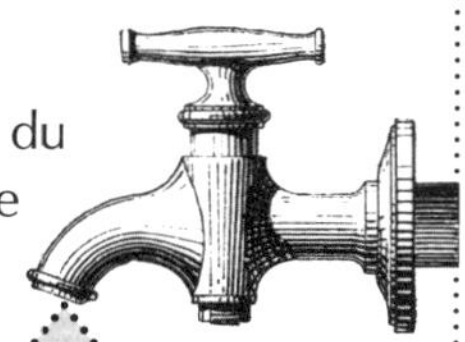

THÉ OU CAFÉ Pour détartrer votre bouilloire électrique, versez-y du vinaigre d'alcool pur, à raison d'un quart de la contenance de votre appareil, et complétez avec de l'eau. Faites bouillir et laissez reposer au moins 15 minutes. Rincez plusieurs fois à l'eau claire et froide. Pour nettoyer la cafetière, remplissez le réservoir d'eau de la même manière et faites ensuite couler un café à vide (sans café) ! Renouvelez l'opération une ou deux fois avec de l'eau claire pour éliminer l'odeur de vinaigre.

LA ROBINETTERIE Pour les zones difficiles à atteindre, souvent les plus encrassées, appliquez du vinaigre d'alcool pur et laissez agir 10 minutes avant de frotter. Si la base du robinet vous donne du fil à retordre, posez-y un chiffon trempé dans du vinaigre chaud, laissez agir et frottez de nouveau. Rincez et essuyez.

CHAUD OU FROID ?

La plupart du temps, le vinaigre froid fait bien l'affaire. Mais en matière de détartrage, le vinaigre chaud est plus efficace.

DELIZIA ESTENSE
Aceto Balsamico
Tradizionale
di Modena
PRODOTTO DA SANTE BERTONI
MONTEGIBBIO - MODENA

Parce qu'elles ne comptent PAS pour des prunes

QUAND LE PLURIEL s'impose

On ne peut pas parler de la prune : pour être exact, il faut dire des prunes. Le pluriel s'impose pour un fruit dont les formes cultivées se comptent par centaines, et cela, depuis la plus haute Antiquité. Elles sont elles-mêmes issues de plusieurs espèces aux origines variées, américaines, asiatiques, européennes, si bien qu'il est impossible de dire avec exactitude d'où viennent les prunes.

UNE ORIGINE INCERTAINE

Les pruniers que nous cultivons, appelés aussi « pruniers domestiques », proviennent de croisements, mais ceux-ci ne sont pas complètement élucidés. Une des hypothèses est que les pruniers domestiques seraient issus de croisements entre deux espèces sauvages : le prunier myrobolan *(Prunus cerasifera)* et le prunier sauvage, ou prunellier *(Prunus spinosa)*, originaires d'Asie Mineure, de Perse et d'Europe orientale.

Pour d'autres chercheurs, l'existence de formes sauvages de *Prunus domestica* dans le sud-est de l'Europe et/ou en Asie du Sud-Ouest avant toutes formes de domestication en serait la source.

Le prunier de Damas

La première prune que nous ayons connue en France est probablement la prune de Damas, prune que découvrirent les premiers croisés quand ils débarquèrent en Syrie au XIIe siècle. L'expression « pour des prunes » est la conséquence de cette expédition désastreuse qui n'a jamais atteint son but, sinon rapporter des plants de pruniers… De nombreuses variétés de pruniers sont issues du prunier de Damas, dont le mirabellier, le quetschier ou encore le prunier d'Ente.

DE TOUTES LES COULEURS ET POUR TOUS LES GOÛTS

Nos pruniers actuels dérivent de deux grands groupes : les pruniers à croissance rapide d'Asie ou du Moyen-Orient, utilisés comme porte-greffe, et les pruniers à croissance lente. Le résultat donne des prunes pour tous les goûts et tous les usages : jaunes, vertes, rouges ou violettes, rondes, ovales, longues, petites ou grosses, à chair ferme, moelleuse, acide ou sucrée.

LA REINE-CLAUDE

Elle fut baptisée ainsi en l'honneur de l'épouse de François Ier. Une autre prune célèbre fut la prune de Monsieur, jolie variété violette dédiée à Gaston d'Orléans, frère de Louis XIV, connu sous ce titre.

LEADER SUR LE MARCHÉ

La reine-claude avait deux concurrentes sérieuses : la Royale de Montauban et la Reine-Claude d'Oullins. Il semblerait que la Golden Japan, jaune et précoce, ait eu leur peau. Elles sont maintenant cantonnées au rôle de pollinisateur dans les vergers (triste sort !).
La Reine-Claude de Bavay, qui ressemble beaucoup à la Reine-Claude dorée, tient le coup, car il s'agit d'une variété tardive.

SUR LES ÉTALS

Être de saison n'est pas à la mode quand on est fruit : il est de bon ton d'être hâtif ou tardif. En principe, la reine-claude est à maturité fin juillet-début août et reste sur les étals pendant tout le mois.
Sa fiche signalétique précise que son diamètre peut varier de 2,5 à 4 cm pour un poids de 20 à 35 g. Son épiderme, vert-jaune, prend des couleurs dorées à maturité. La consistance doit être ferme et ne saurait empêcher que la prune soit juteuse, très parfumée, sucrée et légèrement acidulée. La chair n'adhère pas au noyau.

ATTENTION À L'ALTERNANCE

Le prunier est sujet à l'alternance d'années de forte récolte et de petite production, c'est la variété fruitière chez qui le phénomène est le plus accentué. Il est capable, une année, de former un très grand nombre de bourgeons à fleurs, mais trop de fruits limitent les bourgeons à fleurs pour le printemps suivant. La Reine-Claude dorée est particulièrement sujette à l'alternance. L'éclaircissage manuel (c'est-à-dire la suppression de fruits en excès pour favoriser la croissance des autres) est difficile à mettre en œuvre sur le prunier en raison de la taille des fruits. Pour pallier cet inconvénient, si vous devez planter un prunier, choisissez des variétés peu alternantes.

La pruine

Comme toutes les prunes, la reine-claude doit être recouverte d'un léger voile blanc qu'on appelle la « pruine ». C'est un gage absolu de fraîcheur – à ne pas confondre avec un résidu de traitement. L'absence de pruine sur les prunes révèle qu'elles ont été beaucoup manipulées.

LA QUETSCHE

La quetsche fait partie de la famille des prunes. Elle est allongée, sa peau est bleu violacé – rien à voir avec la Black Amber, une grosse prune américano-japonaise en perte de vitesse, dieu merci !

PRUNE À TOUT FAIRE...

De taille moyenne, un peu ferme, la chair est très agréablement sucrée et parfumée. Elle se plaît cuite, en tarte, compote, confiture, elle dégage du sucre et du parfum. Elle fait également une magnifique eau-de-vie et, à l'époque où Stanislas Leszczynski régnait sur la Lorraine, de 1737 à 1766, la Quetsche blanche de Létricourt séchée était plus célèbre que le pruneau d'Agen. Attention, je vous ai bien parlé de quetsche et pas de pruneau : c'est en Suisse qu'on appelle la quetsche « pruneau » !

L'ALSACE : TERRE DE QUETSCHE

L'Alsace comptait un des plus importants bassins de production avec sa quetsche d'Alsace, arrivant sur les étals à la fin de l'été. Elle espère depuis le début des années 2000 obtenir une AOP (appellation d'origine protégée)... Formulons des vœux sincères pour qu'elle l'obtienne un jour.

AUTRE FÉE PRUNE, la mirabelle

On sait peu de chose sur ses origines. Aucune trace de la mirabelle chez les Grecs ou les Romains. Les Chinois sont muets. L'Inde, la Perse, les Amériques l'ignorent. Impossible avec elle d'évoquer Christophe Colomb, Cortés, Bernarl Díaz del Castillo ou autres conquérants. On échafaude bien quelques hypothèses, on imagine, on invente.

DES TRACES DE LONGUE DATE

L'une des plus avérées serait que son introduction en Lorraine remonte au XVe siècle. Le roi René, dit René le Bon, duc d'Anjou, après son mariage avec Isabelle de Lorraine, aurait acclimaté la mirabelle dans cette région. Mais l'histoi-e entre la mirabelle et la Lorraine remonterait encore plus loin… Des noyaux de mirabelles datant du Ier siècle après J.-C. ont été découverts sur le site gallo-romain de Grand, dans le département des Vosges.

J'AIME LA MIRABELLE !

Alors, pas étonnant que les Lorrains ont la mirabelle dans les gènes, sa région de prédilection ! Ma région d'enfance. Je suis Lorrain, je le revendique, j'aime la mirabelle, je l'assume et j'affirme que, outre ses qualités gustatives indéniables et son parfum très particulier, la mirabelle est devenue un fruit sérieux, et qui compte ! Pourquoi sérieux ? Grâce au travail de qualité fait par les producteurs de mirabelle de Lorraine.

La mirabelle de Lorraine (indication géographique protégée)

C'est un logo, une taille (pas inférieure à 22 mm), un plan de récolte, un contrôle sur la teneur en sucre (au minimum 16° Brix), une couleur, bien jaune et une texture. Elle doit être cueillie parfaitement à maturité dans un verger identifié. Si ça, ce n'est pas sérieux !

QUERELLE DE CLOCHERS

Quand j'étais petit, il y avait pratiquement une guerre entre les tenants de la mirabelle de Nancy et ceux de la mirabelle de Metz. Deux villes distantes de 53 km ! On se battait pour des écarts de poids : la Nancy plus petite (12,3 g), la Metz plus grosse (14,3 g). Vous voyez la différence ? L'une plus précoce que l'autre. On ergotait sur les formes, plus ronde l'une, plus allongée l'autre. On argumentait sur la couleur, jaune orangé, jaune-rouge…
Toutes ces sottises sont maintenant terminées. Les vergers avaient considérablement vieilli jusqu'à ce qu'en 1988 une poignée de jeunes agriculteurs décident de planter plusieurs centaines de milliers de mirabelliers d'une seule variété, celle de Nancy, sélectionnée comme la meilleure. La récompense n'a pas tardé puisqu'en 1996 la mirabelle de Lorraine fut le premier fruit à obtenir l'IGP.

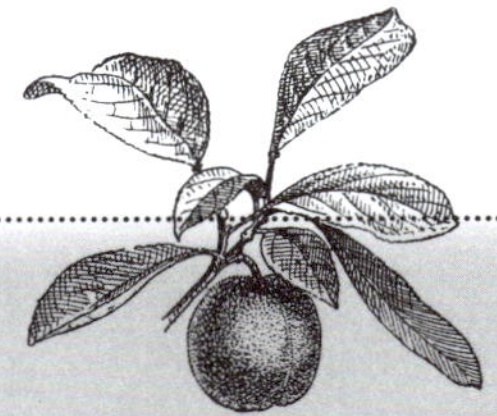

Quelques chiffres clés sur la mirabelle

En 2016, la mirabelle fête les 20 ans de son IGP. 70 % de la production mondiale de mirabelles vient de Lorraine. La mirabelle, c'est :

- **1 000 hectares de verger, 250 mirabelliers par hectare, soit 250 000 arbres**
- **80 kg de mirabelles par arbre, avec une première récolte à 8 ans**
- **8 000 tonnes produites en 2016**

En 2016, un verger « Jean-Pierre Coffe » est planté à Rozelieures, la première récolte est attendue pour 2023.

UN TRÉSOR LORRAIN

On peut considérer que la présence de la mirabelle sur les marchés est un miracle : elle eut son heure de gloire après la Première Guerre mondiale où elle remplaça le vignoble lorrain atteint par le phylloxéra. L'extension du verger se poursuivit jusque dans les années 1950, puis ce fut l'effondrement. L'essor industriel, l'intensification des grandes cultures ont failli la faire disparaître à jamais. Heureusement, de jeunes producteurs ont cru en elle !

GOURMANDS, N'ATTENDEZ PAS POUR LES DÉGUSTER

Il n'est pas nécessaire de laver les mirabelles. Un rapide passage sous l'eau suffit. La pruine qui les recouvre n'a rien de sale et est naturelle. Consommez-les rapidement après achat. Elles se conservent 2 ou 3 jours à température ambiante. Oubliez le frigo ! Pour en consommer le reste de l'année, la mirabelle supporte très bien la congélation entière ou dénoyautée. Cuisinées encore congelées, elles ne noircissent pas.

UNE SAISON COURTE

La saison de la mirabelle est courte, de mi-août à fin septembre. Lorsque fleurissent en avril les mirabelliers, l'attention se porte pendant les semaines qui suivent sur l'après-floraison, la « nouaison », période au cours de laquelle la fleur se transforme en fruit. Selon les années, les conditions climatiques peuvent être catastrophiques et se traduire par un taux de nouaison très faible. Il y a aussi l'arbre qui, certaines années, s'économise : c'est la nature.

LE PRUNEAU D'AGEN

Et puis, hors de question de l'oublier, la prune à pruneau. Dans ce domaine, le pruneau d'Agen est leader de la production européenne et deuxième au niveau mondial. Nous sommes dépassés par la Californie et suivis par le Chili.

NAISSANCE DE LA PRUNE D'ENTE

Pour obtenir un pruneau, il faut une prune. À l'origine, ce fut la prune de Damas, rapportée par les croisés, nous en avons parlé. Puis des moines à Clairac eurent l'idée de greffer cette prune de Damas sur des pruniers locaux. La prune d'Ente était née. *Ente* signifie en vieux français « greffer ». Ce fruit fait partie des gros calibres dans le monde de la prune et il est très sucré. On peut donc le sécher facilement. La prune d'Ente est grosse, c'est vrai, mais elle passe de 82 à 29 % d'eau lorsqu'elle est sèche.

PAS FACILE DE RETROUVER SA PRUNE DANS LE SUD-OUEST !

À propos du pruneau, les habitants de Villeneuve-sur-Lot sont agacés, car ils considèrent que leur ville est la capitale du pruneau. Ce sont les Anglais qui ont commencé à appeler la prune d'Ente séchée le « pruneau d'Agen » parce qu'autrefois Agen était un port fluvial important d'où partaient les fruits destinés à l'Angleterre. Et pour ne pas arranger les susceptibilités locales, Lafitte-sur-Lot a installé un musée du pruneau chez elle.

« Les prunes, reines-claudes, quetsches et mirabelles aiment être traitées sur des tartes et en confitures. Pâtissez, confiturez, il n'y a que du plaisir à prendre ! »

MES RECETTES

Confiture de mirabelles

POUR 4 POTS DE 375 G : 1,1 kg de mirabelles (soit 1 kg net) • 800 g de sucre cristallisé • le jus de 1 citron

PRÉPARATION

1. La veille, passez les mirabelles sous l'eau fraîche, puis égouttez-les et dénoyautez-les. Mélangez-les avec le sucre dans un saladier. Couvrez et gardez au frais pendant 24 heures, en remuant plusieurs fois.

2. Le jour même, égouttez les fruits dans une passoire au-dessus de la bassine à confiture pendant environ 15 minutes. Récupérez le sucre dans le fond du saladier.

3. Portez lentement à ébullition le jus recueilli et le sucre récupéré, et comptez 4 minutes de cuisson (102 °C au thermomètre), sans toucher à l'écume blanche qui se forme à la surface.

4. Ajoutez les mirabelles. Faites repartir l'ébullition et laissez cuire 20 minutes à petits bouillottements, en écumant soigneusement après 15 minutes.

5. Ajoutez le jus de citron et maintenez la cuisson 20 minutes, en remuant doucement. Les mirabelles doivent être transparentes.

6. Mettez en pots aussitôt, couvrez, et laissez refroidir à l'envers.

Le temps de cuisson peut varier, selon la qualité et la maturité des fruits.

Confiture de reines-claudes

POUR 4 POTS DE 375 G : 1 kg de reines-claudes (soit 900 g net) • 800 g de sucre cristallisé • ½ citron

PRÉPARATION

1. Lavez et dénoyautez les reines-claudes.

2. Dans la bassine à confiture, portez lentement 20 cl d'eau et le sucre à ébullition. Maintenez 3 minutes (102 °C au thermomètre) en remuant avec une cuillère en bois.

3. Ajoutez les fruits, remuez doucement, ajoutez le jus du demi-citron et ce qu'il reste du fruit. Laissez cuire à petits bouillons au moins 25 minutes (100-102 °C au thermomètre). Retirez le citron.

4. Mettez en pots aussitôt, couvrez et laissez refroidir à l'envers.

Confiture de prunes d'Ente

POUR 4 POTS DE 375 G : 1,3 kg de prunes d'Ente (soit 1,1 kg net) • 650 g de sucre cristallisé • le jus de ½ citron

PRÉPARATION

1. La veille, lavez et dénoyautez les prunes. Mélangez-les dans un saladier avec le sucre. Couvrez et tenez au frais, dans l'obscurité, pendant 24 heures, en remuant la préparation deux ou trois fois.

2. Le lendemain, égouttez les prunes au-dessus de la bassine à confiture. Portez lentement le jus à ébullition et maintenez 6 minutes de cuisson (100-102 °C au thermomètre).

3. Écumez, puis ajoutez les fruits et le jus de citron. Faites reprendre l'ébullition pour 2 minutes, en remuant doucement avec une cuillère en bois et en raclant les bords de la bassine pour remettre en cuisson le sirop qui s'y accroche. La confiture prend alors une transparence et une belle couleur rubis.

4. Mettez en pots aussitôt, couvrez et laissez refroidir à l'envers.

Si la peau des prunes semble trop épaisse, commencez par plonger les fruits 1 minute dans de l'eau bouillante et rafraîchissez-les dans un bain d'eau froide. La peau s'enlève alors facilement à l'aide d'un petit couteau.

Entremets glacés aux prunes

POUR 6 À 8 PERS. : 600 g de reines-claudes • 150 g de sucre en poudre • 150 g de sucre glace • 50 cl de crème liquide • 1 sachet de sucre vanillé • 6 feuilles de menthe fraîche • Pour servir : 200 g de coulis d'abricots frais • tuiles aux amandes

PRÉPARATION

1. Préparez une crème chantilly avec la crème liquide et 2 cuillerées à soupe de sucre en poudre.

2. Passez les prunes sous l'eau fraîche, puis égouttez-les et dénoyautez-les. Réservez 6 demi-prunes pour le décor. Passez les autres au moulin à légumes, grille fine, au-dessus d'un saladier. Ajoutez le reste de sucre en poudre, le sucre glace et le sucre vanillé. Mélangez.

3. Versez la purée de prunes sur la crème chantilly et mélangez délicatement en soulevant de bas en haut. Versez la préparation dans un moule à charlotte de 16 cm de diamètre (contenance 1,5 l), couvrez de deux épaisseurs de film alimentaire et réservez au congélateur.

4. Pour démouler l'entremets, trempez le moule dans de l'eau tiède avant de le retourner sur un plat de service. Décorez avec les demi-prunes réservées et les feuilles de menthe.

5. Servez avec le coulis d'abricots en saucière et des tuiles aux amandes.

Variante : remplacez les reines-claudes par des mirabelles ou par des prunes d'Ente (prunes violettes) après les avoir plongées 2 minutes dans de l'eau bouillante, puis rafraîchies dans un bain d'eau froide afin de les peler.

Pruneaux au sirop Marco Polo

POUR 6 PERS. : 750 g de pruneaux dénoyautés • 500 g de sucre en poudre • ½ gousse de vanille • 1 clou de girofle • 1 étoile de badiane • 1 cuill. à café de poivre noir en grains • 1 ruban de zeste de citron (10 cm) • 1 ruban de zeste d'orange (10 cm) • 3 cuill. à soupe de beurre • le jus de 1 citron

PRÉPARATION

1. Dans une grande casserole, portez lentement à ébullition 1,25 l d'eau et le sucre. Ajoutez les épices et les zestes enfermés dans un nouet de gaze et maintenez l'ébullition au moins 5 minutes.

2. Ajoutez les pruneaux et laissez cuire 20 minutes à feu très doux.

3. Versez le tout dans un saladier et laissez refroidir. Couvrez, puis faites macérer au réfrigérateur pendant 2 ou 3 jours.

4. Égouttez les pruneaux, passez-les au beurre dans une poêle sur feu doux pendant 5 minutes en les retournant à mi-cuisson. Ajoutez 6 cuillerées à soupe de sirop et le jus de citron. Les pruneaux s'enrobent de sirop réduit et se caramélisent légèrement dans le beurre.

5. Servez chaud, avec un carré de porc rôti, un canard ou un gibier, ou en dessert, avec de la glace à la vanille ou à l'armagnac.

Gardez l'excédent de sirop. Il peut servir à d'autres préparations, comme des compotes (pommes, poires…).

Tarte aux mirabelles

POUR 6 PERS. : 250 g de pâte brisée prête à l'emploi • 800 g de mirabelles • 1 tranche fine de pain d'épice • 3 cuill. à soupe de sucre en poudre

PRÉPARATION

1. Préchauffez le four à 230 °C (th. 7-8). Déroulez la pâte brisée dans un moule beurré et piquez le fond avec une fourchette. Émiettez la tranche de pain d'épice sur le fond de pâte.

2. Passez les mirabelles sous l'eau fraîche. Coupez-les en deux et retirez les noyaux. Rangez les mirabelles chair vers le haut, les unes contre les autres. Saupoudrez de 1 cuillerée à soupe de sucre.

3. Mettez au four 15 minutes, puis baissez la température à 180 °C (th. 6) et laissez cuire encore 15 minutes. Démoulez tiède et réservez la tarte sur une grille. Saupoudrez avec le sucre restant.

4. Servez tiède ou froid, en rajoutant du sucre selon votre goût.

Variante : remplacez les mirabelles par des quetsches ou des reines-claudes.

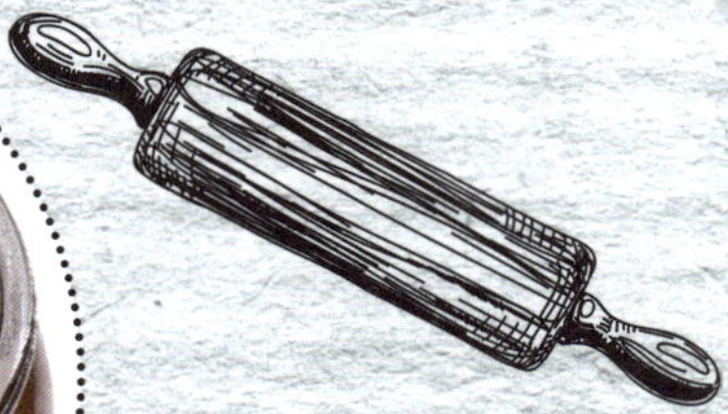

Clafoutis aux prunes

POUR 6 PERS. : 600 g de prunes (reines-claudes ou mirabelles) • 2 jaunes d'œufs • 100 g de sucre en poudre + 2 cuill. pour le moule + 2 cuill. pour dorer • 100 g de farine • 1 pincée de sel • 25 cl de lait

PRÉPARATION

1. Préchauffez le four à 180 °C (th. 6). Passez les prunes sous l'eau fraîche, égouttez-les, puis équeutez-les et enlevez les noyaux.

2. Dans un saladier, mélangez les jaunes d'œufs, le sucre, la farine et le sel. Ajoutez le lait en deux fois, en battant doucement au fouet.

3. Versez la pâte sur les prunes à travers un chinois ou une passoire fine pour éliminer les grumeaux et mélangez bien le tout.

4. Beurrez le fond d'un moule à gratin, saupoudrez de 2 cuillerées de sucre. Versez le mélange de pâte et de prunes, puis enfournez pour 35 minutes.

5. Après 15 minutes de cuisson, saupoudrez le clafoutis de 2 cuillerées de sucre pour le caraméliser légèrement.

6. Servez tiède ou à température de la pièce.

Variante : la recette s'applique à bien d'autres fruits, comme les pommes, poires, abricots, pêches en quartiers…

Tarte albigeoise

POUR 6 PERS. : 250 g de pâte sablée prête à l'emploi • 300 g de pruneaux dénoyautés • 80 g de fruits confits hachés • 2 cuill. à soupe de confiture d'abricots • 50 cl de lait • 50 g de sucre en poudre • 1 gousse de vanille • 3 œufs • 50 g de cassonade

PRÉPARATION

1. Préchauffez le four à 200 °C (th. 6-7). Déroulez la pâte brisée dans un moule à tarte beurré, piquez le fond avec une fourchette et recouvrez de papier sulfurisé et de haricots secs. Enfournez pour 15 minutes.

2. Mélangez les fruits confits et la confiture d'abricots.

3. Faites bouillir le lait avec le sucre en poudre et la gousse de vanille fendue et bien grattée. Hors du feu, laissez infuser 15 minutes. Retirez la gousse.

4. Battez les œufs en omelette, puis ajoutez le lait infusé.

5. Débarrassez le fond de tarte des haricots et du papier sulfurisé. Garnissez-le de pruneaux et du mélange de fruits confits et de confiture. Recouvrez le tout avec les œufs au lait. Mettez au four pour 25 minutes.

6. Sortez la tarte du four et allumez le gril. Saupoudrez la tarte de cassonade, puis placez-la sous la rampe bien chaude jusqu'à ce que le sucre caramélise. Servez tiède.

Mes confitures DE VIEUX garçon

À VOS bassines !

Qui n'a jamais pratiqué l'art de la confiture ignore ce que bonheur veut dire. On peut la faire seul, égoïstement. On peut également pratiquer à plusieurs. Dans ce cas, autant que possible, choisissez de vrais amis. On ne fait pas de confitures avec des inconnus. À la rigueur, pour lier connaissance, si vous avez le goût du risque. Couper court dans une relation, c'est désagréable ; rater une séance de confiture, c'est insupportable !

C'EST LA SAISON…

15 juin-15 septembre : la saison bat son plein, celle de tous les plaisirs, de toutes les audaces. Pour les amateurs, il y a quelques jours sacrés en février, le temps des oranges amères. La saison est très courte et peut chevaucher celle des sports d'hiver ; dans ce cas, pas d'hésitation : les agrumes, à moi !

Comptez quelques amis sûrs (3 ou 4 suffisent) et deux jours pour répartir sagement le travail : acheter les fruits, à pleine maturité cela va de soi, et le sucre ; préparer les macérations ; faire cuire, mettre en pots, fermer, étiqueter. Inutile de connaître par cœur *Le Livre des confitures* de Nostradamus ou les préceptes d'Olivier de Serres, quelques principes de base suffisent : choisir des fruits de toute première qualité, du sucre blanc pur, à parts égales, et qu'on fait cuire ensemble.

« Les confitures, c'est de la poésie sur une tartine. La faire, la manger ou l'offrir, voilà le vrai plaisir ! »

UN RÉGAL SANS ÉGAL !

La technique est simple, seule importe l'imagination. Loin de moi l'idée de mépriser une confiture de fraises et de fraises seulement : de beaux fruits sains, mûrs, transparents, dans une gelée légère… Mais de la fraise, des groseilles et de la rhubarbe, ou bien du citre (pastèque à confiture), du citron vert et des framboises… La délicatesse des saveurs mêlées, le luxe et le raffinement des couleurs, l'originalité des consistances, voilà qui comble le goût, la vue, l'odorat, l'intelligence. Avouez que c'est beaucoup pour une confiture.

Pour une dégustation réussie

Pour accompagner les confitures, rien n'est au-dessus d'un thé brûlant, bien décapant (un Assam, par exemple). Avec une tranche de pain bien épaisse, à la mie souple, à peine toastée, recouverte de beurre au lait cru (luxe suprême, du beurre salé…). Pour les amateurs, le café peut aussi bien convenir. Il n'y a pas non plus de raison majeure pour éliminer la brioche et son compère matinal, le croissant. On peut se passer de beurre, d'autant plus s'il est de médiocre origine, mais il est impensable de se passer de confiture au petit déjeuner, surtout si on l'a faite soi-même ou si c'est le cadeau d'un ami.

La confiture, c'est comme la culture ; QUAND ON EN A PEU, ON L'ÉTALE…

Lorsque l'on évoque la confiture, il n'est pas rare de voir apparaître le nom de Nostradamus. Avant d'être confiturier, il était médecin et astrologue. En réalité, son vrai métier, le plus lucratif, était charlatan. Au XVIe siècle, l'astrologie et les prédictions régnaient en maître, et le peuple, à force d'entendre dire que Nostradamus lisait dans les astres et qu'il était instruit de l'avenir comme du passé – quoiqu'il ne connût ni l'un ni l'autre –, finit par le croire.

NOSTRADAMUS ET SON *TRAITÉ DES CONFITURES*

En 1555, il fit paraître ses *Premières Centuries astrologiques* et, la même année, il publia à Lyon par Antoine Volant son *Traité des confitures*. L'ouvrage commence ainsi : « Excellent et moult utile Opuscule à touts necessaire, qui desirent auoir cognoissance de plusieurs exquises Receptes, diuisé en deux parties. La premiere traicte de diuerses façons de Fardemens et Senteurs pour illustrer et embellir la face. La seconde nous monstre la façon et maniere, de faire confitures de plusieurs sortes, tant en miel, que succre, et vin cuict, le tout mis par chapitres, comme est fait ample mention en la Table. Nouuellement composé par maistre Michel de Nostredame docteur en Medicine de la ville de Salon de Craux en Prouence, et de nouueau mis en lumiere. »

Je ne doute pas que celui qui aurait l'idée de s'en tenir de nos jours aux préceptes de Nostradamus pour faire ses confitures ne soit terriblement déçu. Qui sait encore à quoi correspond le petit boulé, la grande plume, la nappe ou le perlé ?

Les confitures d'hier ne sont plus celles d'aujourd'hui

Si Diderot et d'Alembert dénombraient en 1752, dans leur *Encyclopédie*, huit sortes de confitures, certaines comme les dragées, les fruits candis et les pâtes de fruits ne sont plus considérés aujourd'hui comme des confitures.

Le plaisir de confiturer

Faire des confitures doit rester un plaisir, celui d'en faire et celui de les offrir. Le plaisir est avant tout l'envie : l'envie de « confiturer », de choisir, cueillir ou ramasser les fruits, de les préparer pour la cuisson ou la macération, de les regarder confire dans le sirop, de les mettre en pots.

Le plaisir s'intensifie dans l'attente de la dégustation, car la confiture est aussi l'école de la patience. Pour la goûter, elle doit refroidir, et cela demande quelques heures. Ce temps qui s'écoule lentement est toujours trop long, la tentation de mettre le doigt dans le pot peut devenir irrépressible, et c'est alors la déception : tiède, la confiture ne répond jamais à nos espérances. On attend souvent une nuit. Au réveil, on est pris d'une sorte d'exaltation et on goûte, bouche propre, avant même de préparer le thé ou le café. Qu'elle soit trop liquide, trop ferme, qu'un mélange manque d'harmonie, qu'un parfum de l'un des fruits domine les autres, peu importe. Il n'y a jamais de vraies catastrophes dans les confitures.

« Quel délice d'offrir un de ses pots de confiture faite vraiment maison ! C'est offrir le plaisir. C'est recevoir en partage l'amitié vraie, la générosité, la tendresse. Convaincre les enfants d'en dessiner l'étiquette, et ce sera le luxe, le vrai. »

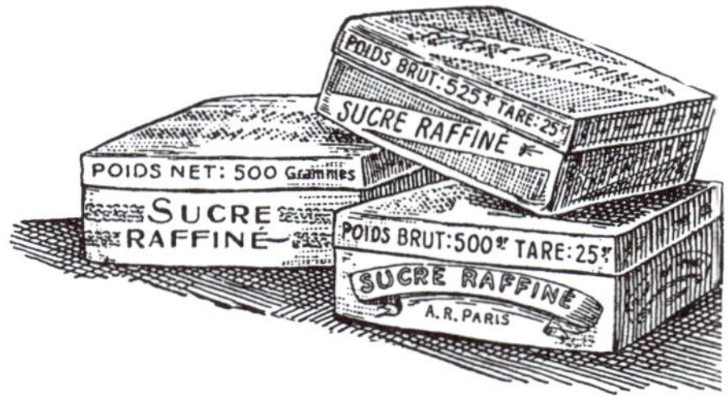

LE SUCRE, ÇA CONSERVE...

La confiture est un mélange de fruits, légumes, fleurs, racines, entiers ou coupés en morceaux, et de sucre, cuits ensemble à une certaine température pour leur assurer, à un certain degré de concentration, une bonne conservation. Et comme le fromage pour le lait, la confiture a été inventée pour transformer et conserver les excédents de fruits d'une saison. Concentré à la cuisson, le mélange fruits-sucre permet d'éliminer les micro-organismes et assure la conservation.

LES CONFITURES NE SONT PAS DES POUBELLES POUR FRUITS GÂTÉS

Tachés, meurtris, piqués par les insectes, en partie pourris, les fruits empêcheront la bonne conservation des confitures et surtout leur donneront un vrai mauvais goût. Respectez la saison pour faire de bonnes affaires. Ne vous risquez pas à acheter des fruits primeurs, car ils manquent de maturité et leur taux de sucre est insuffisant. Attention surtout aux prix d'appel qui, souvent, n'ont rien d'avantageux. Combien de cageots dits « à confiture » se transforment en fruits « à poubelle ». Ceux du dessus sont parfaits, ceux du dessous, in-con-fi-tu-rables.

LE BON POURCENTAGE

Pour obtenir la meilleure conservation, la confiture doit contenir 65 % de sucre. Ce pourcentage tient compte du sucre naturellement contenu dans les fruits – de 10 à 15 % – et de la concentration due à la cuisson. Ainsi, en comptant poids égal sucre/fruits dans la plupart des recettes de confitures, on obtient le pourcentage nécessaire : 15 % de sucre de fruits plus 50 % de sucre ajouté, soit 65 %. Certains fruits contiennent naturellement plus de sucre que d'autres, c'est le cas de la framboise, des prunes, du cassis, des poires et de certaines pommes très douces. On peut alors réduire la quantité de sucre ajouté.

Luxe de Cour

Jusqu'à la découverte de l'appertisation en 1795 (voir p. 206), il n'y avait pas d'industrie confiturière. De plus, le sucre était une denrée rare, coûteuse, et ce n'est qu'au début du XIXe siècle que le sucre de betterave va connaître un réel essor. Pendant longtemps, seule la noblesse se « sucrait » en fin de repas. Louis XIII confiturait et Louis XIV se gavait de confiture. À la cour du Roi-Soleil, les banquets se clôturaient par des marmelades et des gelées confectionnées avec les fruits du Potager du roi à Versailles créé par de La Quintinie.

UNE AFFAIRE D'ACIDITÉ...

La bonne conservation dépend également de l'acidité du fruit qui s'oppose au développement des bactéries tout en évitant la cristallisation du sucre. Il est bon d'ajouter 2 cuillerées à soupe de jus de citron par kilo de mélange fruits sucre ainsi réparties : un tiers en début de cuisson, deux tiers en fin de cuisson. Cela favorise la prise de gel en abaissant le pH.

Certains fruits sont plus acides que d'autres, selon les espèces et le degré de maturité : le cassis, le citron, les groseilles, le pomélo, les prunes, la reine-claude et la rhubarbe se suffisent ainsi à eux-mêmes.

PECTINE, QUAND TU NOUS TIENS...

Comme l'acidité, la pectine participe à la bonne réussite des confitures. Cette molécule végétale se trouve en proportion variable dans les parois des cellules des fruits et varie également selon les espèces et le degré de maturité. Ce sont des substances gélifiantes neutres, constituées de glucides. La pectine se trouve surtout dans la peau et le trognon des fruits. Elle a la propriété, au contact du sucre et de l'acidité des fruits, et sous l'effet de la cuisson, de se transformer en gel et d'assurer ainsi une certaine tenue aux confitures, et en particulier aux gelées.

Les fruits riches en pectine sont le cassis, le citron, le coing, les groseilles, l'orange, le pomélo, la pomme et les prunes.

Pour vérifier la teneur en pectine d'un fruit, on peut mélanger 1 cuillerée à café de jus du fruit cuit et refroidi à 1 cuillerée à soupe d'alcool. Un jus riche en pectine forme un bloc compact, un jus à teneur moyenne donne 2 ou 3 petites boules, un jus à teneur faible forme des particules éparpillées.

POUR COMPENSER

On peut mélanger les fruits manquant de pectine avec d'autres qui en contiennent naturellement beaucoup. On peut aussi ajouter de la pectine du commerce sous forme de gélifiant en poudre ou remplacer le sucre cristallisé par un sucre gélifiant ou un sucre spécial confiture. Il faut alors vérifier scrupuleusement qu'il s'agit de pectine naturelle sans aucun ajout chimique.

LE PARFAIT ÉQUIPEMENT DU CONFITURIER

• 1 faitout, 1 bassine ou 1 autocuiseur. Idéalement, une bassine à confiture en cuivre, car le cuivre assure la meilleure conductibilité et la meilleure répartition possible de la chaleur. Il est parfait, mais exige un entretien manuel fastidieux.

On peut aussi choisir une bassine en aluminium, excellent conducteur de chaleur aussi, mais impérativement avec un cul dressé. On dresse le cul d'un ustensile en emboutissant deux plaques de métal qui se marient sous l'effet de la pression. Un cul – digne de ce nom – exige une épaisseur de 4 mm au minimum.

Pour une bassine irréprochable

Pour nettoyer facilement les bassines en cuivre, préparez une pâte composée de 1 poignée de farine, 500 g de gros sel, 1/2 verre de vinaigre blanc, le jus de 1 citron et 3 blancs d'œufs. La pâte ainsi obtenue se conserve dans une boîte hermétique et assure longue vie à votre bassine chérie ainsi qu'à tous vos ustensiles en cuivre.

• 1 écumoire.

• 1 cuillère en bois naturel ou 1 spatule, de préférence avec un long manche pour éviter de se brûler. Elle ne servira à rien d'autre que les confitures pour éviter qu'un goût de ragoût indésirable ne vienne gâter celui des confitures.

• 1 Économe ou couteau éplucheur, 1 couteau de cuisine, 1 louche : les trois en acier inoxydable.

• 1 balance de cuisine, indispensable pour peser les fruits et le sucre.

• 1 thermomètre à confiture, idéalement gradué jusqu'à 200 °C, mais en aucun cas une graduation inférieure à 130 °C.

• 1 entonnoir à confiture.

• 1 presse-citron.

• 1 dénoyauteur.

PETITE HISTOIRE DU THERMOMÈTRE

C'est Galilée qui inventa le premier thermomètre à la fin du XVIe siècle. Les grandes étapes de l'évolution de cet instrument sont liées à sa graduation. Daniel Gabriel Fahrenheit (1686-1736) s'est consacré à la fabrication de thermomètres à alcool et, grâce à l'emploi de la graduation qui a conservé son nom, il réussit, dès 1709, à obtenir des indications comparables, constantes et fiables. En 1724, il substitua le mercure à l'alcool et donna ainsi au thermomètre à liquide sa forme définitive. Anders Celcius créa, en 1742, l'échelle thermométrique. En référence à son invention, l'unité internationale de l'échelle de température fut baptisée Celsius en 1948.
La température de la glace fondante correspond à 0 °C (32 °F).
La température de l'eau en ébullition est 100 °C (212 °F).

Confitures : LES SECRETS D'UNE BONNE CUISSON

N'oublions pas le rôle important de la cuisson dans la conservation des confitures. Son but est d'éliminer les micro-organismes nuisibles à leur bonne conservation en amenant le mélange fruits-sucre à la concentration idéale de 65 % de sucre. On ne peut donc que constater le paradoxe de vouloir des confitures peu sucrées.

Goût ou esthétique ?

Plus les confitures sont cuites ou recuites, plus leur couleur s'assombrit. En l'occurrence, il y a donc un choix à faire…

NI TROP NI TROP PEU

La cuisson doit être juste. Trop courte, l'eau de végétation contenue dans les fruits et l'eau nécessaire à la confection du sirop n'auront pas le temps de s'évaporer suffisamment, comme le sucre de se concentrer ; le risque est alors la fermentation par manque de concentration. Lorsque la cuisson est trop poussée, la confiture brunit – c'est un moindre mal –, mais surtout, la concentration est trop forte ; il y a risque de cristallisation.

1re MÉTHODE : LES FRUITS SONT POCHÉS DANS UN SIROP

Le principe est simple : il consiste à préparer un sirop à partir du poids de sucre déterminé par le poids des fruits, puis dès que celui-ci est à ébullition, à y plonger les fruits et les laisser cuire dans le sirop pendant un certain temps – jamais plus de 20 minutes –, et enfin à mettre en pots. À partir de cette méthode, plusieurs variantes sont possibles. Elles sont souvent fonction de la texture des fruits ou des goûts.

• **1re variante.** Après que les fruits ont été plongés dans le sirop et que l'ébullition est repartie, on laisse les fruits 3 minutes, puis on les retire délicatement avec une écumoire. On maintient l'ébullition du sirop pendant environ 10 minutes avant de replonger les fruits pour encore 3 minutes. Ces opérations faites, on met en pots : les fruits d'abord, le sirop ensuite.

• **2e variante**. Après avoir plongé les fruits dans le sirop, on laisse cuire à ébullition 5 minutes. On arrête la cuisson et on verse l'ensemble dans un récipient pour le laisser refroidir. Après refroidissement complet, on fait de nouveau repartir à ébullition, lentement, pour 3 ou 5 minutes, avant de mettre en pots. On peut aussi, après arrêt de la cuisson et refroidissement, laisser macérer les fruits dans le sirop pendant 24 heures et reprendre la cuisson pour 5 minutes. Certains renouvellent l'opération trois, voire quatre fois. Trois cuissons se prêtent à certains fruits, notamment les fraises ; on obtient alors des fruits confits dans un sirop très dense.

2e MÉTHODE : LES FRUITS MACÈRENT DANS LE SUCRE

Les fruits sont mélangés avec le sucre en quantité égale et macèrent de quelques heures à 24 heures, selon la nature des fruits et la quantité de jus qu'ils rendent. Là encore, des variantes sont possibles.

• **1re variante.** On récupère le jus que l'on porte à ébullition pour y plonger les fruits. Après un temps de cuisson que l'on appréciera selon leur texture, on les retire du sirop et on les répartit dans les pots. Après avoir laissé le sirop réduire pendant 5 minutes environ, on complète les pots.

• **2e variante.** On met à cuire très lentement le mélange fruits-sucre avec 1 verre d'eau. Lorsque le sirop est à ébullition, on laisse cuire :

– Soit pendant 5 à 20 minutes, selon la texture des fruits, avant de mettre en pots.

– Soit 3 minutes, puis on retire les fruits soigneusement avec une écumoire, on laisse réduire le sirop 10 minutes avant de remettre les fruits pour 3 minutes, et on met en pots.

– Soit, après 3 minutes de cuisson, on laisse refroidir et on fait repartir la cuisson jusqu'à ébullition, on la maintient 3 minutes et on met en pots.

Quelle que soit la méthode choisie, les fruits doivent toujours macérer à l'abri de la lumière. Ils conservent ainsi leur couleur naturelle.

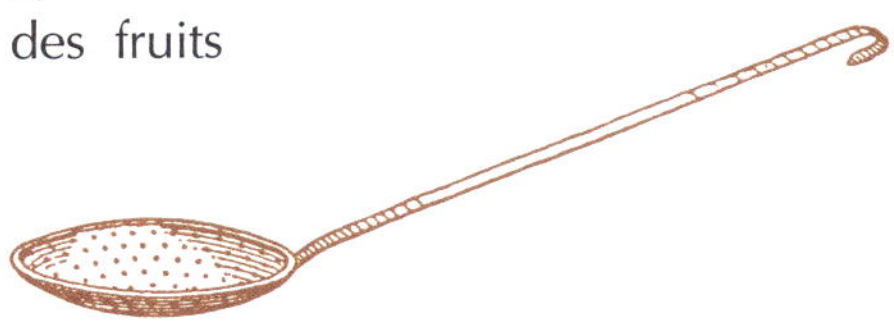

LES GELÉES vont vous faire fondre

La gelée est un mélange de jus de fruit et de sucre, cuit à un certain degré de concentration pour en assurer la conservation naturelle.

Le jus de certains fruits ne peut pas prendre en gelée, car il manque d'acidité ou de pectine. À l'exception du jus de groseille, coing, cassis, pomme, prune et des agrumes en général, naturellement très riches en pectine, on est souvent obligé de recourir aux gelées mixtes en ajoutant au jus du fruit choisi celui d'un autre très gélifiant.

À chaud ou à froid, la préparation du jus demande du soin, car il doit être limpide, sans impuretés ni traces de pépin, d'écorce ou de pulpe.

1RE MÉTHODE : LA GELÉE À FROID

Certaines gelées se font à froid, leur préparation est longue. Le principe consiste à mélanger le jus des fruits avec du sucre. On tourne jusqu'à ce que le sucre soit entièrement fondu. Pour faciliter le travail, j'ai un truc : je fais chauffer le sucre sur une plaque dans le four, sans le laisser roussir évidemment. Chaud, le sucre s'incorpore plus facilement.

2E MÉTHODE : LA GELÉE À CHAUD

Il n'y a qu'une méthode pour faire de la gelée à chaud et, pour moi, une seule technique pour extraire le jus : l'extracteur de jus. Il s'agit d'un appareil du genre couscoussier, qui s'adapte à tous les types de feu. Il comporte 3 éléments superposés plus un couvercle : le compartiment supérieur, un panier à fond perforé (ou cuit-vapeur) destiné aux fruits ; le compartiment inférieur pour l'eau ; le compartiment intermédiaire équipé d'une cheminée centrale pour laisser passer la vapeur et d'un petit tuyau muni d'une pince pour évacuer le jus récupéré.

L'extracteur permet de réaliser des jus de fruits dont le goût et les vitamines n'auront été altérés par aucun traitement. Avec un extracteur de jus, la réalisation de gelées devient un jeu d'enfant ! Adieu les commentaires du genre : « Tu as encore raté ta gelée… » Vous pourrez devenir un confiturier ou une confiturière émérite ; la vie sera simplifiée : plus de filtration, plus de tamis ni de linge… Le jus obtenu sera limpide et parfumé.

L'EXTRACTEUR DE JUS

Remplissez d'eau froide le récipient à eau. Veillez à ce que l'eau soit toujours à niveau. Rajoutez éventuellement de l'eau bouillante. Installez le récupérateur de jus sur le récipient à eau après avoir introduit le tuyau muni de sa pince dans la canule. Après avoir passé les fruits sous l'eau sans les faire tremper et les avoir coupés s'il y a lieu, placez-les dans le cuit-vapeur perforé en alternant une couche de fruits, une couche de sucre. Installez le cuit-vapeur sur le récupérateur de jus et couvrez. Placez l'extracteur sur le feu.

Coings et pommes doivent être coupés en quartiers ou en tronçons. Il n'est pas nécessaire de peler ces fruits. Pour les gelées ainsi que pour les pâtes de fruits, le poids de sucre est toujours équivalent au poids du jus. Cela permet une meilleure conservation des produits.

POUR L'EXTRACTEUR DE JUS		
FRUITS (PANIER)	TEMPS D'EXTRACTION	QUANTITÉ DE SUCRE
Cassis	50 minutes	250 g
Coing	1 h 30	300 g
Framboise	30 minutes	50 g (500 g ?)
Groseille à maquereau	1 heure	300 g
Myrtille	50 minutes	250 g
Pomme	55 minutes	150 g
Raisin	55 minutes	200 g

Que faire de la pulpe après extraction ?

La pulpe obtenue dans le cuit-vapeur permet de réaliser des pâtes de fruits et des compotes.

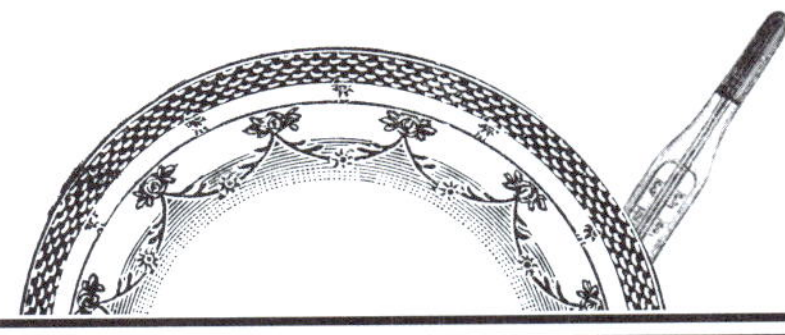

C'est en « confiturant » qu'on devient confiturier.

Confitures ou gelées, avec un peu de pratique, on se découvre un instinct de confiturier qui rend les contrôles inutiles. Cette sensation est inexplicable, mais on sent le moment où la cuisson est arrivée à son terme, où il faut mettre en pots. Cela s'acquiert en « confiturant » et en « confiturant » encore.

L'observation de la vapeur qui s'échappe de la bassine fait partie de l'apprentissage du confiturier : quand l'eau contenue dans les fruits s'évapore, le volume de la vapeur est important, lorsque cette phase se termine, on écume, les fruits sont immergés, ce volume est moindre, les bouillons de l'ébullition sont plus serrés. Les moments qui suivent sont alors décisifs. En attendant de sentir le moment où il est temps de mettre en pots, on peut avoir recours à deux auxiliaires rassurants : le thermomètre et l'assiette glacée par un séjour au congélateur sur laquelle se figera une goutte de sirop lorsque la gelée ou la confiture sera cuite.

Encore faut-il AVOIR DU POT !

L'activité du confiturier n'est pas terminée lorsque la confiture est cuite. La mise en pots et leur fermeture sont des phases importantes qu'on aurait tort de négliger.

DES PETITS POTS, DES PETITS POTS, TOUJOURS DES PETITS POTS

Le choix des pots a son importance. Il en existe de différentes tailles, plus ou moins pratiques et avec des systèmes de fermeture plus ou moins adaptés. Le pot en verre à fermeture à vis (*twist off*) reste la solution idéale. C'est le système le plus courant. Pratique, on peut remplacer les couvercles par des neufs (diamètre de 82 mm). Ces pots à fermeture parfaitement hermétique, utilisés par l'industrie, sont en vente dans les grandes surfaces et commerces spécialisés. L'avantage de ce système est indéniable : il permet une fermeture instantanée et totalement étanche. Si vous réutilisez des couvercles ayant déjà servi, assurez-vous qu'ils sont en état d'assurer une parfaite étanchéité.

PROPRES COMME DES SOUS NEUFS

Après avoir prévu approximativement le nombre de pots nécessaires, il faut procéder à leur toilette méticuleuse. Un pot mal lavé est souvent à l'origine de moisissures. Les pots doivent être prêts avant que la confiture ne soit cuite ; on les tiendra donc propres, secs et si possible chauds pour le moment de la mise en pots.

ASTUCE

Après avoir lavé les pots, posez-les encore mouillés sur la plaque en verre du micro-ondes et laissez-les dans l'appareil à pleine puissance pendant 3 minutes. Ils ressortiront quasi secs et stériles.

LE SECRET RÉSIDE DANS L'ENTONNOIR…

Dès que la confiture est cuite, on remplit les pots à l'aide d'une petite louche en métal inoxydable et d'un entonnoir à confiture ; après un seul essai de ce dernier ustensile, on ne pourra plus s'en passer, car il évite d'essuyer le tour du pot, souvent source de brûlures. Les pots seront remplis à ras bord, car en refroidissant, le volume de la confiture diminue toujours.

À CHAUD OU À FROID ?

- **Fermeture à chaud.** Dès que les pots sont remplis et leurs bords essuyés, on les couvre avec les couvercles. La fermeture est instantanée : il suffit de poser le couvercle et de visser. On retournera ensuite les pots à l'envers pour créer un « vide d'air ».

- **Fermeture à froid.** Elle se pratique généralement le lendemain de la cuisson, après que les confitures sont parfaitement refroidies et protégées des visites inopportunes de germes microbiens ou d'insectes par un torchon bien propre ou une feuille de papier. L'avantage de la fermeture à froid est la vérification immédiate de la prise des confitures, ce qui permet, si elles sont trop liquides, de les faire recuire avec de la gelée d'un fruit riche en pectine ou avec un sachet d'un produit gélifiant. L'inconvénient de ce principe est le risque de pénétration de germes.

Mémo

Confitures : fermeture à chaud.

Gelées : fermeture à froid.

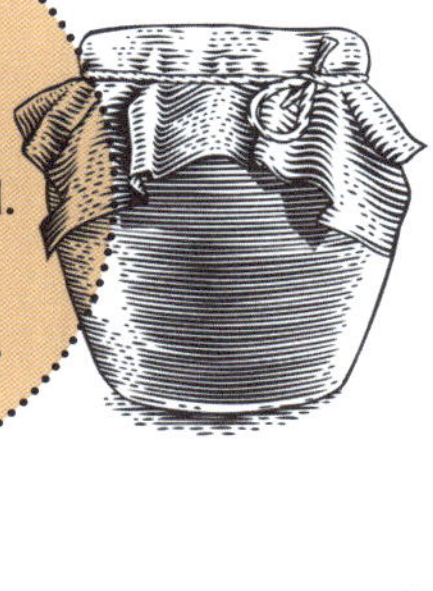

MES RECETTES DE CONFITURES

Confiture d'abricots traditionnelle

POUR 4 POTS DE 375 G : 1,3 kg d'abricots (soit 1,2 kg net) • 900 g de sucre cristallisé • le jus de 1 citron

PRÉPARATION

1. Deux jours avant, passez les abricots sous l'eau fraîche, puis dénoyautez-les. Mélangez-les avec le sucre dans un saladier, couvrez et réservez au frais ou au réfrigérateur pendant 48 heures, en prenant soin de les remuer après 24 heures de macération.

2. Le lendemain, versez le contenu du saladier dans la bassine à confiture. Ajoutez le jus de citron. Portez lentement à ébullition et laissez cuire à petits bouillons 15 minutes environ, en remuant fréquemment.

3. Mettez en pots aussitôt et fermez selon la méthode choisie.

Au début de l'ébullition, la confiture se couvre d'une mousse blanche épaisse : l'écume. L'écume est rapidement absorbée au fur et à mesure que l'on remue.

La confiture prend alors une belle couleur dorée. Pour vérifier sa consistance, utilisez le système de l'assiette mise au congélateur.

Confiture de rhubarbe

POUR 4 POTS DE 375 G : 1,5 kg de rhubarbe (soit environ 1,3 kg net) • 1,1 kg de sucre cristallisé • le jus de 1 citron

PRÉPARATION

1. Effilez soigneusement les tiges de rhubarbe, puis coupez-les en tronçons de 4 à 5 cm en les déposant au fur et à mesure dans un récipient d'eau fraîche additionnée de jus de citron.

2. Dans la bassine à confiture, portez lentement à ébullition 20 cl d'eau et le sucre. Maintenez la cuisson 6 minutes (105 °C au thermomètre).

3. Ajoutez la rhubarbe bien égouttée. Faites repartir l'ébullition pour 2 minutes, puis réduisez le feu au minimum et laissez compoter pendant 10 minutes, en remuant à trois ou quatre reprises avec une cuillère en bois.

4. Augmentez la puissance du feu et maintenez la cuisson 20 minutes, en remuant fréquemment. Le temps de cuisson varie selon la maturité de la rhubarbe. Vérifiez que le sirop nappe bien la cuillère.

5. Mettez aussitôt en pots et couvrez.

VARIANTE : en fin de cuisson, ajoutez un pot de confiture de fraises, mélangez et donnez 1 minute d'ébullition. Mettez en pots et couvrez.

Confiture de fraises

POUR 4 POTS DE 375 G : 1,1 kg de fraises (soit 1 kg net) • 1 kg de sucre cristallisé

PRÉPARATION

1. Passez rapidement les fraises sous l'eau fraîche, puis séchez-les dans un torchon et équeutez-les.

2. Dans la bassine à confiture, portez lentement à ébullition 20 cl d'eau et le sucre, et maintenez la cuisson 6 ou 7 minutes (110 °C au thermomètre).

3. Ajoutez les fraises, mélangez délicatement en évitant d'abîmer les fruits qui doivent rester entiers. Faites repartir l'ébullition. Comptez 10 minutes de cuisson à petits bouillons, en remuant de temps en temps. Les fraises deviennent translucides, comme confites.

4. Sortez-les de la bassine avec une écumoire, puis laissez égoutter sur un tamis ou dans une passoire fine au-dessus d'un saladier.

5. Récupérez le jus rendu par les fruits, rajoutez-le dans la bassine à confiture. Laissez réduire en remuant pendant encore 5 minutes (105 °C au thermomètre). Écumez.

6. Répartissez les fruits dans les pots, ajoutez le sirop et couvrez.

Confiture de cerises

POUR 4 POTS DE 375 G : 1,25 kg de cerises (soit 1 kg net) • 1 kg de sucre cristallisé • 4 rondelles de citron

PRÉPARATION

1. Lavez les cerises, puis séchez-les dans un torchon, équeutez-les et dénoyautez-les. Gardez une poignée de noyaux pour les enfermer dans un nouet de gaze.

2. Coupez les rondelles de citron de façon à obtenir de tout petits morceaux triangulaires.

3. Dans un saladier, mélangez les cerises, le sucre et le citron, puis ajoutez le nouet. Laissez macérer au frais pendant 3 heures en remuant toutes les heures.

4. Égouttez le mélange au-dessus de la bassine à confiture. Portez le jus obtenu lentement à ébullition. Laissez bouillotter pendant 10 minutes.

5. Dans le jus brûlant, versez les cerises, le citron et le nouet. À la reprise de l'ébullition, maintenez la cuisson de 15 à 20 minutes (103 °C au thermomètre).

6. Après 15 minutes, vérifiez la consistance du jus en versant quelques gouttes sur une assiette très froide. S'il prend en gelée, mettez en pots aussitôt, sinon prolongez la cuisson pendant quelques minutes.

7. Répartissez les cerises dans les pots, ajoutez le sirop et couvrez.

MES RECETTES DE GELÉES

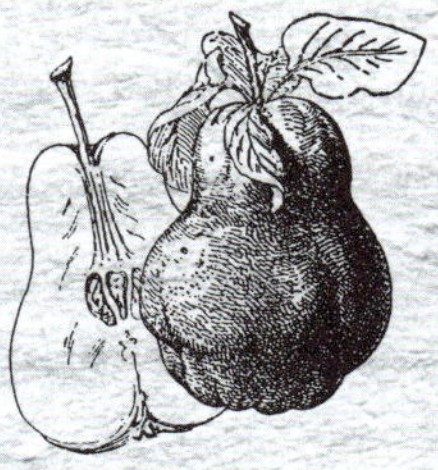

Pour les recettes, il faut un poids de sucre égal à celui du jus de fruit obtenu par l'extracteur de jus. Cependant, on peut, selon le taux de sucre contenu dans les fruits, réduire le poids du sucre à 800 g pour 1 kg de jus. Goûtez les fruits et assurez-vous qu'ils sont à bonne maturité.

Gelée de coings à la cannelle

POUR 4 POTS DE 375 G : 4 kg de coings • sucre en poudre (poids égal à celui du jus) • le jus de 2 citrons • 1 cuill. à soupe rase de cannelle en poudre

PRÉPARATION

1. Pesez le jus obtenu et mélangez-le dans un saladier avec le même poids de sucre, le jus de citron et la cannelle.

2. Versez le contenu du saladier dans la bassine à confiture. Portez à ébullition et laissez bouillotter pendant 30 à 35 minutes, jusqu'à ce que la gelée prenne. Vérifiez la consistance en laissant tomber une goutte de sirop en ébullition sur une assiette préalablement passée au réfrigérateur ou dans le bac à glace du congélateur. Si la goutte s'étale trop, le sirop est insuffisamment cuit, il faut alors continuer la cuisson. Si la goutte roule en perle sur l'assiette, le sirop est à point, on peut mettre en pots.

3. Mettez en pots aussitôt, refermez avec les couvercles et posez les pots à l'envers. Après refroidissement, nettoyez et étiquetez avant de ranger les pots.

Gelée de framboises

POUR 4 POTS DE 375 G : 2 kg de framboises (soit environ 1,3 kg net de jus) • sucre en poudre (poids égal à celui du jus)

PRÉPARATION

1. Pesez le jus obtenu et mélangez-le dans un saladier avec le même poids de sucre. Couvrez et laissez macérer pendant 30 minutes.

2. Versez le contenu du saladier dans la bassine à confiture et portez lentement à ébullition. Laissez bouillotter 6 ou 7 minutes en remuant constamment.

3. Mettez en pots et couvrez à chaud ou à froid.

Un pot entamé doit impérativement être conservé au réfrigérateur.

Gelée de groseilles

POUR 4 POTS DE 375 G : 1,4 kg de groseilles • sucre en poudre (poids égal à celui du jus)

PRÉPARATION

1. Pesez le jus obtenu et mélangez-le dans un saladier avec la moitié de son poids en sucre. Couvrez et laissez macérer pendant 30 minutes.

2. Versez le contenu du saladier dans la bassine à confiture, portez lentement à ébullition, puis ajoutez le reste du sucre. L'apport du sucre en deux fois donne une couleur plus vive à la gelée et un goût de fruit plus prononcé.

3. Laissez cuire pendant 10 à 12 minutes en remuant doucement. Écumez si nécessaire. Vérifiez la consistance du jus en utilisant la méthode de l'assiette mise au congélateur (voir la gelée de coings à la cannelle).

4. Mettez en pots aussitôt et couvrez à chaud ou à froid.

Un pot entamé doit impérativement être conservé au réfrigérateur.

Gelée de groseilles à froid

POUR 4 POTS DE 375 G : 1,3 kg de groseilles • sucre en poudre (poids égal à celui du jus)

PRÉPARATION

1. Préchauffez le four à 150 °C (th. 5). Versez le sucre dans un plat à gratin. Mettez au four pour 10 à 12 minutes. Remuez deux ou trois fois pour que le sucre soit très chaud, sans brunir.

2. Versez le sucre chaud dans le jus de groseilles. Mélangez bien jusqu'à ce que le sucre soit fondu.

3. Mettez en pots aussitôt et couvrez à froid.

Cette gelée à froid se conserve impérativement au réfrigérateur.

DES CONFITURES QU'ON NE DONNERAIT PAS À UN COCHON

Hélas, les confitures « de marque » sont trop souvent indignes d'en porter le nom. Les annonces comme « pur sucre » ou « pur fruits du jardin » ne devraient guère vous convaincre, comme les étiquettes calligraphiées « main ». Qu'elles soient de « grand-mère » ou de « grand-tante » ne fait rien à l'affaire. Les confitures industrielles sont toutes fabriquées à partir de fruits congelés, de provenances étrangères, diverses et obscures.

LE PÉRIPLE DES FRUITS À CONFITURES

On imagine difficilement les voyages que peuvent effectuer les fruits avant d'être transformés en confiture. J'ai connu des abricots du Roussillon cueillis avant maturité, surgelés sur place, partant au Maroc pour se faire dénoyauter et revenir sur leur lieu de naissance pour repartir au Portugal afin d'être enfin « confiturés ». J'ai également vu, lors de mes pérégrinations chez des confituriers industriels, des sacs entiers de fraises surgelées, pour lesquelles la maturité n'était qu'une espérance, se faire jeter directement dans un chaudron bouillant sans décongélation préalable.

COLORANTS, GÉLIFIANTS, CONSERVATEURS…

Non contents d'être maltraités, ces pauvres fruits doivent supporter l'adjonction de colorants, gélifiants et conservateurs parfois au-delà de ce qu'autorise le législateur – c'est-à-dire beaucoup trop. Il y a un monde entre ces sucreries et les confitures artisanales, artistiques et sophistiquées.

Vous avez dit « allégé » ?

Les goûts se sont transformés, souvent en fonction de l'industrie agroalimentaire. Durant de nombreuses décades, une des règles d'or était le rapport sucre/fruits, toujours égal à 50/50, alors que, maintenant, on recherche des confitures moins sucrées, ce qui me paraît être la négation même de la confiture.

Exemple : les confitures à l'Aspartam®, ce produit perdant ses vertus sucrantes dès qu'il est chauffé.

LES MOTS DE LA CUISINE

A

ABAISSER Étendre et aplatir de la pâte au rouleau à pâtisserie. On dit aussi « étaler ».

AILLER Piquer d'ail (viande) ou frotter d'ail (pain, plat).

AROMATISER Incorporer une substance aromatique (herbe, jus d'agrume) à une préparation.

B

BATTRE Travailler énergiquement un ingrédient ou une préparation pour en modifier la consistance, l'aspect ou la couleur. Pour monter des œufs en neige, on les bat avec un fouet dans un bol ; on les bat en omelette avec une fourchette.

BEURRER Enduire de beurre le fond et les parois d'un moule, une plaque de four pour empêcher un aliment d'adhérer et faciliter le démoulage.

BLANCHIR Soumettre des aliments crus (légumes, viande) à l'action de l'eau bouillante, nature, salée ou vinaigrée, puis les rafraîchir et les égoutter avant de les cuire vraiment. Ce blanchiment permet de raffermir, épurer, éliminer l'excès de sel, enlever de l'âcreté, faciliter l'épluchage ou encore de réduire le volume des aliments.

BLONDIR Colorer légèrement un aliment en le faisant rissoler doucement dans un corps gras. L'opération concerne surtout les oignons et les échalotes. On dit aussi qu'on blondit le beurre quand on lui fait prendre couleur.

BOUILLONNER ou **BOUILLOTTER** Bouillir doucement.

BRAISER Faire cuire dans la braise (pomme de terre) et, par extension, à l'étouffée, avec peu de liquide et à feu doux (viande).

C

CARAMÉLISER Transformer du sucre en caramel en le chauffant à feu doux. On caramélise aussi sous le gril le dessus d'une pâtisserie saupoudrée de sucre pour lui faire prendre couleur. En outre, certains légumes dits « glacés » sont légèrement caramélisés dans une casserole avec du sucre et une petite quantité d'eau ou de beurre.

CHEMISER Tapisser les parois et le fond d'un moule de papier sulfurisé pour faciliter le démoulage. On chemise les terrines de crépine de porc pour des pâtés.

CISELER Tailler des fines herbes en menus morceaux.

CLARIFIER Rendre clair et limpide un bouillon, un sirop, une gelée, par filtrage ou décantation. La clarification du beurre consiste à le faire fondre au bain-marie, sans remuer, afin d'en éliminer le petit-lait qui forme un dépôt blanchâtre.

COLORER Rehausser ou changer la couleur d'une préparation (crème, sauce) à l'aide d'un colorant naturel (jus de betterave, concentré de tomates, caramel). On colore aussi un ingrédient (viande, oignon, échalote, ail) en le saisissant à feu vif dans un corps gras.

COMPOTER Laisser cuire très lentement une préparation jusqu'à ce que les ingrédients se réduisent en compote.

CONCASSER Hacher ou écraser un ingrédient plus ou moins grossièrement. On concasse en petits dés la chair de tomates préalablement pelées et épépinées ou des fruits secs.

CONFIRE Imprégner un aliment d'un ingrédient (huile, sucre, alcool) jusqu'à saturation, ce qui garantit sa conservation.

CUIRE À BLANC Précuire un fond de pâte sans garniture. On pratique la cuisson à blanc lorsque la garniture nécessite un temps de cuisson très court ou qu'elle est déjà cuite, ou encore qu'elle ne doit pas cuire du tout (fruits délicats). La cuisson à blanc est également nécessaire quand la garniture, humide ou légèrement liquide, risque de détremper le fond.

CUIRE AU BAIN-MARIE Procédé culinaire destiné soit à maintenir au chaud une préparation, soit à faire fondre des ingrédients (chocolat) sans risque de les brûler, ou à cuire très doucement des mets à la chaleur de l'eau bouillante. Son principe consiste à placer le récipient dans lequel se trouve la préparation dans un autre récipient plus grand contenant de l'eau en ébullition.

D

DÉCALOTTER Enlevez la partie supérieure (tomate).
DÉGLACER Faire dissoudre à l'aide d'un liquide (vin, vinaigre, alcool) les sucs contenus dans un récipient ayant servi à un rissolage, à un sauté ou à une cuisson au four, afin de confectionner un jus ou une sauce.
DÉGORGER Saupoudrer de sel certains légumes (concombre, cornichon, chou) à saveur marquée et à forte teneur en eau. On dégorge aussi de la viande ou des abats en les faisant tremper dans de l'eau froide pour éliminer le sang.
DÉGRAISSER Diminuer l'excès de graisse d'un produit, d'une préparation ou d'un récipient de cuisson.
DÉLAYER Dissoudre un ingrédient dans un liquide.
DÉMOULER Sortir une préparation d'un moule.
DÉROBER Dépouiller de la première peau ou d'une écorce (fève).
DESSALER Éliminer, en partie ou totalement, le sel contenu dans certains aliments conservés en saumure (morue, jambon). Le dessalage s'effectue par immersion dans de l'eau froide.
DÉTAILLER Couper des morceaux d'un produit (légumes, viande) de forme bien déterminée avec un couteau.
DÉTENDRE Assouplir une préparation ou une pâte en lui ajoutant un liquide (eau, vinaigre) ou un ingrédient approprié (lait, œufs battus).
DORER Badigeonner une pâte au pinceau avec de l'œuf battu, éventuellement délayé avec un peu d'eau ou de lait. Cette « dorure » permet d'obtenir, après cuisson, une croûte brillante et colorée.
DRESSER Disposer harmonieusement sur un plat ou une assiette les éléments d'une préparation.

E

ÉBOUTER Voir Équeuter.
ÉCALER Retirer la coquille d'un œuf dur. Se dit aussi pour les fruits à coque (noix, noisette).
ÉCUMER Enlever l'écume qui se forme à la surface d'un liquide ou d'une préparation en train de cuire (bouillon, sauce) à l'aide d'une écumoire ou d'une cuillère.
EFFILER Éplucher des haricots verts en cassant les extrémités et en retirant les fils éventuels. Se dit aussi pour le céleri branche ou la rhubarbe. Couper un ingrédient en fines lamelles dans le sens de la longueur (amandes).
ÉGOUTTER Débarrasser un ingrédient ou une préparation de son excédent de liquide en les plaçant dans un égouttoir, une passoire, un chinois ou sur une grille.
ÉMINCER Couper en tranches, en lamelles ou en rondelles plus ou moins fines, mais d'égale épaisseur, des légumes ou des fruits.
ÉMULSIONNER Provoquer la dispersion d'un liquide dans un autre liquide (ou dans une matière) avec lequel il n'est pas miscible. L'émulsifiant le plus utilisé en cuisine est le jaune d'œuf.
ENROBER Recouvrir entièrement un aliment d'une couche plus ou moins épaisse d'un produit ou d'une préparation.
ÉPONGER Supprimer l'excès de liquide ou de graisse par absorption à l'aide d'un torchon ou de papier absorbant.
ÉQUEUTER Débarrasser un ingrédient pointu d'un bout (haricot). On dit aussi « ébouter ».
ÉTALER Voir Abaisser.
ÉVIDER Retirer la chair d'un fruit ou d'un légume cru sans en abîmer l'enveloppe. On peut alors les farcir.

F

FARCIR Garnir l'intérieur de légumes, d'œufs, de fruits d'une farce, d'une purée ou d'une préparation quelconque, le plus souvent avant cuisson, mais aussi pour des mets froids.
FARINER Recouvrir un aliment de farine ou saupoudrer de farine un moule ou le plan de travail.
FILTRER Passer un liquide (bouillon, sauce, sirop, gelée) à travers une passoire ou un chinois pour le débarrasser de ses impuretés. On dit aussi « passer ».
FLAMBER Arroser une préparation salée en cours de cuisson ou un dessert chaud d'un alcool préalablement chauffé et que l'on enflamme aussitôt.
FONCER Adapter une abaisse de pâte à la forme et à la taille d'un moule soit en la découpant à l'aide d'un emporte-pièce, soit en passant le rouleau à pâtisserie sur les bords du moule après garnissage pour faire tomber l'excédent.

FONDRE Liquéfier par la chaleur un produit (beurre, chocolat). Pour éviter qu'il ne brûle, on a parfois recours au bain-marie. Fondre signifie aussi faire cuire à couvert certains légumes dans un corps gras, sans autre liquide que leur eau de végétation.
FOUETTER Battre vivement une préparation pour la rendre homogène à l'aide d'un fouet, manuel ou électrique. On fouette des blancs d'œufs pour les monter en neige, de la crème pour la rendre compacte et légère. Voir aussi Battre.
FOURRER Garnir d'éléments cuits ou crus l'intérieur d'un mets salé ou sucré.
FRÉMIR Quand il s'agit d'un liquide, être agité du frémissement qui précède l'ébullition.
FRIRE Cuire un aliment ou terminer sa cuisson par immersion dans un corps gras porté à haute température. L'aliment (il s'agit surtout de petites pièces crues ou cuites) est souvent enrobé de farine, de pâte à beignets ou de pâte à crêpes, ce qui lui donne une belle croûte colorée.

G

GARNIR Remplir d'une préparation un fond de tarte, un moule, une poche. Ajouter des éléments pour orner un plat de service.
GLACER Obtenir à la surface d'un mets une couche brillante et lisse. Enduire régulièrement une pièce cuite au four de jus ou de fond, au cours ou en fin de cuisson, pour qu'une mince couche brillante se forme sur le dessus. Cuire des légumes (petits navets) avec de l'eau, du sel, du beurre et du sucre jusqu'à ce que le liquide de cuisson se transforme en sirop et les enrobe d'une pellicule brillante et caramélisée. Mettre à rafraîchir sur de la glace pilée une préparation à déguster très froide.
GRAISSER Enduire de matière grasse le fond et les parois d'un moule, une plaque de four pour empêcher un aliment d'adhérer et faciliter le démoulage. Selon le corps gras utilisé, on dit aussi « huiler » ou « beurrer ».
GRATINER Cuire ou finir de cuire une préparation au four, afin qu'elle présente en surface une croûte dorée.
GRILLER Placer un ingrédient sur une plaque, dans le four chaud, ou dans une poêle sans matière grasse, en remuant souvent, afin de le colorer légèrement et uniformément (viande, amandes effilées, noisettes).

H

HACHER Réduire un aliment (viande, oignon, échalote, ail, herbes) en très menus fragments, à l'aide d'un couteau ou d'un hachoir.
HUILER Enduire d'huile le fond et les parois d'un moule, une plaque de four pour empêcher un aliment d'adhérer et faciliter le démoulage.

I

INCORPORER Ajouter un élément à une préparation et les mélanger intimement (farine, beurre).
INFUSER Verser un liquide bouillant sur une substance aromatique et attendre qu'il se charge de ses arômes. On fait infuser la vanille dans du lait, de la cannelle dans du vin rouge.

L

LIER Donner une consistance supplémentaire à un mets en fin de préparation à l'aide de farine, de jaunes d'œufs, de crème fraîche, par exemple.
LUTER Boucher hermétiquement un récipient pour une cuisson douce.

M-N

MACÉRER Faire tremper des ingrédients crus, séchés ou confits plus ou moins longtemps dans un liquide (alcool, liqueur, sirop, vin, thé) pour que celui-ci les imprègne de son parfum.
MALAXER Travailler à la main, parfois aussi à l'aide d'un robot, un ingrédient comme le beurre ou une pâte pour le ramollir ou l'assouplir. Les ingrédients de certaines pâtes sont longuement malaxés pour que celles-ci deviennent homogènes.
MANIER Malaxer, pétrir du beurre ramolli.
MARINER Mettre à tremper dans un liquide aromatique un ingrédient pendant un temps déterminé, pour l'attendrir et le parfumer.
MIJOTER Faire cuire lentement des mets, généralement en sauce, ou terminer leur cuisson.
MONTER Battre au fouet, manuel ou électrique, des blancs d'œufs, de la crème fraîche ou une préparation sucrée, pour que la masse emmagasine une certaine quantité d'air, ce qui fait augmenter le volume en donnant une consistance et une couleur spécifiques.

MOUILLER Ajouter un liquide (eau, bouillon, vin) dans une préparation pour la faire cuire ou pour confectionner la sauce.
MOUTARDER Assaisonner de moutarde.
MUSCADER Assaisonner de noix de muscade râpée.
NAPPER Verser sur un mets une sauce, un coulis ou une crème, par exemple, de manière à le recouvrir aussi complètement et uniformément que possible. Faire prendre consistance à une préparation pour qu'elle « nappe » la cuillère.

P

PARER Supprimer les parties non utilisables (parures) d'un légume, d'une viande ou d'un poisson au moment de sa préparation.
PARFUMER Donner à un aliment ou à une préparation un parfum supplémentaire, en accord avec son arôme naturel, par l'adjonction d'une épice, d'un aromate, d'un vin, d'un alcool...
PASSER Mettre dans une passoire ou un chinois, pour les filtrer, un bouillon, une sauce, un sirop ou une gelée qui demandent à être très lisses. On dit aussi « filtrer ».
PÉTRIR Malaxer avec les mains, ou à l'aide d'un mixeur ou d'un batteur, de la farine avec un ou plusieurs ingrédients afin de les mélanger intimement et obtenir une pâte lisse et homogène.
PILER Réduire en poudre ou en pâte des amandes, des noisettes...
PIQUER Pratiquer des petits trous réguliers à la surface d'une abaisse de pâte, à l'aide d'une fourchette, afin qu'elle ne boursoufle pas pendant la cuisson.
POCHER Cuire des aliments dans un liquide plus ou moins abondant (eau, bouillon, sirop), en maintenant un très léger frémissement.

R

RAFFERMIR Donner plus de consistance, de fermeté, de solidité à une pâte ou à une préparation, en l'entreposant plus ou moins longtemps dans un endroit réfrigéré.
RAFRAÎCHIR Mettre un gâteau, un entremets, une salade de fruits ou une crème dans le réfrigérateur pour les servir frais.
RASSIR Faire vieillir une viande quelques jours en chambre froide pour la rendre plus tendre, plus juteuse et plus savoureuse.
RÉDUIRE Diminuer le volume d'un liquide (fond, sauce) par évaporation, en maintenant celui-ci à ébullition, ce qui augmente sa saveur par concentration des sucs et lui donne davantage d'onctuosité ou de consistance.
RÉSERVER Mettre de côté, au frais ou au chaud, des ingrédients, des mélanges ou des préparations destinés à être utilisés ultérieurement.
REVENIR Laisser colorer plus ou moins intensément, à feu vif, un légume dans un corps gras fortement chauffé.
RISSOLER Faire colorer jusqu'à une caramélisation superficielle un légume dans une sauteuse, une poêle ou une cocotte, en utilisant un corps gras fortement chauffé.

S

SAISIR Commencer la cuisson d'un aliment en le mettant en contact avec une matière grasse très chaude ou un liquide bouillant, afin de provoquer la coagulation instantanée de la surface.
SINGER Saupoudrer une préparation de quelques cuillerées de farine que l'on mouille ensuite pour épaissir la sauce en la chauffant.
SUER Cuire dans un corps gras, doucement, un ou plusieurs légumes, souvent finement taillés, pour leur faire perdre en partie ou complètement leur eau de végétation et concentrer leurs sucs dans la matière grasse.

T-Z

TAMISER Passer de la farine, de la levure ou du sucre à travers un tamis afin d'en éliminer les grumeaux.
TRAVAILLER Mélanger, plus ou moins vigoureusement, les éléments d'une préparation pâteuse ou liquide soit pour incorporer des ingrédients divers, soit pour la rendre homogène ou lisse, ou pour lui donner du corps ou de l'onctuosité. Selon la nature de la préparation, l'opération se réalise sur le feu, hors du feu ou sur de la glace, avec une spatule en bois, un fouet manuel ou électrique, un batteur, un mixeur ou même à la main.
ZESTER Prélever, à l'aide d'un couteau Économe ou d'un zesteur, l'écorce extérieure, colorée et parfumée des agrumes.

INDEX DES RECETTES

Entrées et amuse-bouches

Volailles

Viandes

Accompagnements

Desserts

Confitures, chutney et conserves

Sauces

INDEX GÉNÉRAL

CRÉDITS DES ILLUSTRATIONS

Archives Larousse
p. 11 h, p. 11 b, p. 12 h, p. 12 b, p. 13, p. 14 h, p. 14 b, p. 16 h, p. 16 m, p. 17 g, p. 18 h, p. 19 hd, © Oksana Kiian : p. 19 m, p. 19 b, p. 21 h, p. 21 m, p. 21 b, p. 22, p. 24 b, p. 25 h, p. 25 b, p. 29 h, p. 30, p. 31 b, p. 32 h, p. 34 b, p. 35 h, p. 36 h, p. 36 m, p. 37, p. 38 b, p. 39 h, p. 41 h, p. 42 b, p. 43 b, p. 45 bg, p. 45 bd, p. 46 h, p. 46 b, p. 47 h, p. 47 bg, p. 48 h, p. 48 bg, p. 49 b, p. 50 h, p. 50 bg, p. 50 bm, p. 51 h, p. 52 h, p. 52 bg, p. 52 bd, p. 53 h, p. 57 b, p. 62 h, p. 68 bg, p. 68 bd, p. 70 h, p. 70 b, p. 72 h, p. 73 hg, p. 73 b, p. 74 b, p. 75 h, p. 75 bg, p. 75 bd, p. 77 hg, p. 77 hd, p. 78 h, p. 79 bd, p. 80 m, p. 80 b, p. 81 hg, p. 81 hd, p. 81 b, p. 82 b, p. 84 h, p. 84 m, p. 85 b, p. 86 m, p. 87 g, p. 87 d, p. 90 bd, p. 95, p. 97 m, p. 99 bd, p. 101 m, p. 102, p. 104 b, p. 106 hd, p. 106 mg, p. 106 md, p. 106 b, p. 113 b, p. 114 b, p. 115 h, p. 116 b, p. 117 h, p. 120 h, p. 121 b, p. 122 b, p. 123 h, p. 123 bd, p. 125 h, p. 124 b, p. 128 b, p. 129 h, p. 129 m, p. 129 b, p. 130 h, p. 130 bd, p. 131 hg, p. 131 hd, p. 131 mh, p. 131 mb, p. 131 b, p. 132 m, p. 132 h, p. 133 hd, p. 133 b, p. 134 h, p. 134 bg, p. 134 bd, p. 135, p. 136 h, p. 137 b, p. 139 bd, p. 139 bg, p. 145 h, p. 145 bg, p. 147 md, p. 147 b, p. 155 hg, p. 157 hd, p. 157 bg, p. 158 m, p. 159 b, p. 164 b, p. 165 h, p. 165 bg, p. 166 hm, p. 166 hd, p. 166 b, p. 168 mg, p. 168 md, p. 168 b, p. 169 h, p. 169 bd, p. 170 h, p. 171 h, p. 171 m, p. 172 h, p. 172 m, p. 173 h, p. 174 h, p. 175 b, p. 180 hg, p. 180 m, p. 180 b, p. 181 m, p. 181 mg, p. 181 bg, p. 185 h, p. 185 bg, p. 186 d, p. 186 g, p. 191, p. 192 h, p. 197, p. 198 h, p. 205 h, p. 205 m, p. 205 b, p. 207 b, p. 211 h, p. 211 bd, p. 212 m, p. 212 bg, p. 213, p. 214 hg, p. 215, p. 217 h, p. 217 bg, p. 220 bd, p. 221 h, p. 223 b, p. 224 h, p. 225 h, p. 225 b, p. 229 h, p. 229 b, p. 231 h, p. 233 b, p. 245 bd, p. 246 bg, p. 250, p. 253 bg, © Olivier Ploton : p. 262 h, p. 263 bg, p. 263 bd, p. 266 h, p. 267 h, p. 267 b, p. 268 h, p. 270 h, p. 270 bg, p. 271 b, p. 273 m, p. 273 d, p. 275 bg, p. 276 h, p. 277 hg, p. 278 hg, p. 278 hd, p. 279 mg, p. 56 m, p. 268 b.

Biosphoto
© Alexandre Petzold : p. 179 ; © Annick maroussy : p. 181 hd ; © Catherine Fruhinsholz : p. 195 b ; © Rustica/Christian hochet : p. 196 h ; © Christian Vidal : p. 182 b ; © digitalice : p. 183 bg ; © Eric Guilloret : p. 143 m ; © SPL - Science Photo Library/Geoff Kidd : p. 195 h ; © Gilles Le Scanff & Joëlle-Caroline mayer : p. 178 bg ; © hervé Lenain : p. 181 bd ; © Joël douillet : p. 182 mb ; © NouN : p. 180 hd ; © Philippe Giraud : p. 176,© Philippe Giraud : p. 181 md ; © Sylvain Cordier : p. 194 h.

Photononstop
© AGE : p. 114 h ; © Antonio Saba/Cultúra Creative : p. 243 b ; © Christian Kargl/Westend61 RM : p. 231 b ; © daniel Thierry : p. 193 h ; © darqué/SoFood : p. 88 ; © FoodCollection : p. 92, p. 96 b, p. 103 m, p. 190 h ; © Frank muckenheim/Westend61 RM : p. 96 h ; © Gene Koehler/Image Source : p. 211 bg ; © GP Kidd/Cultúra : p. 32 b ; © hussenot/SoFood : p. 79 h, p. 101 h ; © J-C. Vaillant : p. 119 b ; © Laurence mouton/Es Cuisine : p. 54 ; © Laurent Rouvrais/Es Cuisine : p. 115 bg ; © mary Evans Picture Library : p. 206 ; © Riou/SoFood : p. 34 h ; © Soleil Noir : p. 59 b, p. 61 h ; © Stefano Scata/AGF Foto : p. 247 ; © Subiros/SoFood : p. 117 b ; © Tibor bognar : p. 57 m ; © Vaillant/SoFood : p. 31 h.

Shutterstock
© 13Smile : p. 35 b ; © A_Lein : p. 83 d ; © acceptphoto : p. 58 h ; © ADINA mAGDA : p. 236 h ; © Africa Studio : p. 23 h, p. 219 , p. 227 , p. 260 ; © AKaiser : p. 245 hm, p. 245 bg ; © Aleksandrova Karina : p. 234 ; © Alena Kaz : p. 255 b ; © Alex Leo : p. 223 h ; © Alexander_P : p. 147 h ; © Alexey borodin : p. 75 m ; © alisafarov : p. 221 b ; © ananas : p. 178 bd ; © Andrew Riverside : p. 111 bmg ; © andrey oleynik : p. 24 h, p. 196 b ; © Andrey Starostin : p. 48 bd ; © Angorius : p. 23 b, p. 77 bg, p. 275 bd ; © aniok : p. 252 h ; © AnjelikaGr : p. 265 h ; © Anna hoychuk : p. 53 b, p. 111 bd, © Anna_Pustynnikova : p. 47 bd ; © Antonova Anna : p. 164 h ; © arfo : p. 126 ; © ArtHeart : p. 111 h ; © ArtMari : p. 236 b ; © AS Food studio : p. 17 d, p. 156 d, p. 174 b ; © AVA bitter : p. 218 b ; © B and E dudzinscy : p. 158 b ; © B brown : p. 212 h ; © Babich Alexander : p. 63 m, p. 63 bg ; © Betacam-SP : p. 93 ; © Bildagentur Zoonar GmbH : p. 252 b ; © bioraven : p. 238 bd, p. 245 hd ; © BravissimoS : p. 224 b ; © Brent hofacker : p. 128 m ; © brodtcast : p. 244 hd ; © Bukhavets mikhail : p. 152 , p. 153 m, p. 153 b ; © Canicula : p. 103 b, p. 105 h, p. 107 ; © Cat_arch_angel : p. 237 h, p. 237 b, p. 244 hg ; © Catalin Petolea : p. 78 b ; © Chiociolla : p. 20 ; © Christian Jung : p. 276 b, p. 277 hd ; © Christos Georghiou : p. 72 b ; © Claudio baldini : p. 258 bg ; © Dani Vincek : p. 214 b ; © Daria minaeva : p. 244 bg ; © designelements : p. 256 b ; © Dmitry Lobanov : p. 69 ; © Dream79 : p. 123 bg, p. 138 m ; © ducu59us : p. 209 h ; © Ekaterina Kondratova : p. 40 d ; © Elena Shashkina : p. 157 hg ; © Elena Veselova : p. 38 h, p. 39 b ; © Emil o100 : p. 181 hg ; © Epine : p. 161 hd, p. 161 bd ; © Everett - Art : p. 57 h ; © Everett historical : p. 192 m ; © Evgeny Turaev : p. 60 h ; © eZeePics : p. 49 hg ; © Felix Furo : p. 193 b ; © fiftyfour media : p. 97 bg, p. 97 bd, p. 105 b ; © Foodpictures : p. 51 b, p. 58 b, p. 65 b, p. 278 bd ; © Fotografiche : p. 209 b ; © Fragolini : p. 10 h ; © gagarych : p. 142 h ; © Gaus Nataliya : p. 68 h ; © Gayvoronskaya_Yana : p. 194 m ; © geraria : p. 44 b, p. 61 b ; © Gorenkova Evgenija : p. 200 ; © greenga : p. 143 h ; © gresei : p. 155 hd, p. 198 b ; © Gua : p. 240 , p. 243 h ; © Gulsina : p. 233 h ; © Hamik : p. 257 b ; © HandmadePictures : p. 167 hd ; © Hans Geel : p. 210 , p. 216 h ; © Hein Nouwens : p. 104 h, p. 178 m, p. 182 hg, p. 244 bd, p. 257 hd, p. 269 hg ; © Helena-art : p. 62 b ; © hlphoto : p. 29 b, p. 111 bg, p. 124 h, p. 125 b ; © holbox : p. 77 bd ; © HUANG Zheng : p. 90 h ; © IADA : p. 49 hd ; © Ildi Papp : p. 18 b ; © its_al_dente : p. 71 b ; © itVega : p. 253 hg ; © Jane Rix : p. 76 h ; © jcfmorata : p. 251 ; © jeka84 : p. 86 b ; © JFunk : p. 85 h ; © Jka : p. 242 md ; © Julia Sudnitskaya : p. 83 g ; © K. ensen : p. 144 h, p. 146 b, p. 150 h, p. 151 h ; © Kamenuka : p. 129 h, p. 130 bg, p. 136 b, p. 138 h, p. 218 h ; © Karen Kaspar : p. 254 hg ; © Karpenkov denis : p. 175 h ; © KateMacate : p. 232 , p. 245 mg, p. 262 b ; © Kazakova maryia : p. 194 b ; © Ken Weinrich : p. 73 hd ; © koss13 : p. 115 bd ; © kostasgr : p. 270 bd ; © La puma : p. 258 hg ; © lazy clouds : p. 192 b ; © Leena Robinson : p. 142 b ; © lenaalyonushka : p. 165 bd, p. 204 b, p. 242 hd ; © Lesya dolyuk : p. 154 b, p. 157 bd ; © lidante : p. 137 h ; © Liliya Shlapak : p. 173 m, p. 242 mg ; © Lilyana Vynogradova : p. 94 bg, p. 214 hd, p. 259 h ; © Linelly : p. 154 h ; © Liv friis-larsen : p. 133 hg ; © Losangela : p. 277 b, p. 279 md ; © Lucky_elephant : p. 50 bd ; © Lumak : p. 147 mg ; © lynea : p. 74 h, p. 246 h ; © mamita : p. 160 h, p. 167 hg ; © MaraZe : p. 212 bd, p. 241 m ; © Marcin Sylwia Ciesielski : p. 56 h ; © marco mayer : p. 71 h ; © margouillat photo : p. 44 h, p. 94 h, p. 110, p. 187 h ; © Marian Weyo : p. 222 ; © Marina Onokhina : p. 140 , p. 171 b ; © marmo81 : p. 118 h ; © mascha Tace : p. 42 h ; © Maurizio milanesio : p. 120 b ; © mifi : p. 33 ; © Mila Petkova : p. 10 b, p. 40 g ; © Milleflore Images : p. 241 h ; © Monkey business Images : p. 45 h, p. 101 bd ; © MoreVector : p. 226 h ; © Morphart Creation : p. 143 b, p. 144 b, p. 156 g, p. 170 b, p. 183 bd, p. 241 b, p. 246 bd, p. 254 hd, p. 265 b ; © MShev : p. 161 bm, p. 256 h ; © mtsyri : p. 264 ; © muh23 : p. 118 b ; © Nata Alhontess : p. 16 b ; © Nataliya Arzamasova : p. 255 h, © Natalya Levish : p. 99 bg ; p. 258 bd ; © Natasha breen : p. 78 m., p. 80 h, p. 153 h, p. 159 h ; © Nattika : p. 239 m ; © Ndt : p. 275 h ; © nikiteev_konstantin : p. 23 m, p. 76 b, p. 101 bg, p. 132 b, p. 167 b, p. 169 bg, p. 172 b, p. 201 d, p. 226 b ; © Noam Armonn : p. 259 b ; © O_Voltz : p. 271 h ; © Orlio : p. 160 b ; © Oxana denezhkina : p. 162 ; © Paul_Brighton : p. 184 ; © Peratek : p. 63 bd ; © photographyfirm : p. 202 ; © picturepartners : p. 79 bg, p. 182 hd ; © Pim : p. 63 h ; © Piranjya : p. 253 bd ; © Razmarinka : p. 239 h ; © Reece with a C : p. 274 ; © Reschme : p. 272 ; © RetroClipArt : p. 150 b ; © Robyn mackenzie : p. 122 h ; © Rus S : p. 201 g ; © Sabino Parente : p. 253 hd, p. 258 hd, © sanddebeautheil : p. 266 b ; © Santi Rodriguez : p. 56 b ; © sarsmis : p. 41 b ; © Sea Wave : p. 121 h ; © Seamartini Graphics : p. 82 h ; © seeshooteatrepeat : p. 60 b ; © Sergey Lavrentev : p. 148, p. 150 m ; © sergeyshibut : p. 4 ; © SGM : p. 15 h ; © Shaiith : p. 257 hg ; © Sketch master : p. 119 h, p. 155 b, p. 185 bd, p. 279 hd ; © Smith1972 : p. 65 h ; © squirrel14 : p. 112 h, p. 112 b ; © stable : p. 207 h ; © stockyimages : p. 204 h ; © StudioSmile : p. 228 ; © SurfsUp : p. 278 bg ; © Suslik1983 : p. 86 h ; © Svetlana Lukienko : p. 182 mh ; © Tania Castan : p. 111 bmd ; © teleginatania : p. 158 h ; © Thomas Klee : p. 273 g ; © topseller : p. 216 b ; © TURKUAZZ : p. 254 b ; © Valerio Pardi : p. 91 ; © Varlamova Lydmila : p. 161 bg ; © Vasilyeva Larisa : p. 90 bg, p. 94 bd, p. 94 bdd, p. 99 hd, p. 103 h ; © VICUSCHKA : p. 108, p. 199 h ; © Vlad Siaber : p. 220 bg ; © Vladimir Ilievski : p. 238 bm ; © VladisChern : p. 230 ; © vvoe : p. 220 h ; © Warren Price Photography : p. 269 hd ; © Wiktory : p. 66 ; © wsf-s : p. 217 bd ; © Yulia Furman : p. 168 h ; © YuliaKotina : p. 263 h ; © zi3000 : p. 24 m ; © ziashusha : p. 64 ; © zoryanchik : p. 26, p. 28, p. 36 b, p. 43 h ; p. 8 ; p. 99 hm ; p. 187 m ; p. 187 b ; p. 269 b.

Thinkstock
© iStock/Anna Pustynnikova : p. 248 ; © iStock/bhofack2 : p. 199 b ; © iStock/daffodilred : p. 188 ; © dorling Kindersley : p. 190 b : © iStock/Elena_Danileiko : p 173 b ; © iStock/Grzegorz Petrykowski : p. 151 b ; © iStock/man_kukuku : p. 146 h ; © iStock/margouillatphotos : p. 15 b ; © iStock/mg7 : p. 116 h ; © iStock/motosuke_moku : p. 113 h ; © iStock/Nkarol : p. 145 bd ; © iStock/OksanaKiian : p. 19 hg ; © iStock/Sablin : p. 149.

Couverture : © Guillaume Gaffiot.

Photogravure IGS-CP, 16 L'Isle d'Espagnac
Imprimé en Espagne par Industria Grafica Cayfosa
Dépôt légal : octobre 2016
318318/01 – 1185918 – septembre 2016